内部控制视域下的高校财务管理研究

薛斯炜 著

吉林大学出版社

·长春·

图书在版编目（CIP）数据

内部控制视域下的高校财务管理研究 / 薛斯炜著 . -- 长春：吉林大学出版社，2022.9
ISBN 978-7-5768-0608-3

Ⅰ.①内… Ⅱ.①薛… Ⅲ.①高等学校－财务管理－研究 Ⅳ.① G647.5

中国版本图书馆 CIP 数据核字 (2022) 第 178257 号

书　　名	内部控制视域下的高校财务管理研究
	NEIBU KONGZHI SHIYU XIA DE GAOXIAO CAIWU GUANLI YANJIU
作　　者	薛斯炜 著
策划编辑	矫正
责任编辑	周春梅
责任校对	高珊珊
装帧设计	久利图文
出版发行	吉林大学出版社
社　　址	长春市人民大街 4059 号
邮政编码	130021
发行电话	0431-89580028/29/21
网　　址	http://www.jlup.com.cn
电子邮箱	jldxcbs@sina.com
印　　刷	天津和萱印刷有限公司
开　　本	787mm×1092mm　　　1/16
印　　张	13.75
字　　数	200 千字
版　　次	2023 年 6 月　　第 1 版
印　　次	2023 年 6 月　　第 1 次
书　　号	ISBN 978-7-5768-0608-3
定　　价	78.00 元

版权所有　翻印必究

前　言

　　内部控制是企业管理的重要组成部分，是必不可少的一种管理手段。它与企业的经营过程相结合，监控着企业的经营活动，使其得以按计划进行并纠正出现的偏差。随着经济全球化的速度和深度不断增加，国际、国内竞争环境也时刻发生着变化。在这样的背景下，内部控制越来越受到政府、企业投资者、企业管理者及其他市场参与者等各方的关注。一方面，内部控制是加强企业经营管理的有效手段，同时也增加了企业对其各部门治理的有效性；另一方面，内部控制能不断改善企业经营的薄弱环节，把企业风险控制甚至消灭在萌芽期，是企业防范和控制各类风险的一种有效方法。

　　近些年，高等教育事业发展很快，高校的办学模式由单一转向多元化，不再是单靠国家拨款进行教学，而是通过开展对外投资、合资、创办校企合作等经济活动来扩充其竞争力。高校资金除了用于教学、科研，还运用在了基础建设、设备采购、对外投资等方面。高校的财务自主权已逐渐扩大，如今的高校已逐步成为财务相对独立的教育事业单位，这样一种全新的形势要求将市场机制和财务风险引入高校；然而，我国高校财务管理体制更多是沿用了行政体制，我国大部分高校的管理层都尚未意识到建立我国高校完善的财务内部控制体系是非常重要的。[①] 近年来，因财务监督管理存在漏洞，全国很多高校出现了许多财务方面的问题：部分高校已发生多起严重的腐败案件，如成都中医药大学原党委书记张忠元和该校原党委副书记、校长范昕建，被检察机关指控在2006年至2012年，收受工程承包商所送财物共计1280余万元。南昌大学原校长周文斌被指控的1 938.8万元受贿款中，金额最大的一笔是某投资公司为感谢周文斌在工程承接、工程款支

---

① 黄志军.关于完善高校财务内部控制的探讨[J].会计师，2013（05）：44-45.

付、审计决算等方面的关照，分多次送给其410万元人民币和30万元港币。梳理见诸各大媒体的高校贪腐案件，可以发现，发案的高校既有本科层次的大学，也有专科层次的院校；既有教育部直属重点大学，也有地方院校；从招生录取到后勤基建，从物资采购到科研经费，从校办企业到学术诚信，几乎涵盖了高校所有关键领域和环节。此外，部分高校存在预算的管理和编制随意性强、年度预算经常变动、为扩大规模向银行大量贷款带来较大风险等问题。对于这些现象，究其原因，还在于高校财务内部控制制度建设存在不足。

中华人民共和国财政部在2018年下半年印发的财会〔2018〕19号文件中，明确了旧的会计制度与2019年1月1日起根据财会〔2017〕25号文件实施的新会计制度之间衔接的问题，需做到账账一致、账证一致、账表一致与账实一致，其中资产清查、基建并账、债权债务清理工作，科目余额的拆分或合并，在建工程完工与竣工的决算，等等，相关的部门项目数量之多，信息数据之广，具备一个科学且高效的信息系统是十分必要的。而原有的财务管理信息化平台不完善，无法达到标准。新制度要求采用平行记账达到双重核算功能，即预算会计和财务会计，高校的财务信息通过收付实现制与权责发生制两种核算方式反映，提供两种财务报告，实现了全面信息化的公开。此次改革最大的亮点之一是双分录核算模式，变革了传统模式，加大了财务人员的工作量。同时，这次制度的变革对高校内部控制也提出了新的挑战。新制度下，高校财务活动信息得以全面展现。由于权责发生制与收付实现制的同时使用，高校财务信息系统要提高对风险控制能力，建立健全风险控制系统，通过运用科学的信息化建设提高风险控制，将人为因素控制到最低，加强对财务活动的监督。

2020年初新冠肺炎疫情爆发，给我国社会与经济均造成了很大的冲击。这次突发情况是促进高校财务工作转变传统财务管理模式的契机，搭建并提升财务管理信息化平台可以使目前大部分高校存在的信息孤岛问题在一定程度上得到解决。采取数据共享与远程线上办公的方式打破时间、空间的限制，实现各个部门之间业务的互联互通，能够在优化流程的同时加强高校的内部控制与风险管理。因而，通过信息化实现高校财务系统自动化管理，完善高校财务内部控制制度成为重中之重。

前　言

　　有效的财务内部控制能够保证会计信息的完整性和可靠性，真实可靠的会计信息对于高校领导层做出正确的判断决策具有重要作用，并且有利于提高高校的社会形象和公信力。有效的财务内部控制机制不仅可以满足高校的近期利益和长远发展利益，也可以提高高校的可持续发展能力。设计科学全面的监督评价机制，建立以预防腐败问题为目标的内部控制体系既能使得高校在横向发展占优势，又能在广度发展上为其提供支撑。

　　高校只有充分认识到财务内部控制体系优化与实施的重要性，才能预防并及时防御财务风险，找出漏洞和弊病源头，未雨绸缪。而高校只有通过财务内部控制的有效实施，提高资金利用率，合理规避风险，才能实现自身价值并在社会经济发展中起到推动作用。

　　为了规范高校经济业务活动，保障资产资金安全，保证财政部下达的资金严格按规章条例进行使用，切实提供高质量财务会计信息，本书以内部控制为视角，研究如何健全我国高校财务管理工作建设，以促进高校改革和发展。全书共设置七章，以高校财务内部控制制度的相关理论为起点，阐述了高校财务管理的内容和我国高校财务制度的变迁，明确了高校财务管理的控制模式；深入剖析高校财务管理存在的问题及成因；在借鉴美国、英国、日本等国高校财务内部控制的经验的此基础上，探讨如何构建高校财务分析体系和财务管理保障体系，以及高校财务内部控制指标分析体系和高校内部控制体系；进而从风险控制的视角提出高校财务管理信息化建设规划目标与优化策略；最后，以 E 大学财务风险管理实践为例，从外部和内部两个角度探寻高校财务内部控制管理体系的实现路径。

　　目前，我国企业内部控制的理论与实践相对较多，而高校财务内部控制则相对薄弱。所以，本书的研究对帮助高校建立健全财务内部控制制度具有一定的理论意义与实践价值。目前，我国大部分高校还尚未建立完善的财务内部控制制度，仅仅是针对自身涉及的具体经济业务零散地出台了一些相关制度，但是这些制度的建设缺乏严密性、系统性以及牵制和监督机制，实施的效果也不尽人意。所以，本书的研究对其制度的建设有一定的理论帮助；切实能够提高高校对越来越复杂的财务风险的防范能力；有利于保证高校财务会计信息真实可靠，有利于保障资产的安全并减少浪费、挪用、贪污等情况，促进高校财务进行有效管理。

由于笔者研究水平有限，本书仍有许多不足之处，如对预算、工资及其他收入、科研经费管理等其他业务模块没有展开，还可以加强财务信息化深度和广度的研究。同时，笔者也认识到高校财务管理工作建设与时代的技术发展同步，这是一个长期且需要不断创新与完善的过程。

目 录

第一章 高校财务内部控制理论概述 ············· 1
- 一、相关概念界定及内涵阐释 ················· 2
- 二、内部控制相关理论概述 ··················· 6
- 三、高校财务内部控制的理论基础 ············ 24

第二章 高校财务管理概述 ····················· 39
- 一、高校财务管理的内涵及特点 ·············· 39
- 二、高校财务管理的内容与财务制度变迁 ······ 45
- 三、高校财务管理的控制模式 ················ 54

第三章 内部控制视域下的高校财务管理现状分析 ·· 68
- 一、内部控制视域下的高校财务管理现状 ······ 68
- 二、内部控制视域下的高校财务管理存在的问题 · 81
- 三、内部控制视域下的高校财务管理存在问题的原因 ··· 89

第四章 国内外高校内部控制下财务管理的经验借鉴 ·· 92
- 一、国外知名高校内部控制下财务管理的经验借鉴 ··· 92
- 二、国内部分高校内部控制下财务管理的经验借鉴 ··· 116

第五章 构建基于内部控制的高校财务管理体系 ···· 128
- 一、构建基于内部控制的高校财务管理体系的原则 ··· 129
- 二、构建高校财务分析与财务管理保障体系 ···· 139
- 三、构建高校财务管理内部控制体系 ·········· 155

第六章　优化高校财务管理信息化建设 …………………… 177
　一、高校财务管理信息化概述 ………………………………… 177
　二、高校财务管理信息化建设现状及风险 …………………… 182
　三．高校财务管理信息化建设规划目标 ……………………… 186
　四、优化高校财务信息化建设的策略 ………………………… 195

参考文献 …………………………………………………………… 203

第一章　高校财务内部控制理论概述

随着2012年《行政事业单位内部控制规范（试行）》和2014年新的《高等学校会计制度》的出台，在各级主管部门管理和监督的新常态下，各高校对财务管理体制进行了相应的改革，这些改革措施的实施，对于公共财政色彩浓厚的高校来说，是对管理的合规性和精细化提出了更高的要求，使高校财务管理的机制得到了转换，财务人员的结构得到了优化，进而在一定程度上达到了提高了财务管理水平的目的。同时随着党的十八大以来各级高校数位领导相继落马，高校科研经费、国有资产管理、基本建设等管理成为重点风险区域，这就要求我们在最短的时间内建立起一套符合高等学校特点的财务内部控制体系。再者，国家对于高等教育投入在近年来的持续加大，各个高校的资金量的膨胀与规模扩张，需要系统化的内部控制体系作为事业发展的管理支撑。多渠道的资金源于多元化的业务活动。此外，行政管理与学术管理并重的管理模式，也需要行之有效的内部控制体系提供管理支持。新制度的施行所产生的新理念和新观念，势必会对一些已有的工作方法和流程产生影响，这时候，如何在新的形势下有效地约束新的工作行为？这就需要我们尽早尽快地强化和完善内部控制制度，为我国高等教育事业发展营造一个健康的财务环境。

本章从相关概念界定着手，介绍了高校内部控制制度的相关理论，包括内部控制的原理、内部控制制度的目标、原则和方法，财务内部控制的目标、原则和方式，高校财务内部控制的概念、作用、目标和内容以及高校财务风险的内容与特点；在此基础上阐述高校财务内部控制的理论基础和现实依据，为全书的研究奠定理论基础。

一、相关概念界定及内涵阐释

（一）相关概念界定

1. 中国高校

中国高校是指依据国家法定标准，经国务院教育行政部门审批或经国务院授权的有关部门或者省、自治区、直辖市人民政府审批，所设立的大学、独立学院、高等专科学校，其中包括高等职业学校和成人高校。"公办高校"或者叫"国家举办的高校"与"民办高校"相对，是指中央政府、中央政府相关部门和地方政府依据法定标准和程序举办的高校，学校的资产形成主要来源于政府投资，教育经费的来源以"财政拨款为主、其他多种渠道筹措高等教育经费为辅"。

2. 风险

"风险（risk）"一词在国内外理论界的定义不下数十种。美国学者威雷特博士（A.H.Willett）是世界上提出对风险进行理论探讨的经济学家，1901年他在其学位论文《风险与保险的经济理论》中认为："风险是关于不愿发生的事件发生的不确定性的客观体现"。美国学者海尼斯（W.A.Haynes）等最早提出风险的概念，认为"风险意味着损失的可能性"[①]。美国学者威廉姆斯（C.A.Williams）和汉斯（R.M.Heins）认为风险是在一定条件下和一定时期内，人们预期结果和实际结果的差异，这一定义同台湾学者宋明哲的结论十分契合。在现实生活中，由于客观世界的复杂性和人类主观意识的局限性，风险具有普遍性和客观性并伴随着人类的一切行为活动，但又不是人类意识可以掌控的，人们只能在一定程度上预估并降低风险发生的概率，在风险发生不可避免的情况下尽力将损失降至最低。

3. 财务风险

财务风险是一种经济上最为常见的风险，市场经济活动的参与者若是违背市场经济规律就会面临或大或小的财务风险，受到市场惩罚的直接表现形式就是经济利益的损失。学术界普遍认同将财务风险分为狭义和广义两个概念。狭义的财务风险通常是指企业由于负债经营而给企业利润或股

[①] JAYNES J, LINDEN I.Religion and Politics in Africa[J]. Journal of Religion in Africa, 1996（01）: 123.

东收益带来的不确定性，而且多数情况下股东要承担企业丧失偿债能力的风险，很多企业在扩张经营的过程中都会选择举债筹资的方式来借入资本，这时的债务筹资比例在很大程度上决定了企业的财务风险，比例越小，风险也越小，如果没有负债就不会出现无力偿还债务的财务风险。广义的财务风险通常是指企业在受到内外部环境及各种难以预计或无法控制的因素影响而遭受损失的可能性。广义的财务风险是从企业经济活动的全过程来界定的，在市场经济条件下，企业集中反映了企业的经济利益损失，而非经济利益损失也可以折算为相应的经济利益损失。由此可见，广义的界定方式有利于企业经营者站在市场经济的高度上，以企业价值和资金运营为主线，对将面临的全部风险进行及时有效的辨识、评估和控制。

4. 高校财务风险

高校作为非营利性的事业单位，从自主筹资偿债付息的角度来看，高校财务风险更接近于狭义的财务风险，即在一定时期内和一定条件下，高校在自主办学过程中由于某些无法预测和控制的因素，财务状况与预期结果出现偏差而导致高校出现财务危机。从高校财务活动全过程的角度来看，高校财务风险也在一定程度上表现为广义的财务风险；其中，高校的资金活动主要包括筹集、调拨、融通、使用、结算和管理等环节。

5. 高校财务管理制度

20 世纪 80 年代以来，"现代大学制度"开始成为高等教育研究领域关注的对象，而财务管理制度作为大学制度的一个分支也日益受到关注。财务管理制度也分为广义和狭义两部分，即宏观财务管理制度和微观财务管理制度。我们将国家层面上的财经法律、法规、制度归为宏观财务管理制度，包括三类。第一类是行使国家经济意志而颁发的会计法、税法、审计法、预算法、经济合同法以及国有资产管理、物价管理、票据管理法规制度等；第二类是国家针对高校财务颁布的法规制度，如高等学校会计制度、高等学校财务制度、事业单位财务规则等；第三类是高校属地的地方政府颁布的财经法律法规、制度、通知文件等，是第一类的延伸和补充。微观财务管理制度是指高校内部的财务管理制度，其含义可以概括为：高校为组织财务活动、划分财权、处理以资金周转为标志的财务关系的一系列规章制度。它是高校财务管理的基础，是衡量高校财务管理水平高低的重要指标，对高校财务的平稳运行及高校的可持续发展起着越来越重要的作用。其内容主要包括财务预算管理、资产设备管理、内部审计、经费收支管理、教育成本核算控制管理、校办产业管理、学费收缴管理、资金管理等制度。宏观财务管理制度起决定性的作用，能引导微观财务管理制度的制定并提供参照。

新制度经济学派的代表人物诺思认为，非正式制度（约束）包括人们的行事准则、行为规范及惯例在社会交往和经济交换中普遍存在并产生重要影响，是人们在长期实践中无意识形成的价值信念、伦理规范、道德观念、风俗习惯及意识形态等。非正式制度在更广大的时空内发挥着正式制度无法替代的作用，由于它不是马克思主义范畴下的法律制度，为了使研究更有针对性，将不在本书中涉及。

（二）内部控制的内涵

1. 内部控制概念

内部控制是指各个经济单位主体在参与经济活动的过程中形成的具有制约性质的职责分工制度和组织形式；也是为了实现经济主体的目标，由董事会、管理层、员工共同参与制定与实施的控制活动。内部控制在最早期是为了加强经济的管理，之后伴随着经济的发展而不断地完善。最早的内部控制聚焦于保护经济主体的财产安全性和会计的可靠性，主要是对钱物分管、手续程序、会计复核等方面进行控制。生产规模的不断扩大意味着商品经济的发展，这也对内部控制提出了更高的要求，因此形成了包含控制环境、风险评估、控制活动、信息与沟通、内部监督的内部控制管理系统。

2. 内部控制要素

内部控制由五种要素组成。其中，控制环境作为基础性要素，是其他要素的基础。如果经济主体缺少控制环境，那么其他要素也无法发挥作用，这直接导致无法实现经济主体的目标。风险评估、控制活动、信息与沟通是内部控制体系的重要组成部分。内部监督要素则保证各要素的合理与规范，以便更好地实现目标。

1）控制环境。控制环境是指影响经济主体的内部控制制度和各项活动的因素集合，主要包含管理组织的设立、企业文化、权责分配与制衡、内部审计制度等多项内容。控制环境是其他要素的前提，也是实现内部控制目标的有效保障。经济主体的各项控制活动都从控制环境开始，并将其作为立足点，由此建立覆盖所有部门和员工的内部控制体系。

2）风险评估。风险评估主要是经济主体为了明晰业务活动中可能存在的各种风险及影响程度而实施的一种活动。它是实施控制活动的前提，能够有效应对和防范企业风险。由此可见，风险评估对实现内部控制目标具有至关重要的作用。无论经济主体以何种形式存在，处在何种行业，在开展业务活动中都存在多种潜在的风险。所以必须结合内部、外部实际情况，通过全面分析和评估自身的风险并采取有针对性的措施加以应对和防范。

3）控制活动。在风险评估后，各经济主体会依据评价产生的结果采取具有针对性的策略应对各种风险，并制定科学有效的政策和制度实现最终的管理目标。该项活动涉及经济主体的方方面面，参与者包含所有的部门和人员，每个成员都必须认真开展此项工作。在实施过程中可以通过多种方法和措施，主要包括绩效考核、处理信息、权责分离等。

4）信息与沟通。信息与沟通是指通过收集、整理和归纳与管理活动相关的信息，并做好及时的信息传递和更新工作，以此实现企业内部资源信息共享，并为内部控制工作提供参考性的指导。在开展经营业务和活动时，经济主体需要收集、整理和分析各类信息，并通过多种沟通形式明确职责。

5）内部监督。内部监督是指存在于经济主体内部的监督，通过建立和实施科学有效的监督体系管理和控制各项经济活动。该项要素主要检验和监督内部控制的合理性、规范性、科学性，通过监督得到对企业的检测结果，采用内部控制报告的方式提交结果并提出改进建议。内部监督是其他要素发挥作用的保障，所以企业必须发挥内部监督的作用。

3.内部控制的特征

内部控制的特征包括以下五方面。

1）全面性，即控制经济主体的一切经济业务活动，不仅包括控制资产、财务、人事、会计等制度的执行情况，还包括对各种业务工作进行分析和研究，并提出改进意见。

2）经常性，即内部控制活动涉及日常性的经济业务活动和和经常性的管理职能检查与考核，不属于突击性和阶段性工作。

3）潜在性，即内部控制行为与日常管理活动密切联系在一起，前者隐藏融汇于后者，不能把二者割裂开来。不论执行何种业务、何种管理方式，都会存在潜在的控制行为。

4）关联性，即经济主体的任何内部控制都是密切关联的，一种控制行为是否实施成功直接关系到另一种行为。与此同时，一种内部控制行为的设立可能会使另一种行为加强、减弱或取消。

5）局限性，即无法改变生性不良之管理者并使之变好；无法保证企业永续生存，保持持续发展状态；无法保证人为错误或失误及由于自身局限导致的判断错误；无法完全杜绝串标、围标和集体勾结；虽然风险评估结果反应事实，但资源受限。

二、内部控制相关理论概述

（一）内部控制的基础理论

1. 内部控制的原理

内部控制理论的原理，主要是互相牵制，职权分离，相互制衡的原理。企业内不由管理层直接管辖的部门里，为了防止造假账和贪污事件的发生，要设置多个职权分离而同时又相互牵制的岗位和工作人员，这些岗位和工作人员能够互相监督又互相制约、制衡。通俗讲，企业的账不能由一个人做，企业一个部门的各项权利也不能由一个人掌握。20世纪70年代，西方经济管理学界提出：在企业的每个经济岗位都应该以"不信任"的思想作为前提，建立起不同岗位之间，不同工作人员之间的内部监督、牵制、制衡的制度，从而发展为企业的内部控制制度。20世纪70年代以后，西方国家的社会经济发生了一系列重大变化，西方国家企业的内部结构也发生了变化，20世纪90年代发生了震惊世界的安然公司倒闭案，因此控制公司经营风险的思想成为企业管理内部控制学界的共识，与子相适应的基于全方位控制思想的内部控制框架理论日益成型。

2. 内部控制制度的目标、原则和方法

1）内部控制的目标

内部控制的目标有二：基本目标和具体目标。内部控制的基本目标，当然也是企业所追求的终极最高目标。简而言之，这个目标可以高度概括为两"化"，即实现企业发展的可持续化和企业利益的最大化。内部控制的具体目标即为上述内部控制基本目标的详细化和具体化。其具体内容主要包括以下四个方面：其一是要确保企业财务报告的完整、真实、可靠，不造假账，防止错误和企业内部人员舞弊的发生。其二是确保企业资产不流失，保持安全、完整状态。其三是有效提高企业的经营管理水平，有效提升企业的经营效益、效率以及企业的经营管理效果。其四是企业的各项活动能够遵守国家的法律、法规，遵守行业监管的规章制度，符合企业的内部管理各项制度。

2）内部控制的基本原则

（1）全面性原则。内部控制应将企业的各项经营业务、企业的各个部门和企业的各级工作人员全部覆盖起来，并有效地渗透到企业事务决策、事务执行、事务监督、事务反馈等所有企业经营环节，既要实行全过程、全员性的控制，不能留有控制死角。

（2）相互制衡原则。内部控制应当确保企业内部的各个机构、各个岗位及其对应职责权限的科学合理设置和科学合理分工，不相容的职务一定要分离开来，保证企业内设置权责清晰分明、能够相互监督和制约的不同机构和不同岗位。

（3）不同的岗位的分工与合作原则。在企业内部控制运行过程中，首先需要针对企业的经营需要设置不同岗位，进行分工，每个岗位均有明确的职责权限。这种企业内的分工有利有弊：一方面，可以使企业管理更专业化，有效提高了工作效率；另一方面，会造成各个岗位之间的隔阂，还可能导致工作上的相互推诿扯皮。因此，既要有分工又要有合作，各个部门和岗位必须在分工基础上能够相互配合。

（4）成本效益原则。企业内部控制的所有制度都符合成本效益这一重大原则。企业应当调动内部各个部门、各个岗位和所有员工的工作积极性，尽全力降低企业的经营运作的各项成本，确保企业以合理的，甚至是最低，的企业内部控制成本达到最好的内部控制效果。

（5）时效性原则。企业内外经营环境是不断发展变化的，所以企业原有的内部控制效果有可能降低甚至失效。因此，企业应对现有的内部控制制度适时地进行评估，不断调整、改进，使内部控制能够与时俱进，取得良好的效果。

（6）责权对称原则。在内部控制中，企业要根据岗位分工情况，清晰明确地确定每个岗位的工作职责和权限，确定完成本岗位工作职责能得到的利益或不能完成本岗位工作职责时会受到的惩罚。

（7）制度为本原则。在内部控制中，要坚持以制度为本、制度至上的管理原则，要把企业的各项良好目标的实现建立在完善的制度之上，一切按制度来，严格执行制度。

（8）内部控制与外部控制相结合原则。外部控制主要是指由注册会计师审计所形成的监督制度。除内部控制外，还应该进行定期的外部审计监督活动，并能将企业的内部控制和来自外部的严格审计监督有效地结合起来。

3）内部控制的方法

（1）内部控制的控制环节

第一，控制标准的设定。在内部控制中，要设置明确的控制标准。该控制标准不仅能够指导企业员工的工作行为，还是各个岗位的技术要求。企业内每个员工都应按照相应的控制标准从事生产和管理工作。

第二，对控制标准的执行。控制标准设定后，所有员工都必须无条件地坚决地执行该控制标准，绝不能随意性的改动控制标准。在执行控制标准时，有可能会出现有关的控制标准与实际情况不一致的情况，或者按照控制标准的程序工作却无法开展相关业务的情况，这时要按照事先定好的处理工作程序进行处理。

第三，结果与差异分析。执行内部控制制度时，有时会发生一些实际结果与内部控制制度标准不符的情况，这就是所谓的差异。当出现差异时，应予以分析，要确定出现差异的原因，可能的原因为：制度是没问题的、完备的，但却没有严格按照制度规定的要求执行；实际情况已经发生了变化，而内部控制制度要求却没有跟上，已经过时。对于前者，要认真追究执行人的相应责任；对于后者，要与时俱进，及时修改相关的制度。

第四，反馈与纠正。应对内部控制效果进行及时的评估、分析和总结，尤其要重点分析那些失控的环节，找出失控的原因和提出相应的改进方法，以纠正内部控制的不足之处，以取得更好的内部控制效果。[①]

上述四个内部控制环节，构成了一个完整的而缜密的控制过程或者叫控制循环。通过该控制循环，可使管理控制更加健全和完善，很好地运行该控制循环，则可达成企业设定的经营和管理目标。

（2）内部控制的基本方式

控制方式或方法是指为完成企业的内部控制任务、达到内部控制目的而相应采用的方法和手段。欲通过内部控制而较好实现控制目的，可以多种具体方法。按照每个控制方式所针对的控制对象以及控制方法所具有的基本特征来归类，控制方法大致可以归结为以下11种：组织规划控制；授权批准控制；全面预算控制；文件记录控制；实物保护控制；职工素质控制；风险防范控制；内部报告控制；电算化系统控制；内部审计控制；会计系统控制。

（二）财务内部控制的基础理论

1. 财务内部控制的目标

财务内部的控制有以下5个目标：确保国家法律法规和企业内部规章制度的贯彻执行；保证企业经营管理目标的实现；保证企业资产的安全完整；提高会计信息质量，保证会计资料真实完整；保证企业能及时发现风险并控制风险。

2. 财务内部控制的原则

1）合法性原则。该原则是指设计的财务内部控制制度要符合相关的法律法规的规定，不能违法、违规，不能通过内部控制来从事违法甚至犯罪行为，不得通过内部控制来躲避国家法律、法规的管理监督。

2）合理性原则。应针对财务的规模和财务管理水平，设计规划出符合实际情况、具有较强的可操作性、控制成本较低的财务内部控制制度。

3）审慎性原则。财务内部控制的核心是有效防范各种财务风险，如贪污、舞弊、亏损、被诈骗等，制定财务内部控制制度应本着防范风险、审慎经营的原则。

4）系统化原则。在进行财务内部控制制度设计时要有远见卓识、能统

---

① 李海波，刘学华.新编预算会计[M].上海：立信会计出版社，2011：223.

筹兼顾,将财务内部控制覆盖经营管理各个业务部门的各项业务和各个环节,覆盖单位所有的部门和岗位,对经营的全过程进行有效的控制。①

3.财务控制的分类

1)按照控制的功能,财务控制可以划分为:全面控制、重点控制、平衡控制和适应控制。

全面控制就是要保证在财务中的所有业务流程和环节都有基本的内部控制制度的制约,保证内部控制制度的全覆盖。同时,结合高校的实际规模,安排专业人员对内部控制活动的开展质量进行监督,对整个经济活动的全过程进行自始至终的监督和控制,在保证内部控制管理工作全面开展的同时,还能及时发现开展中存在的问题,确保教学、科研工作的顺利进行。

重点控制就是对重要的经济活动和有重大风险的经济活动实行更加严格的内部控制制度,杜绝在重大经济活动中出现重大财务漏洞和财务风险。

平衡控制就是在制定内部控制制度时,要保证控制的严密程度与工作业务效率相平衡。在许多行政事业单位都在推行服务型机构,提高服务效率。如果要提高服务效率,最主要的手段就是简化业务办理和审批流程,这在一定程度上就与内部控制相矛盾,所以就要在这两者之间找出一个平衡点,达到平衡控制。

适应控制就是内部控制制度要随着社会政治经济、国家法律法规、政策、制度等外部环境,内部发展战略目标及单位业务职能的调整、内部管理的要求等内部环境等因素的不断变化而进行调整,对内部控制制度不断修订和完善。

2)按照控制的时间可划分为:事前、事中、事后三个时间节点。

事前控制就是先建立一套严格的内部控制规章制度,即与资金管理、预算管理、授权审批等经济业务相关的制度。在管理过程中,要合理设置职能部门,明确各部门的职责,充分考虑不兼容职务和相互分离的制衡要求。各部门、各岗位形成相互制约、相互监督的格局。另外,还应当建立严格的审批程序,如授权批准制度,明确审批人对资金业务的授权批准方式、权限、程序、责任和相关控制措施,规定经办人办理资金业务的职责范围

---

① 安宁.高校财务管理存在的问题与对策研究[D].哈尔滨:哈尔滨理工大学,2009:10.

和工作要求。

事中控制主要体现在保障货币资金安全，控制资金流向，暂付款事项真实可靠，资产出入库管理严密，保证新购入资产实物与票据内容相一致。

事后控制就是经济业务完成之后，内部审计监督部门都应有相应的监督程序，将例行审计与专项审计相结合，按照一定比例对一定时期内的经济业务活动进行抽查，及时发现问题，找出财务内部控制中的薄弱环节，有效避免类似问题重复发生，保障单位集体和个人的利益不受损失。

4.财务内部控制的方式

1）目标控制，是指应根据不同的、多样的层次，制定明确而详细的财务内部控制目标，并由专门部门对财务内部控制执行过程和结果进行有效的监督和检查，然后进行信息反馈和财务内部控制调节的调控方式。

2）授权控制，是指单位授权各有关单位或岗位开展相关活动，有关单位或岗位获得授权才能处理相关的经济业务。

3）不相容职务分离控制。经济活动有授权、核准、执行、记录、审查等多个步骤，这些经济活动的步骤应属于不相容的职务，为防止贪污、舞弊等行为发生，这些不相容的职务应分别由不同人员或不同部门去实施。

4）文件记录控制。文件记录是财务内部控制的重要因素之一。文件记录健全是实施其他各项控制的有效保证。

5）资产与记录保护控制，主要是指要坚持重要资产与记录保密的原则，限制无关人员接近资产和接近重要记录，以保证这些重要资产和记录的相对安全。它的具体方式有两种，其一是接触控制，其二是盘点控制。

6）独立稽查控制。独立稽查是指由有关部门中充分独立的人员验证、检查与复核另一人员或部门执行工作是否正确的方法。通过内部独立稽查，可以及时执行部门或人员的错误或舞弊，有效地防范财务风险[1]。

（三）高校财务内部控制的基础理论

1.高校财务内部控制的原理

高校内部管理控制度的原理，主要是互相牵制、职权分离、相互制衡。企业单位内会存在一些部门不能直接地管理，但是为了防止这些部门出现

---

[1] 财政部事业单位财务规则讲座编写组．事业单位财务规则讲座[M]．北京：测绘出版社，2011：36．

违法的行为，必须要建立多个相互牵制的部门和岗位，让这些岗位中的工作人员可以相互监督。因为，企业当中不能让权力掌握在一个人的手中，这样就会产生很多危险因素，而在高校当中也是如此。高校中应建立不同的岗位，但是这些岗位都要相互联系的，这样不同岗位的工作人员就可以起到相互连接、相互监督的关系，为高校建立内部管控制度起到了重要的作用。控制经营风险的思想成为管理内部控制学界的共识，为此内部控制框架理论日益成型。

2.高校财务内部控制的概念

20世纪初期，财务内部管理制度的概念初次在国内提出，并有大量的学者开始进行研究。最初财务内部管理制度是为了审查财务工作而制定的，为的就是用制度管理在审查的时候可以公正合法，保护财务资产的完整性。而现在，财务内部管理制度的制定是根据国家的经济制度发展而不断地完善。财务内部管理制度必须要严格遵循制度规范制定，合理有效地在财务工作中执行制度的要求，使财务工作中的信息资料真实，让资产配置的分配合理有效，保证财务工作的信息真实。《高等学校财务制度》第四十七条规定，高校的财务部门相关工作必须接受国家相关部门的监督和检查，通过监督检查发现问题并及时纠正。为了管制好财务工作，必须接受政府和单位内部的监督审查，所以要建立单独的审查部门，专门负责对高校财务部门的工作监督，防止出现引发私舞弊、贪污受贿等不法的行为，通过监督审查从而有效地防止在财务方面容易出现的隐患，也能有效提高高校内部财务管控工作的效率。

自从20世纪90年代以来，我国陆续颁布并实施一系列关于内部控制制度相关的的法律法规，内部控制制度范围内容逐渐延伸到行政事业单位等非盈利组织，理论得到充分发展。[1] 因此，可以看到我国对事业单位的内部管控有一定历史基础。1988年颁布的《事业行政单位预算会计制度》中详细规定了事业单位工作要求。事业单位如今在财务工作上办理的业务越来越多，处理的问题越来越多，项目资金使用的数额也越来越大，所以财政部颁布了《事业单位财务规则》，为了让事业单位根据此规则制定更加

---

[1] 战秀芬.高等学校财务内部控制体系的构建与完善[J].北方经贸，2016（07）：109.

规范的财务内部管理制度。随后，政府对颁布的规章制度又进行了完善，重新出台了《行政单位会计制度》。为了能够更好地完善财务内部管理制度，教育部和财政部一起制定了《高等学校会计制度（试行）》文件，此文件中严格规范了财务工作中的制度要求。但是，由于高校的办学规模不断扩大，高校内的使用经费也在逐步增加，高校内的财务工作的危险系数也逐渐增大，导致现有的财务管控制度并不能很好地进行管控。因此，为了能够更加有效地去管理高校内部的财务工作，在2014年出台了《高等学校会计制度》，高校在财务工作上应该进行严格的工作审查，还要在财务工作之前就做好财务工作的预算编制，在财务方面要进行严格的监督。现在政府对于高校内部财务管理的工作逐渐重视了起来，但到目前为止，国内仍然没有颁布任何属于管理高校内部财务管理的法律法规。

我国高校属于国家设立的非营利性服务机构，其主要目的就是为祖国培养更多优秀的人才。高校内的主要工作就是教学，为社会培养更多人才，为祖国贡献更多新的研究，等等，其实就是在为社会服务，为此高校要保证教学质量达到国家规定的标准。高校属于行政事业单位，这和企业是有所不同的，因为高校内还未有单独关于经济方面规章制度，而是用了一种特别的方式进行管理。高校的人员组成有教师、教授、行政管理人员和学生等，所以在管理人员时也会存在不同的制度管理，所以必须设定适合每个部门的管理制度和措施，才能针对高校这种特殊的机构进行有效的管理。高校作为一个整体，它在人员管理上独具特色，所以在财务的内部管控上也有独特的一套制度。对于高校中每天进行的活动来说，需要将所有活动的最终目的都统一起来构建成一个规章制度，才可以清楚地分化出针对每个活动的规章制度。每一所高校的组织架构是不同的，在教学的理念上也存在差异，外部审计人员并不是很了解高校内的财务管理制度，所以只有本校的内部工作人员才能够了解本校的财务工作制度，才可以更好地执行。为此两者的不同就在于，虽然都是对高校财务内部工作的关心，但是外部审计人员并不能把财务管理制度在高校内很好的实施和应用。

具体来讲，高校的财务内部管理制度其实是应用于整个高校。高校内部是由不同的管理人员、负责人员等构成的不同系统的组合，而高校中财务工作实际上跟整所高校相联系的。高校内的部门组织也是很多样化的，每一个部门在高校当中的作用不同,所以管理制度也大有不同。在高校的各种活动当中,高校每一个教职员工都会跟经费相关联。比如,高校中的领导要在高校内部组织一场活动,然后高校中的行政人员就会把这个消息传达给每个学院每个系部的负责人,再由各系部的老师传达给每个班级的负责人最后传达到学生那里,这样班级的负责人就会考虑经费问题。通过这个活动的组织方式可知,高校财务工作不只是一个部门的工作,而是要和其他部门人员共同来合作完成的。当然,举办活动必须遵循高校内的规章制度。所以,对于高校内的财务工作和整所高校来说,财务工作存在于高校内每个部门中,只是财务部门会把所有的财务信息统一收集并执行管理。

3. 高校财务内部控制的特征

我国在企业内部控制领域的研究上已经取得了许多成就,不少研究对于现在的企业内部控制有着重要的借鉴作用,与企业内部控制相关的法律法规也日渐完善。然而,有关高校内部控制的研究和相关规定却没有及时跟上高校发展的步伐。尽管高校与企业在一定程度上存在相同点。例如,两者都是以组织形式存在,内部都设有多个机构,由一定数量的员工组成,在组织构成上有一定的相似性。但就本质而言,企业的本质是逐利性,具体表现为利益最大化,而高校是国家的非营利性机构,财政拨款与学生的学费组成了高校的主要收入来源。所以,高校普遍使用的核算方式是收付实现制。内部控制不能一概而论,要具体情况具体分析。就高校的财务内部控制来看,它的显著特征表现为以下四点。

第一,高校的财务内部控制的基本目标是维护高校的可持续发展,保障国有资产的安全,充分利用高校已有资源,提高资源的配置使用效率。与企业追求利润最大化的目标不同,高校的目的是为在校教职工与学生建立学习交流平台,塑造优秀的高校文化,创造优秀的学习环境,充分发挥高校为社会培养输送优秀人才的作用。

第二,高校的经济活动除基本的与教学有关的科研项目、学校基础设施建设及投资融资项目之外,还包括了后勤运作等,因此高校财务内部控制的范围相对宽泛,增加了控制难度。所以,为了提高财务内部控制的科学性和合理性,在建立高校财务内部控制体系时,应全面考虑到与高校财务运营相关的所有机构，不能简单地一掠而过。

第三，由于高校经济活动范围的宽泛，财务资金往来较为复杂，相对应的会计核算体系也比较复杂。主要原因是高校内部的机构设置不仅有教学科研单位，还有其他为学校提供服务的组织，并且两者之间的经济活动有着明显的区别。

第四，高校资金来源渠道众多。除政府的财政拨款、学生上缴的学费和社会捐赠的资金外，学校还可以通过银行贷款和生产经营活动来获取资金支持。而高校资金支出的种类更加多样，主要有学校基础设施建设、科研项目经费和其他专项经费等。这些都会增加高校财务内部控制的难度系数。

4. 高校财务内部控制的作用

现在国内大部分高校都对自己学校的财务管理制度进行改革，所以我们同样也要重视高校中的财务管理制度的建设。随着高校现在的办学越来越独立，在财务工作的管理上也出现了不少难题，尤其是在高校财务内部控制制度的建设上，因为经济的不断发展，高校在财务工作上出现了不少问题。所以，应该根据出现的问题来完善对于财务工作方面的制度管理，规范高校内部各个部门的项目资金流程，分解和落实各个部门的责任，加强防控风险，实现管理制度的有机衔接，将预算、收支、资产、基建、政府采购、经济合同等需要重点管理的内容都制定进财务内部控制的制度当中，要完善高校内的财务内部控制制度、加强高校内的财务管理制度的适用性、更好地让财务管理制度在高校中实施，从而更好地推动高校的发展。通过建立严格的财务内部控制制度可以更好地管理高校内的资产，从而推动高校的发展。这集中表现在以下三个方面：①从制度的实行情况来看，高校中的财务管理制度必须遵照政府出台的法律法规来制定，必须依法制定财务管理制度，而法律政策可以保障高校内财务管理制度在执行实施的时候的公正、安全性，使之有法可依，有章可循。②高校内实行财务内部控制制度可以有效地规范财务人员的工作，让财务人员的工作当更公正、更科学，从而保证财务人员在工作时不会出现违法行为，保障财务资金和资料的完整，实行财务管理制度也是为了提高高校内财务工作的质量，同时也通过对财务工作的规范从中查找和发现问题和漏洞，并及时进行补救措施。③合理安排财务工作并根据财务管理制度要求去实施可以有效保护资产的完整，监督好高校内的资产使用情况，让高校内的管理人员可以及时发现其中存在的问题，及时检查防止发生违法行为，并做好补救措施，通过财务管理制度的建立可以更好地发现存在的风险，对其及时进行防控，消除隐患，保护国有资产的完整性；保障高校业务高效稳健地运行，确保会计人员的记录、财务报告信息和其他管理信息的及时性、可靠性和完整性。同时实现管理的规范化、科学化和信息化，并提高资金的有效使用，为高校长期稳健的发展提供可靠的保障。

为了进一步提高高校内部控制的管理水平，规范内部控制制度，加强廉政风险防控机制建设，内部控制制度要随着高校业务范围、风险水平及所处的具体环境的变化及时予以调整，让制度成为我们行动的准则，确保高校从思想上、行动上不断提高管理服务水平，为加强高校内部制度建设、构建和谐文明校园、促进全省教育事业发展做出伟大的贡献。

5.高校财务内部控制的目标

2014年1月1日实施的《行政事业单位内部控制规范（试行）》规定了如下内部控制目标：保证单位中的工作是合法的、保证资产的安全完整、保证财务的数据资料是真实可靠的，通过认真执行规章制度的要求，提高单位的工作质量。

本书设定的高校财务内部控制的目标与此一致：

1）合法性：高校中的各项业务活动的执行都必须遵纪守法，遵守高校内制定的管理制度。

2）安全性：保证高校内的资产完整。通过高校内部财务内部控制制度的有效实行，来保护高校内的资产完整。

3）可靠性：高校内的财务数据资料必须真实可靠，只有真实可靠的财务数据资料，才可以更高效地完成工作。

4）效率性：提高高校的教学能力和研究能力。高校必须建立严格的财务内部控制制度，然后更好的应用资金对教学和研究方面提供支持，从提高高校的教学质量和科学研究的质量。

6.高校财务内部控制的内容和特点

从整体上来说，高校财务内部控制可概括为以下四个基本内容：一是建立一套标准化的流程，规范各个业务的程序，从组织的顶层设计上做好内部控制，明确各个岗位的职责和岗位之间的监督，使整个业务的各个环节更加科学合理。二是建立一套完善的内部控制制度，确定各个控制环节和节点的控制标准，并且能够贯彻执行。三是完善内部控制效果，要把内部控制覆盖整个单位组织和业务活动中的各个环节，充分保证内部控制效果。四是保证内部控制方法的合理性，要根据单位性质和业务特点，对不同类型的业务内容应使用不同的内部控制方法，灵活运用，多种结合，从而获得最佳内部控制效果。

1）组织结构控制

任何一项活动在开展时，都需要按照一定的组织结构进行，结合高校的实际组织结构，在开展内部控制制度时，按照高校的经济活动，将其分为不同的部门和机构，而不同的部门之间形成相互分离，但又相互制约的格局，设置相应的责任人。在日常工作中，从业务开始申请，到逐级审批、业务执行，到验收保管，最后会计核算付款，等等工作，要由不同的部门分别完成。责任人要对该部门的经济活动加强管理，确保内部控制制度的顺利实施。

2）授权审批控制

高校应建立授权审批制度，在办理各项经济业务时，必须经过规定程序的授权审批。对于日常经济活动中一般性、常规性业务实行常规授权，从管理层向下逐级授权，规定各级人员办理业务和事项的审批权限范围、审批程序及承担的义务和责任；同时，要求各级人员必须在授权范围内行使职权和承担责任。对于非常规的特殊业务实行特别授权，特别是重大决策、重大事项、重要人事任免及大额资金支付业务等，应当按照规定权限和程序，经过校党委、校长办公会等集体讨论审批或者校长联签审批。任何人不得单独决策或擅自改变集体决策。各高校可根据自身经济业务的重要性或经济业务涉及金额的大小，确定不同授权审批的责任人，规定审批程序，明确审批职责，有效实施授权审批制度。各级审批人应当在授权范围内审批，不得越权审批。各部门应明确经费负责人、经办人、验收人、保管人等，对每笔经济业务进行审批控制，保证每笔经济业务的真实性。

3）资产管理控制

严格遵守国家现金管理条例、国库集中支付、公务卡结算等相关规定。货币资金要做到日清月结，账账相符、账实相符。严格遵守国家银行结算制度和结算纪律，接受开户银行的监督。不准出租、出借和套用银行账号，不得公款私存。出纳人员每月必须与银行对账，编制银行存款余额调节表，查明未达账项的原因，确保货币资金的安全。财务部门根据固定资产管理部门填制的固定资产增减单据登记账簿，进行会计核算，并定期与固定资产管理部门核对账目。学校固定资产使用部门新增或更新所用固定资产，要按照学校有关固定资产管理规定上报固定资产管理部门，按规定进行采购。基本建设项目竣工后，基建财务会计应及时办理竣工财务决算，根据批复的竣工财务决算和有关规定办理资产移交手续。建设项目已交付使用但未办理竣工财务决算的，应根据对建设项目的实际投资暂估入账，转做相关资产管理。

4）预算管理控制

财务预算在行政事业单位经济活动中起纲领性作用。财务预算是在单位财务部门的主持下进行的，但财务预算的基础数据需要各业务部门提供，业务部门的经济活动对资金的需求是进行单位财务预算的基础。反过来，单位财务预算又是单位业务部门经济活动的基础，即只有列入预算的业务活动才能正常开展，才有资金支付保障。预算将财务工作与各单位的业务活动紧密的串联在一起，单位财务预算对单位内部控制具有引领作用，单位的内部控制需要以预算管理为主线进行系统化。预算编制的过程就是对单位业务活动进行全面梳理的过程，需要根据受托责任及事业发展规划、根据轻重缓急的原则、根据效率效果进行预算分配，对于预算分配的方向、预算分配的额度、预算的执行过程、预算执行的效果都需要进行管理控制。

高校的预算是根据学校工作目标和计划编制的年度财务收支计划，贯穿高校业务活动的全过程，具有一定的系统性、复杂性和专业性。预算管理和控制是高校财务控制的核心手段，在高校财务管理中起着至关重要的作用，它与高校的各项工作紧密相连。高校通过一系列管理制度规范，预算业务的各个环节，确保预算有章可循、有据可依，在高校业务活动中真正发挥其效能。高校年度部门预算编制，由财务部门按照预算编制要求，及时、准确编制，相关业务部门及时准确提供预算编制的相关信息。高校年度内部预算编制，由财务部门根据上级批复的预算指标，结合年度事业发展计划、任务与财力可能，编制内部预算建议方案，经高校校长办公会和党委常委会审议通过后，将预算指标下达到各部门。高校年度专项资金预算编制，由高校归口部门组织相关单位和人员，按照专项资金立项要求，进行项目的立项、评审和申报。预算指标一经下达一般不予调整，如确需调整，需经过相关程序，履行相关手续。各部门根据批复的预算，安排各项收支业务，确保预算严格有效执行，财务部门定期或不定期对预算执行情况进行检查、分析，对预算执行中存在的问题，提出改进措施，提高预算执行的有效性。

最近几年，国家也一直在逐步推进预算绩效管理，要求我们建立预算和决算相互反映、相互促进机制，使得预算编制有目标、预算执行有监控、预算完成有评价、评价结果有反馈、反馈结果有运用的全过程预算绩效管理。

5）业务流程控制

高校日常财务会计工作大量处理的是经费支出，而高校大多数日常的经济业务，通常只有在最后的付款环节才会有财务人员参与其中，主要集中在会计审核制单、会计复核和出纳复核三个业务环节，所以财务内部控制也要在这三个业务流程环节加控制。

会计审核制单也就是通常人们所说的"做凭证"，这时财务人员就应对经办人所提供的原始凭证进行初步审核，其中主要有审核经济业务的支出事项是否纳入预算，是否与预算相符，是否履行政府采购手续，是否超出开支范围或开支标准，是否按规定履行审批程序，单据来源是否合法、内容是否真实完整、使用是否准确，审批手续是否齐全，等等。

之后会计复核环节，实际上进行的是一个双重审核。一是要对业务经办人提供的原始凭证进行二次复核，如果会计审核制单时出现疏漏，可以及时发现并进行补救，并对其中有疑点的地方提出质询。二是对前一环节中，会计审核制单人员的工作进行审核，这主要就是对会计账务处理是否正确进行审核，从而保证之后财务统计数据的准确性。

出纳复核是整个经济业务流程中的最后一个环节，对于现金形式支付的业务，需要由领款人进行签字确认，完成钱款交接的流程，并要防止钱款出现冒领等情况。对于以银行转账形式支付的业务，出纳人员需要保证转入的账户与原始凭证中的收款单位相一致，不能将钱款转至其他与经济业务无关的单位或个人的银行账户，保证资金的安全。

6）审计监督控制

审计监督就是由高校的审计部门，在日常业务中，根据自己的职责，根据高校的实际情况，制定一套符合高校的监督管理制度。审计部门要把日常审计和重点专项审计相结合，检查各个经济业务的合法性和执行情况，发现的问题能够在第一时间反馈给高校的管理层。同时，高校的管理层也要对审计部门赋予足够的权利，保障其独立性和权威性，明确审计部门在内部控制中的定位和职责权限，使其能够充分发挥监督的职责。

（四）高校财务风险的内容和特点

高等学校作为公益性质的事业单位，其所面临的财务风险与我们通常所说的各种财务风险都不相同。高校的财务风险基本可概括为：在高校的各种经济业务中，由于高校内部执行力不足及对外部客观因素的不确定性估计不充分，经济业务没有实现既定目标或是没有按照既定程序进行，使得学校利益受到损失的可能性。

作为客观存在的一种经济现象，高等学校所面临的财务风险与其他组织在进行经济活动时所面临的财务风险一样具有很多共性特征，同时也略有不同。一是政策局限性特征。高等学校与企业的最大不同就是它并不以收益最大化作为首要目标，而是要更多地考虑社会效应。也就是说，高校受到国家政策的影响也更为显著，其在接受国家财政拨款补助的同时，对于国家政策的指引也必须接受和执行，如果国家政策发生变动，必将会对高校产生极大影响。

二是相关性特征。实际上，在很多时候风险与收益往往是成正比例存在的。通俗地说，就是风险越高收益也就越高，反之亦然，如果想要获得更高的收益，那么相应的就必须要承担更大的风险。虽然高校作为一个非营利的组织，应该以稳健保守的财务原则为主，但是这并不等于零风险就一定是最好的，尤其是在如今财政拨款紧张，鼓励拓宽收入渠道的前提下，就应该积极探索风险与收益相适应的平衡点。

三是不确定性。是否出现财务风险的前提是外部的环境因素，同时它又具有一定的偶然性。所以，虽然事先对于经济活动的最后结果难以把握，但是只要认清财务风险有可能发生的客观因素，就可以通过一定的措施来有效地控制财务风险，也就能够避免财务风险的损失，同时获取经济活动的风险收益。

四是复杂性特征。高校财务风险的成因多种多样，同时各种风险所产生的影响也各不相同。因此，只有采取多种类型的方法和措施，才能够更加有效地应对可能出现的复杂的财务风险。

五是客观性特征。高等学校的财务风险受到主观认识局限控制与各种客观条件的限制，特别是高校的财务工作是处在一定的政治背景、经济条件、市场环境的条件下的；由于竞争对手的不确定性，这就使得高校在参与竞争的同时，不可避免地存在财务风险，也就有了财务风险存在的客观基础。

由于高校经济活动涉及面广，包括科研、基建、采购、后勤等多方面内容，就使得高校财务内部控制涉及范围较广、会计核算内容相对复杂。同时，高校资金来源的多样化，包括财政拨款、学费、银行贷款、社会捐赠等，加大了高校财务内部控制的难度。

1. 高校收入风险的内容和特点

我国高校基本都属于财政补助的事业单位，那么在高校的收入方面，除国家财政给予的资金支持以外，还有很大一部分是高校自身的创收。高校创收大致可分为学杂费收入、科研项目收入和其他收入。目前，我们国家绝大多数高校在收取学生学杂费时都实现了通过银行卡代扣学杂费，摆脱了过去人力进行操作的方式，这样既保证了资金的安全、提高了工作的效率，又大大节约了人力的成本；但是这种做法也存在一定的风险。由于学校为学生发放的银行卡是登记在学生本人名下的，而学校通过银行从学生个人的银行卡直接将资金划入学校账户的过程中，需要完成一个授权的过程，并且对于扣款的收费项目也必须是经物价部门审批的合法收费项目或者是学生本人同意的代扣款项；如果高校财务在这个环节没有严格的内部控制制度，就很有可能出现在学生本人不知情的情况下进行扣款及乱收费的情况，这样就严重损害了学生的权益。如果个别高校或者个别收费项目无法实现银行卡代扣，而通过人力进行收取，那么对于收取的钱款应由财务部门直接收取，若是由其他人员代为收取的则需要在当天将钱款交付给财务部门，避免资金由与财务不相关的人员保管，杜绝"小金库"的嫌疑。从2013年起，国家各级部门已经在全国范围内进行了多次的"小金库"清查，"小金库"的检查也是反贪腐的重要手段。科研项目收入一般风险相对较少，在目前的日常业务中，很多项目合作单位会要求在给高校支付项目款前，由高校提前开具税务票据，这就要求高校要在开具税务票据之后能够及时收到相应的款项，所以一般各个高校都会在这方面提出一个时间限制条件从而保证学校的利益。高校其他收入的风险主要集中在应税收入与非税收入的界定上。由于高校的特殊条件，各级财政部门允许其使用非税收入票据与往来收据，这就使得一些高校将一些本来应该开具税务票据的收入事项，人为使用非税票据或往来款收据从而达到不交税的目的，这是一个违反国家法律法规的极大风险。

2. 高校支出风险的内容和特点

高校支出风险是所有财务风险中最为重要的一个部分。因为现在已经落马的高校领导中存在的普遍问题都是在变相地将学校资金据为己有，那么要想达到这个目的，就一定要在财务支出环节做手脚，只有学校资金向外流出的最主要途径就是形成支出。由于高校支出的科目和用途十分繁杂，从小到几十元的支出，大到成百上千万元的支出。不仅如此，在面对的群体上，从成百上千名教师，到成千上万名学生都有可能与高校支出产生联系，所以在内部控制上就会有极大的困难。这就要求我们要建立一套完整健全的内部控制制度来降低支出过程中的风险。高校支出风险主要有以下三点：一是看授权审批环节是否存在代签或者仿冒的情况，二是看经济业务的各种手续是否齐全，三是看各种原始票据来源是否合法、内容是否真实。

3. 高校债务风险的内容和特点

高校负债风险是指高校向银行进行大规模贷款，同时对自身创收能力估计不足，不能够按期偿还银行贷款本金和利息，导致需要通过内部紧缩政策用以减少开支，从而严重影响日常教学和科研活动的风险。高校债务风险形成的主要原因有：大规模基本建设项目前期缺乏科学论证，同时对高校的筹资能力预估过大，并且盲目跟从，投资规模超过高校投资能力，投资成本超过预算规模，并且任意扩大贷款规模，自筹资金难以落实。贷款对学校形成的危机与风险已初露端倪。尤其如今全国的高校一直在进行扩招，这就需要对校园进行扩建，而在发展过程中需要投入大量资金；大多数地方高校很难通过各级财政部门获得支持，基本都是通过银行贷款解决，而学校用于偿还贷款的资金主要就是依靠各级财政拨款、行政事业性收费和校办产业收入。因为高校的收入每年很少会有大幅度提高，基本都是与前一年水平相当，所以如果对偿还能力估计不足而超额贷款，就会有很大的概率出现无法偿还贷款的风险。首先，高校每年获得的财政拨款都会有一定程度的提高，但比起高校扩张的水平，还是有一定的差距。其次，高校扩大招生规模后，带来的学费等行政事业性收费虽然有所提高，但由于学生人数增加，学校的教学设备、师资力量的配备也需要随之配套增加。所以行政事业性收费净增加的那部分资金能否足额偿还利息及本金，也还需要进行仔细测算。另外，校办产业虽然能给高校带来部分收益，但是目前由于校办企业还在一定程度上属于半行政半企业化，并不是完全按照市场化的营利模式运行，所以校办企业普遍收益较低，甚至还有亏损的情况出现。所以，现有财政拨款、事业收入仅能够维持高校的正常办学，不具备偿还巨额贷款本金的能力。沉重的贷款压力，也使得不得不压缩正常开支或者变相收费增加收入，这都严重影响高校正常发展。

目前，高校经费已经越来越难以支持高校教育事业的快速发展，这就导致很多高校不得不用贷款的方式，保证自身的高速发展，尤其是随着高校之间竞争的加剧，各高校为了扩大规模，就如同军备竞赛一样不断加大投资，致使许多高校正逐渐陷入举债的泥潭。虽然《中华人民共和国高等教育法》已经明确规定高校的法人性质，要求它独立地承担民事责任，即国家没必要对高校的贷款负责，但是前几年在国家还是对高校债务进行了清理，这也是许多银行将高校视为优质客户资源的重要原因。

4.高校产业风险的内容和特点

校办产业财务风险包括两个方面：一是校办企业内部财务风险；二是与校办产业相关的高校连带财务风险。

校办企业内部财务风险。除一般企业都会存在的财务风险以外，还有很大的额外风险。校办企业作为高校的投资企业，和高校总会有千丝万缕的联系，并且因为有高校作为依靠，在营利欲望上，肯定会较一般企业有所欠缺。另外，在人事关系上，多数校办企业负责人也可以按期进行调动回到高校，所以校办产业的经营状况与其自身的发展就显得没有那么重要，这也就会在一定程度上降低其积极性。即使企业连年亏损或者负债累累，对于企业负责人也没有严重的后果，直接导致了内部财务风险。

校办产业连带财务风险。如果高校产业因为经营不善，最后到了破产清算的地步，那么高校作为投资人要承担投资股份比例内的财务风险，这样就会对高校自身的财务状况产生直接的影响。而产生这种情况的主要原因，就是政企不分，以前国家曾经大力推进政企分离，就是为了避免这种情况的发生，目前高校和校办企业关联度高，高校对于校办企业内部的各项事务，从人事安排到经营策略都多多少少的进行干预。这就使得校办企业丧失了独立自主的权利，自主经营能力薄弱，与市场大环境相脱离，长此以往地恶性循环下去，势必会大幅度增加高校财务风险。与此同时，高校承担了校办企业的高风险，虽然进行了干预，但由于人事安排多数都是高校内部管理干部，缺乏对企业的管理经验和对市场的准确判断，盲目管理就变相等于缺乏管理甚至是阻碍发展。缺乏有效的监管，更加容易滋生腐败。

三、高校财务内部控制的理论基础

（一）决策支持理论

20世纪70年代最先提出"决策支持"这一概念，并在20世纪80年代得到进一步发展。决策支持以管理科学、行为学、运筹学、控制论为基础进行研究，以计算机技术、信息技术为研究手段建立决策模型，通过人机交互功能提供各种备选方案的详细评价，帮助管理者识别决策目标和问题，提供决策所需数据，并对其进行比较和判断，最终做出最优选择。

1980年，斯普拉格提出了决策支持由对话部件、数据部件、模型部件三部分组成。20世纪90年代，决策支持开始与专家意见相结合，形成了智能决策支持，该方式将定性和定量分析问题相结合，有效合理地解决相关问题。20世纪90年代中期，数据仓库、联机分析、数据挖掘等新技术应运而生，新决策支持的概念逐渐形成，新决策支持完全不同于传统决策支持模型，其特点是从数据中获取辅助决策的信息，当代，传统决策支持和新决策支持往往相互结合，但不能相互替代。

（二）信息不对称理论

美国经济学家早在 20 世纪 70 年代对信息不对称现象从不同领域进行了研究，约瑟夫·斯蒂格利茨（Joseph Eugene Stiglitz）从金融市场方面阐述了信息不对称带来的影响，乔治·阿克尔洛夫（George A.Akerlof）在商品交易过程中发现买卖双方因掌握的信息不对称，使得方在交易中占有优势，迈克尔·斯宾塞（A.Michael Spence）从劳动力方面进行了阐述，三位经济学家从三个不同方面都证实了这一理论。

信息不对称理论主要是指在经济活动中，每个人获取的信息是不对等的，占有优势地位的往往能充分掌握信息，反之对于缺乏信息的人员一般处于劣势地位。它揭示了信息的取得在市场经济中占有重要作用，同时由于信息不对称而产生的不良影响包括道德风险和逆向选择等，信息不对称理论能够弥补市场的缺陷，它能够在社会福利、环保、就业、投资等方面带来最佳效果，能够实现信息对称，由此弥补市场机制带来的缺陷，需要高度重视。

（三）流程再造理论

流程再造理论，又称企业流程再造，该理论起源于美国，1933 年，美国学者迈克尔·哈默（Michael Hammer）和詹姆斯·钱皮（James A.Champy）共同撰写了《企业再造》，该书对企业流程再造理论进行了详细的阐述。以企业的作业流程为核心，重新设计组织结构、运作模式和企业内部的行为准则，改善企业的产品质量、降低成本及对市场的反应速度，以提高企业竞争力和适应性。

塞德里克（A.J.Cedric）指出，基于对世界级企业的流程再造过程分析可知，财务流程再造由四部分组成，即财务简化、标准化、共享服务和业务外包；财务简化旨在简化烦冗的业务流程，从而节省人力成本；财务标准化指的是总分公司、集团内部需统一财务流程标准；业务外包是当财务共享服务发展到一定阶段时，将日常的业务外包给专业的服务机构。

流程再造理论在高校财务管理中的应用，需要以先进的信息技术为载体，对高校的资金结算和管理工作进行业务流程再造，有效改善财务处的工作质量并提高工作效率，最终满足财务结算工作一体化和数字化建设的需要。

（四）非营利组织理论

非营利性组织理论首先由美国学者菲利普·科特勒（Philip Kotler）提出，将社会经济划为企业、政府和非营利组织三大部门。其中，非营利组织主要包括协会、商会、基金会等各种社会团体，以及学校、博物馆、医院、福利院等各种事业单位和民办非企业单位，非营利组织与企业、政府一起构成现代社会，并扮演着不可替代的、具有独特社会功能的服务性角色。我国公民向来都信奉出了问题找政府，政府是公民的绝对保护伞，但是政府的力量毕竟有限，能够保护的程度和范围远远不足以照顾所有的服务需求者。我国还没有明确划分哪些机构是属于非营利组织的，不过高校这样以为国家培养人才为目标的服务性组织，虽未被严格定义为非营利组织，但已被社会各界包括学术研究者认可其具备非营利性质。由于成本上升、捐赠和资助减少、竞争增加，商业公司正在进入社会服务领域，成为非营利性组织的竞争对手，迫使非营利组织正转向商业领域以寻求拓展。因此，非营利组织在经营管理方面的要求越来越高，也开始研究企业化经营和会计制度等相关管理理念。

（五）财务风险管理理论

财务风险管理理论是指经营主体对其理财过程中存在的各种风险进行识别、度量和分析评价，并适时采取及时有效的措施进行防范和控制的管理过程。事实上，财务风险管理理论可以说是风险管理理论与现代财务理论有机结合的产物，有许多学者对财务风险管理进行了深入的研究，如马可威茨、夏谱、史蒂夫·罗斯和米勒等先后提出了证券投资组合理论、CAPM、APT和MM等理论。

目前，人们在降低财务风险、减少风险损失方面已经制定出了一整套科学而系统的财务风险管理方法，主要包括风险识别、风险度量和风险控制三个阶段：①风险识别，是指风险管理主体对其面临的各种潜在风险因素进行识别和分析，在风险管理中起着基础性作用，包括有关信息资料的收集辨别、汇总分类及风险监测等。②风险度量，是指在风险识别的基础上，运用各种方法。对风险发生的不同时间和地点及风险大小和危害程度进行计量的过程。由于财务风险分为可计量和不可计量两种，所以在对风险进行度量时应有选择的采取定量、定性或二者相结合的方法。③风险控制，是指在完成风险识别和风险度量之后的具体操作阶段。为了更好地控制风险，要对风险的大小、性质、管理目标等因素选择相应的风险管理手段及策略。

（六）内部控制理论

内部控制理论在西方经历了近一个世纪的发展后才逐渐形成内部控制理论体系，其中，COSO内部控制框架是被各界人士普遍认可并使用的一个内部控制框架，是美国证券交易委员会唯一推荐使用的内部控制框架。主要包括五方面因素：①控制环境，是所有其他组成要素的基础，包括工作人员的素质和能力；管理层分配权限和责任、组织、发展员工的方式；董事会提供的关注和方向。②风险评估，是行为主体及时识别、系统分析经营活动中与实现内部控制目标相关的风险，确认风险的类型、成因和可能造成的损失程度。③控制活动，是行为主体根据风险评估结果，采取相应的控制措施，将风险控制在可承受范围之内的政策和程序。④信息与沟通，是行为主体及时准确地收集和传递与内部控制相关的信息，并确保信息的有效沟通，使得所有人员都要明白个人的行为如何与他人的工作相联系。⑤监督，是行为主体对内部控制的建立与实施情况进行监督检查，评价内部控制的有效性，发现内部控制的缺陷并及时加以改进。

（七）委托代理理论

1. 委托代理理论的产生与发展

委托代理关系产生于资本主义经济迅速发展的19世纪，是社会经济不断发展的产物。在资本主义发展初期，企业主拥有着完整的所有权，即对资产的占有、使用、收益和处分的权利，既是企业的所有者，也是企业的经营者，即所有权与经营权是统一的，不存在代理关系。随着社会的进步，生产力水平不断提高，企业生产规模越来越大，企业管理问题也更加专业化、复杂化。[1]在此情况下，资本的所有者由于受到专业能力、自身精力等条件限制，而无法圆满的解决各类经营管理问题。为了企业的持续发展，资本的所有者将资产的使用和处分的权利委托给能够对企业进行有效经营

---

[1] 蔡晗楚.公司治理机制——美国、日本、中国比较研究[D].青岛：中国海洋大学，2006.

管理并代替其执行经营企业责任的代理人。至此，所有权与经营权相分离，委托代理关系产生。

股份制公司的出现，对委托代理关系的发展具有极大的推动作用。伴随着经济形势的不断变化，传统的经济学理论已经无法对当前的经济状况进行合理的解释，更无法用传统的经济理论指导经济的发展。传统经济学学者认为，对于任何人和实体，信息都是充分和完全的，是完全可以自由获取和利用的，而不需要任何成本。在这个假设下，因为市场价格机制的作用，作为厂商、消费者和政府的经济主体，他们具备了完备的信息接收能力和信息处理能力，因此可以自由地对经济活动进行选择和抉择，由此得出不存在经济行为的不确定性。在技术上，"黑箱"理论认为企业是一个完全有效的黑匣子，也就是说在这黑匣子内部，任何事物都在完美的运行着。另外"黑箱"理论还认为，管理的信息充分且完善，管理者有很大的积极性去追求企业的最大利润。传统的经济假设已经不符合现实的经济状况。[1]

新古典经济学认为非对称信息问题在市场参与者之间是不存在的。随着冯·诺依曼和摩根斯坦创立的预期效用理论和杰拉德·德布鲁的不确定条件下的选择理论的出现，使委托代理理论有了根基。委托代理理论属于信息经济学的一个分支。杰森和迈克尔认为：委托代理是指这样的一种显明或隐含的契约[2]；根据它，一个或多个行为主体指定、雇用另一些行为主体为其提供服务，与此同时授予后者一定的政策权利，并根据其提供服务的数量和质量支付相应的报酬。[3] 经典的委托代理问题是由伯勒和米恩斯首先提出的。委托代理理论的提出，对整个社会具有极其重要的作用，为分析日益发展的全球经济及规范规模日益庞大的跨国公司在新经济形势下的经营管理者提供了一套较为科学的理论模型和方法，引起了经济学界和管

---

[1] 吴黎旦. 公司治理机制下的财务管理制度探究—基于委托代理理论[J]. 会计之友, 2010 (08): 32-33.

[2] JENSON M C, MECKLING W. Theory of Firm: Managerial Behavior, Agency Costs, and Capital Structure[J]. Journal of Financial Economic (3): 305-360.

[3] 周建, 刘小元, 于伟. 公司治理机制互动的实证研究[J]. 管理科学, 2008 (01): 2-13.

理学界的广泛关注。①

2.委托代理理论的基本概念

委托代理最早出现在法律界代理人受委托进行的民事法律行为。其效力直接归属于被代理人,即委托人。尽管经济活动的结果主要依赖于人的行为,但还是受到众多客观因素的影响,如政府政策、经济形势、竞争者行为、企业上游和下游企业的行为等。在主观上,产生结果不确定的重要原因是人的理性的有限性。不确定性源于人们认识能力的有限性和客观事物发展变化的无限性。风险在现实经济生活中普遍存在,对人们的行为起着重要的影响作用。风险,即对未来收益的不确定性。

3.委托代理关系的特征

1)委托代理关系是一种不完备的契约关系

第一,由于人并非是完全理性的,并且外在环境具有复杂性和不确定性,因此人们既不能在事前把与契约相关的全部信息写入契约的条款中,也无法预测到将来可能出现的各种不同的偶然事件,更无法在契约中为各种偶然事件确定相应的对策以及计算出契约事后的效用结果。第二,订立完备契约的成本太高,甚至高于契约带来的收益,人们不可能为了契约的完备性而去花费巨大的成本,甚至是对自己造成负收益的支出。第三,在履行契约的过程中,履行契约的情况往往也是不对称的信息,如委托人并不能完全获得受托人是否认真履行契约,尤其是很多信息是无法验证的。如果契约不完备或不可能完备,委托代理关系就会产生委托人或代理人推卸责任,从而导致效率损失。②

2)委托代理关系表现为经济利益关系

为了追求公司利益最大化,委托者需要确定一种报酬机制,以激励代理人尽职尽责地履行契约;代理人的行为是由能使自己利益最大化而决定的。委托人和代理人都是"经济人",追求的都是利益最大化,也就是说,

---

① 桑士俊,吴德胜,吕斐适.公司治理机制与公司治理效率——基于公司治理成本的分析[J].会计研究,2007(06):83-85.

② 王海帆,袁宁.不完全契约、控制权与公司治理机制的整合[J].西北大学学报(哲学社会科学版),2007(01):30-33.

委托者与代理者之间的关系表现为经济利益关系。[①]

3）委托代理关系的发生要满足两个约束条件

第一个约束条件是参与约束，又称个人理性约束，即代理人从接受合同中得到的期望效用必须要大于不接受合同时能得到的最大期望效用，否则，代理人将不会选择接受合同。代理人不接受合同时能得到的最大期望效用是由他面临的其他市场机会决定的，即机会收益。第二个约束是代理人的激励相容约束，即当代理人根据委托人的要求选择努力水平时所能够得到的效用，至少必须等于他选择其他任何不同水准的努力程度时所能获得的效用。如果参与约束没有得到满足，那么这个委托人就有可能找不到代理人；如果激励相容约束得不到满足，那么这个委托人就找不到非常满意的代理人。[②]

（八）利益相关者理论

1. 利益相关者理论的背景

利益相关者理论产生于20世纪60年代，它的产生是对英、美等发达国家实行的股东利益至上理论的一种挑战。股东利益至上理论把股东利益的最大化看成是企业的头等大事。坚持股东利益最大化理论的英、美等国家经济急剧衰退，而坚持利益相关者理论的德、日等国家的经济急剧上升。[③]

这种现象出现的原因之一是，股东利益最大化是企业决策层只考虑到股东利益，注重短期目标的实现，而忽略了与企业生存发展有切身利益的利益相关者的利益，阻碍了企业长期目标的实现。但是在当时，股东利益最大化理论占据了主要地位，而利益相关者理论直到20世纪80年代才开始逐渐被应用。德、日等国家的公司注重所有利益相关者的利益，很好地与金融机构、公司员工、董事会建立了长期的关系。

1999年，《经济合作与发展组织公司治理准则》将利益相关者作为公司的所有者，使其合法的权利得到保障，并鼓励利益相关者与公司进行各

---

① 蔡晗楚. 公司治理机制——美国、日本、中国比较研究 [D]. 青岛：中国海洋大学，2006.
② 胡洋，戴萌. 基于委托代理理论的公立医院内部激励约束机制研究 [J]. 中国医院管理，2009（10）：37-39.
③ 郑红春. 基于委托代理理论的公司治理对多元化影响的理论综述 [J]. 商场现代化，2009（07）：33.

种形式的合作。这一准则公布后，不论是在成员国还是非成员国，该准则都成了一个为全体利益相关者考虑的基准。

西方学者于20世纪90年代以后开始更多地关注利益相关者在公司治理中的地位。这些学者认为公司治理不仅仅是要调节股东这一所有者与决策层经理之间的关系，大小股东之间的关系，还应当包括所有利益相关者之间的关系。公司治理的目的是实现公司价值最大化，其前提是保护各利益相关者的利益。我国对利益相关者理论的研究目前还处于起步阶段。我国企业制度的改革到目前为止已经进行了十多年，但是由于缺乏有效的公司治理，使得公司内部损害利益相关者的现象非常严重，如大股东侵占小股东、内部人控制、高管和董事会合谋等。

2. 利益相关者的定义

利益相关者是一群人，他们通过利益（害）关系维系在一起。从广义上讲，任何组织都是由利益相关者群体构成的。"利益相关者"这一词是在1929年通用电气公司一位经理的就职演说中首次被提出的。弗里曼（R.E.Freeman）的观点最具代表性，他认为利益相关者是一个对组织目标的实现以及实现组织目标的过程的所有体和群体都能够产生影响的所有对象。这一定义大大丰富了利益相关者理论，提出利益相关者不仅仅包括与公司业务直接发生关系的交易伙伴，还包括国家机构等管理机构及公司所在地区环境、附近居民等间接发生关系的社会大环境。这一系列的利益相关者与企业的生存甚至发展息息相关。可见，弗里曼的利益相关者是广义的。但仅仅从广泛的意义上研究一切利益相关者，就显得非常笼统。

克拉克森（W.Clarkson）使利益相关者的定义更为具体，他认为利益相关者因企业活动而承受风险，这样专用性投资这一概念被克拉克森引入到利益相关者这一定义中。

国内学者在上述研究基础上的比较全面和有代表性的观点认为：利益相关者是指对企业的生产活动进行了一定的专用性投资，并承担相应风险的个体和群体，他们的活动能够影响或者改变企业的目标，同时也能受到企业实现其目标过程的影响。

3. 利益相关者的理论体系

在企业管理领域，利益相关者理论为人们解决诸多矛盾提供了分析框架，因此它既是经济学概念又是管理学概念。企业的利益相关者范围广泛，既包括政府、债权人、债务人、客户等群体，又包括供应商、零售商及媒体等性质各异、成分复杂的群体。从上述分析中，我们知道企业并非仅仅归出资人即股东所有，股东只拥有企业的部分，而非全部，并不是只有股东为企业的经营和长期发展做出贡献，股东仅仅是资本的提供者。包括股东在内的所有利益相关者都和股东一样，对企业的生存和发展做出了专门化的特殊投资，即注入了一定的专用资产，同时也分担了企业在经营过程中所面临的风险。企业的核心问题应该是自身的生存与发展，企业的生命力绝不仅仅来自股东，而是来自企业利益相关者之间的相互合作。利益相关者理论体系主要有以下九种观点。

1）产权说

企业产权决定了企业归谁所有，它是企业存在的根本前提。利益相关者的利益最大化是企业应当首先考虑的问题。因为企业不仅是股东投入的资本，还有雇员投入的人力资本及债权人投入的资产等都为企业创造了财富和价值，因此都应当从企业的剩余当中"分一杯羹"。但是产权必须受到限制，在强调某个人的产权时不能影响到其他人的产权，企业的产权不应当仅仅对应着股东，而应当对应着每一位与企业有关联的利益相关者。在现代企业中，所有权并非是一个简单的概念，它是多元的理论，在不同的状态下，企业的所有权不仅仅包括股东，还包括债权人、经理、高级管理人员，甚至等着收税和刺激就业的间接的利益相关者——政府等。

2）契约说

企业利益相关者之间相互关系的联结，这是产权说中关于企业的本质，企业执行各种契约是通过协商的方式，不管是显性还是隐性的，并据此规范利益相关者的责任和义务。企业的契约中就需要有一种协商机制得以建立来使企业能够持续稳定健康的发展，该协商机制不能够仅有股东，而是包含了所有的利益相关者。在这种契约下，签订契约的主体不仅是企业股东、管理者和雇员，还应该包括一些非显性的全体，如政府、债权人、债务人、供应商、零售商、客户、社区、团体和媒体等。企业的生存发展既会受到他们的影响也会影响到他们。经理人员和一般员工与企业签订的雇佣契约一般是显性契约，而政府、社区、债权人、供应商、销售商、顾客与企业形成的契约是隐性契约。隐性契约是很容易被人们忽略的。契约是保证缔约各方能够平等谈判，这一权利就是契约的本质，因此不同缔约方都应给予应有的利益，以使各利益相关方的权利得以保障。

3）资产专用风险说

资产专用性是指资产的用途被锁定，如果改变用途就会失去价值。债权人投入的资金是专用的，需要承担企业的大量剩余风险。雇员在培训中获得只能用于本企业的专业知识与技能，很难应用于其他企业，一旦转为他用，其价值毫无疑问会降低，甚至毫无价值可言。除此之外，其他利益相关者也向企业投入了专用性资产，这部分专用资产虽然不是显性的，但是一旦改作他用，其价值同样会降低。

4）人力资本说

在企业的参与者中，物质资本是股东投入的，人力资本是企业管理人员和员工投入的。随着科技的发展，拥有知识的人力资本在企业中占据着更加广泛的作用，成为企业的核心，也成为当今世界经济增长的主要因素，其在社会生产中的作用越来越突出，因此人力资本成为企业的所有者也就理所当然了。知识经济这一发展，使得物质资本价值在逐渐下降，人力资本逐渐增强。

5）经济民主论

民主是政治领域的概念，这里所谈的民主是特指经济领域内的民主，也就是民主的延伸——从政治领域向非政治领域的延伸。经济民主是市场经济的内在要求，经济民主使社会成员有权利自由地选择他们认为合理的经济目标，并且为实现这一目标而自由选择实现手段。正是经济民主，能够使企业劳资双方达到稳定与和谐，使企业持续稳定发展。因此，企业和其他经济组织的运营与管理及其制度制定，角色定位等都应当充分体现公司所有利益相关者的意志和利益。

6）参与论

利益相关者与公司不是独立的，而是不可分割、相互依赖的，因此在公司这一组织系统中，利益相关者的参与是必不可少的，不论长期还是短期利益其与公司都息息相关。利益相关者的参与能够确保公司这一组织系统的运行良好并使公司长期稳定发展。在公司的运营过程中，能够遇到许多社会问题，但利益相关者的参与和支持以及相互影响都能解决公司面临的这一问题。

7）组织论

利益相关者注入公司的资源的价值决定了其对公司的影响程度和控制程度。利益相关者在公司的地位取决于公司对其所提供资源的依赖程度。而组织的生存与其获得和保持资源的能力有很大的关联，因此组织存在的关键就是与关键资源的提供者保持一定的良好关系。因此，组织就必须要考虑所有利益相关者的利益与意志。

8）社会责任说

传统上有一种错误的观点，它认为企业仅仅是生产产品和提供劳务的一种工具。但经济社会中所出现的一系列问题的产物，如经济社会中的贫困、失业、种族歧视、城市衰败和污染等，都加剧了企业所要承担的社会责任。其中道德问题已经成为企业必须面对的实际问题，这些道德问题包括产品安全等一系列问题。这一系列从经济社会中的市场经济中暴露的问题只能通过另一种途径解决，那就是企业的社会责任。有些公司无视利益相关者的利益，只考虑短期利益，这种心态要不得，因为这不利于企业长期稳定的发展，这种行为就是不道德的行为。企业只有通过做到负有社会责任的经营，也就是时刻考虑利益相关者的利益要求，才能获得并保持长期可持续发展。

9）企业财富创造说

股东投入的资本并不是企业财富的全部，债权债务关系所形成的资产和经理员工投入的人力资本也构成企业的财富。因此，股东不是企业财富的唯一创造者，企业财富的创造者还包括除股东以外的与企业的生存发展有密切联系的利益相关者。

4.利益相关者的划分

国际上对利益相关者进行分类主要有两种方法——多锥细分法和米切尔评分法。[①]

[①] 林萍.利益相关者理论综述[J].闽江学院学报，2008（02）：55-58.

1）多锥细分法

离开了利益相关者的支持，企业就很难保持其生存与可持续发展，但是对于不同的利益相关者，他们对企业的影响以及被企业影响都是不同的。弗里曼指出，利益相关者基于对企业投入的资源不同而对企业产生不同程度的影响。弗里曼把利益相关者分为所有权利益相关者、经济依赖性利益相关者和社会利益相关者。弗雷德里克（C.Frederick）认为利益相关者分为直接和间接利益相关者。查克姆（J.Charkham）根据公司合同性质把利益相关者分为契约型和公众型利益相关者。惠勒（W.Wheeler）按照群体是否存在社会性和与企业间的关系是否直接由真实的人来建立将利益相关者分为具备社会性和直接参与性的社会性利益相关者、对企业有间接影响的社会利益相关者、对企业有直接的影响的非社会利益相关者、不与企业有直接的联系的非社会利益相关者。

2）米切尔评分法

美国学者米切尔（J.Mitchell）和伍德（T.Wood）根据企业利益相关者的合法性、权利性和紧迫性进行评分的结果将企业的利益相关者分为确定型利益相关者、预期型利益相关者、潜在型利益相关者三种，这是一种简单易行的划分方法。

5.利益相关者理论在《OECD公司治理结构原则》中的体现

为了改善公司治理结构，29个发达国家于1998年成立了经济合作与发展组织，简称OECD。OECD特设一个具有国际性基准的专门委员会。专门委员会根据全世界有关公司治理理论成果和经验，推出《OECD公司治理结构原则》草案。1995年5月，该草案被通过，其原则也被OECD理事会通过，并将此原则作为成员国政府制定有关公司治理结构法律和监管制度框架的参考。[1]

《OECD公司治理结构原则》的主要内容包括：①股东权力；②对股东的平等对待；③利益相关者在公司治理结构中的作用；④信息披露和透明度；⑤董事会的责任。由于利益相关者理论的出现使公司治理问题扩展到所有利益相关者，也就是广义的利益相关者，从而使公司治理的问题变

---

[1] 陈宏辉.企业利益相关者的利益要求：理论和实证研究[M].北京：经济管理出版社，2004：24-33.

得更加错综复杂。

6.利益相关者理论的缺陷和不足

首先,传统公司追求股东利益最大化,而随着现代企业制度的建立,公司利益相关者理论出现后,公司的经营目标出现多元化,不仅有明确的经济目标,还要有相关的非经济目标,如承担一定的社会责任等。正因如此,公司的经营计划、决策的制定与执行必然受到多方面利益因素的影响,使公司难以全力以赴地自由决策、自由运营,致使利润第一的经济目标严重缺失。过多地考虑社会责任,就会让对手觉察可乘之机,从而在竞争中丧失优势,不能实现利润最大化。过分强调利益相关者理论可能会影响公司更好地实现经济目标,因为该理论使公司治理的目标呈现多元化,而过多的目标可能会使管理层无法全力以赴追求企业的主要目标,从而使他们无所适从,这样就相当于没有订立目标,其未来的生存与发展就容易失去清晰的方向。

其次,利益相关者的界定只从定性的方面提出规范,还没有达到定量的约束。尽管国内外学者已经从很多方面对利益相关者进行了划分,但是对众多的利益关注,到底哪个重要、哪个次要,到底他们占据的权重应该是多少,很难分辨清楚。

最后,也是最现实的问题,利益相关者人数如此之多,很难应用于现实当中。例如,利益相关者中的顾客,要时刻关注他们的利益需求,将他们集中起来进行决策是不可能的。尽管理论上利益相关者理论是可行的,但是其理论本身并不完善,所以很难实行,不具备操作性。利益相关者理论是基于将所有权集中,然后对称分散给所有利益相关者,如果考虑成本因素,这是不可能的。不仅如此,利益均摊的直接后果是容易产生"公地的悲剧"。也就是说,如果过分考虑所有利益相关者的利益,会导致资源的过分使用和浪费等问题发生。

(九)相关法律法规

1.行政事业单位内部控制规范

为防止行政事业单位中会计欺诈与贪污腐败等不法行为的出现,提高其内部管控水平与能力,我国各行政事业单位于2014年初开始在全国范围内正式实施《行政事业单位内部控制规范》。此规范的全面试行,为确保我国行政事业单位的内部控制体系的建立与完善提供了坚实的后盾与指导。事实上，会计内部控制作为一种非常有效地监督工具和管理工具，对于行政事业单位的正常运作与健康发展有着重大的影响。因此，本单位员工，特别是单位的主要负责人，更要深刻地理解单位经济目标的实现离不开有效、科学的内部控制制度，要在发展的过程中提高自身的思想道德与业务水平，同时还要积极发现本单位会计工作中存在的问题，踊跃地采取相关措施做好本单位的内部控制工作，为其他工作的有序进行保驾护航。

2. 其他相关法律法规

1）高等学校财务制度

依据《事业单位财务规则》的相关内容，财政部联合教育部共同颁布《高等学校财务制度》来指导高等院校的经济活动，保证我国教育事业的健康有序发展。该项制度是高校所遵循的各项财务制度中最为基本和重要的财务制度，同时也是高校财务实际工作中最繁杂的一项规范。它包括了三层含义：第一，它是国家有关财政制度法规的主要构成部分；第二，法律制度性质是其所具有的多个性质中的最为根本的性质；第三，它影响的范围涵盖了我国高校的全部财会与管控活动。

2）高等学校会计制度

为顺应我国教育体制革新与连年扩招的发展实际，以《中华人民共和国会计法》与《事业单位会计准则》作为修订依据，并参照《高等学校财务制度》的相关内容，《高等学校会计制度》于2014年初开始实施。

此指导规范共计5万余字，更加系统化地针对高等院校的各个交易业务与事项的确认、计量、录入及报告并做出明确规定。同原制度相比，该制度在如下八个部分有着重要的突破与改进：第一，新添加的与最新实施的财政改革内容相符合的会计核算规定，大力保证财政法律法规的贯彻落实；第二，固定资产项目的折旧引进"虚提"的概念，更加可靠地体现资产的价值；第三，要求把基础建设投资活动相关的数据定期加入"大账"中去，保证财务信息的准确完整；第四，更加细化支出费用的分类与核算，可以更清楚地反映财政支出结构与内容；第五，把高校内部中能够独立核算的单位财务信息放入到高校年度财务报表中集中反映；第六，进一步强化了对高等院校实物资产的计量与入账管理；第七，健全对会计科目体系与会计处理工作的相关规定，从而更好地指导高校实践；第八，优化高等学校的财务报表体系，使财务结构更加趋于合理，为高校各项工作顺利进行提供保障与支持。

3）我国关于内部控制的法律法规

我国20世纪80至90年代才开始出现对于内部控制理论的探索与实践，理论界在学了国外财务内部控制成功经验的基础上，并结合我国企事业单位的具体工作特点，目前国内对财务内部控制的研究和探讨能够依据的法律法规包括以下几部，下面用图表的形式加以呈现（表1-1）。

表1-1 我国关于内部控制的法律法规

法律法规名称	实施时间	主要内容	地位作用
会计基础工作规范	1996年	提出会计基础工作各方面规定	第一次对内部控制做了详细的要求，为《会计法》的前身
独立审计具体准则第9号	1996年	对内部控制与审计风险做出明确规范，提出内部控制相关内容	突出对注会审查企业内部控制做出了规定
加强金融机构内部控制的指导原则	1997年	对金融机构内部控制要求	这个指导原则是中国第一个关于内部控制的行政性规定
中华人民共和国会计法	2000年	明确规定各单位必须实施相关的内部控制制度	中国第一部用法律形式体现内部控制规范的法律，是我国会计行业的基本法
内部会计控制规范	2001年	认为内部会计控制是企业为确保有关法律法规贯彻落实的一系列控制方法	是一部基础性法规，进一步丰富我国内部会计控制的规范，为后续各种规范的制定提供了依据
企业内部控制基本规范	2008年	规定企业须实行有效的内部会计控制，对内部控制有了明确的定义，确定内部控制目标，构建了五大要素控制框架	科学界定了内部控制的含义确定了国内统一的、权威的内部控制标准对企业内部控制的设计与构建做出了明确要求，体现了中国市场经济与全球经济体的统一
企业内部控制配套指引	2010年	企业要按照内部控制原则与内部控制的五要素来对本企业的内部控制工作提供指导	在整个内部会计控制规范体系中占着主导地位并具有重大的实践意义
行政事业单位内部控制规范（试行）	2014年	全面对事业单位的内部控制工作做出了进一步规范，认为内部会计控制作为一种非常有效地监督工具和管理工具，并对控制关键点做出详细的说明	这是一部企业构建内部控制必要的参考指引，该规范是我国在最新环境之下强化单位内部监督与管理的里程碑与指明灯

以上与高校财务内部控制相关的法律法规为本书的研究提供了现实依据。

第二章 高校财务管理概述

高校财务管理是对会计主体拥有的能以货币计量的经济资源进行管理的经济活动，并包括参与重大的经济问题的决策。它包括学校的一级核算、学校基建财务领拨款与负债核算管理、对二级财务收支核算和其他部门发生的经济活动进行指导与监督、对学校经济实体财务收支的指导与监督、对校内重要经济合同的会审、参与校内重大经济活动的决策、对其他经济活动的领导与管理等。随着市场经济的逐步建立，高校财务管理工作必须适应新形势的发展要求，这就要求我们必须加强高校财务管理，提高财务管理水平。

本章首先阐述了高校财务管理的内涵与特点，其次介绍了高校财务管理的内容和我国高校财务制度的变迁，最后重点分析高校财务管理的控制模式。

一、高校财务管理的内涵及特点

（一）财务管理概念

财务活动是经济主体筹集、使用和分配资金的活动，是资金运动及其所体现的关系经济。财务管理主要是指在特定的整体目标下，关于资产的购置（投资），资本的融通（筹资）和经营中现金流量（营运资金），以及利润分配的综合性经济管理。对于高校财务管理具有财务管理的一般特性，也有作为高等教育经济体系的独有特征。

（二）高校财务管理的内涵及特点

1.高校财务管理含义

高校财务管理作为财务管理体系的一个分支，主要是指在高校的限定下，进行有关资金的筹集、使用、组织、融通、分配、调拨、结算等活动。随着高校规模的不断扩大，高校也向着集约化、市场化方向发展，因此高校财务管理已成为高校管理工作中重要组成部分。[1]

高校经济活动不仅包括教育资金运动，还包括从属于教育资金的生产、经营资金的运动。因此，高校的财务管理的对象具有多元化特点，包含资金流量、资本流量、资产流量和资金存量、资本存量、资产存量的全过程，且在此过程中，资金的增值规律又会影响着资金投资使用方向。一方面，在资金增值后，资金的总额会有不同程度的增加；另一方面，资金投入不同项目在相同时间内的资金增值不同。所以，在高校财务管理中，对资金的投资、控制及预测都受到时间的影响，具有较强的选择性，要求高校必须经过严格的方案制定，进行严格的方案预测、控制、决策、分析、核算等流程进行项目的建设和资金筹措，此外还要运用多种方式进行项目的投资方向、规模以及项目的取舍，确定资金的使用方向。高校资产管理者还要将货币时间价值观念运用到财务管理工作中，这就要求财务管理改变原有的粗放型管理，向着现代化的集约型的管理模式发展，才能够使财务管理者也参与到财务决策和经济管理中。就目前来说，高校财务管理其重点就是建立和完善有效的投资、收益管理运行体制。[2]

2.高校财务管理对象

当前，高校财务管理对象为资金活动管理，也就是高校在进行办学活动中展开的科研经费以及教学管理资金的使用和流转，主要表现为资金的筹措、运转以及回收等。我国市场化经济模式的不断完善，高校的资金筹措方式也由原先的仅依靠国家财政拨款转变为资金筹措渠道多元化的模式，成为高校财务管理现代化的起点。[3]高校将筹措的资金根据高校的实际发展和需求，进行办学活动中的基础工程建设及购置科研、教学和办公等设备，

---

[1] 陈文川.教育经费视角下高校财务管理机制探讨[J].财会通讯，2014（12）：48-50.
[2] 尉桂华.新形势下高校财务管理若干问题研究[M].成都：西南交通大学出版社，2015：78.
[3] 黄力.高校财务管理应对发展新趋势研究[J].教育财会研究，2014（05）：48-50.

并为教职工的教学、科研等各项工作提供资金的支持，例如学生奖助学金和教职工待遇以及在行政办公中的业务费、办公费、耗材费等。在高校进行资金使用和运转的过程中，也逐渐形成高校与政府、学生、教职工、金融机构、企业事业等多种复杂的内部关系。

3.高校财务管理基本原则

高校财务管理的基本原则能够规范和指导高校开展各类财务活动或者处理各种财务关系，它是对《高等学校财务制度》的有益补充，也是高校组织财务活动时必须遵守的行为准则。按照《高等学校财务制度》的要求，结合高校财务管理的现状，高校财务管理优化原则的具体内容如下：

1）法治原则。依法办学，严格执行学校各项管理制度，严格执行国家财政法律法规，坚决做到"学法、守法、执法"，是高校财政管理工作者秉承的法治理念，也是高校财务管理优化原则中最重要、最基本的原则。

（1）依法开展财务工作。财务管理工作是保证高校正常运行的基础，要将这项工作落到实处，重要的法宝是依法行事，也就是说必须做好两件事：一是管理者要树立法制观念，认真学习有关财经法律法规，不断丰富自己的法律知识，明确违法与合法的界线。二是管理者要严格执法，必要依照法律认真执行各项规章制度，做好账务结算核算工作；无论是资金的下拨、追缴、回笼，还是资金的调配，都要做到有理、有据、有力，确保高校的财政管理体系规范化运行。

（2）依法维护学校利益。当前我国高校已经逐步走向市场，收费双轨制、自主办学成为当下发展趋势。在此背景下，学校与社会机构、团体及个人有了越来越多的联系，在相互接触中，交织着各种利益关系。而在这些利益关系中，产生影响最大的就是财务关系。所以在日常业务来往中，财务管理涉及各种项目的预算、结算及核算，都要以法律为准绳，努力维护学校合法权益。

2）统筹兼顾原则。高校的财务管理工作涉及方方面面，只有树立大局意识，兼顾各方利益，才能实现高校的发展。

（1）兼顾各部门利益。高校是一个庞大的管理机构，各部门业务的开展都离不开资金支持。因此，高校财务管理者应从实际出发，制定合理的预算管理和绩效考评办法，在经费下拨方面协调各方利益，努力做到公平公正。

（2）兼顾当前与长远利益。高校财务管理工作很难一蹴而就，因此高校财务管理者应把握当前利益与长远利益的关系，认真做好财务预算，科学合理地控制日常开支，既要保证财政资金能满足高校日常需要，也要为高校长远发展做好资金预留，确保高校可持续发展。

（3）兼顾社会与学校的利益。自筹经费、自主经营，已成为当下高校生存和发展的途径。收费双轨制、创办校企、开发文化教育新产品等经济项目也蓬勃发展起来。但高校的本质是为社会提供教育服务的，过度追求经济效益与高校办学的宗旨相违背。所以，高校应当在二者之间运用经济杠杆进行合理调节，在资金的分配和利用上，既要考虑能使学校获得可持续发展的经济条件，又不能影响高校的正常教学活动。

（4）兼顾国家与教职工的利益。高校资金的管理，既要服从国家政策要求，听从国家和政府的安排，还要满足高校教职工需求，应通过有效途径为全体教职工谋取福利。

3）宏观调控、微观搞活原则。宏观调控、微观搞活原则应当有两个层次的含义。

（1）政府对高校资金进行宏观调控原则。政府对高等教育宏观管理的主要职能将是对高等教育进行宏观调控和为高校的发展提供服务，并从政策与发展方向上给予引导和调控，促进高校的建设，引导高校向适应社会需要的方向发展。在国家的鼓励和倡导下，政府在政策和发展方向上给予高校积极调控和引导，当高校财务运行出现瓶颈时，政府应适时合理地进行调节，为高校提供倾斜性政策，以保证高校能获得可持续发展的资金。

（2）在高校内部实行微观搞活原则。高校财务管理部门应发挥"管家"的作用，通过制定财务预算管理机制、财务目标绩效考核体系，对学校内部各职能部门、二级学院进行严格考核，并将全年财务目标的完成情况定为对各部门绩效考核的重点。只有这样，才能使用经济手段从微观上调动员工的积极性和主动性，从而促进学校各项工作健康发展。

4.高校财务管理任务

高校财务管理是整个高校各项工作正常运行、提升综合性水平和科研工作健康发展的重要保证。随着推行高校会计制度的改革，高校财务管理在制度建设、预算管理、服务创新等方面进行了重大变革，在此基础上具有自身特殊的任务。第一，高校财务管理既要协调专项资金，科研经费、基本项目支出等资金来源，还要管控外部监督和内部控制的风险。第二，根据财政部、教育部《关于高等学校建立经济责任制加强财务管理的几点意见》中一文指出，制定财会人员培训计划，鼓励财会人员参加继续教育培训及相关的职称考试，是尤为重要的；要全面提升财会人员的思想素质、职业道德修养和业务能力，主动服务于教学、科研等重大部门；进一步增强服务意识，拓宽服务功能，转变工作作风，提高服务质量和水平，并进行服务需求创新性体验。第三，随着信息技术革命的到来，为了积极响应国家网络命运共同体建设，更好地推广和适应互联网大数据的发展，基于银行理念，增强监管与服务意识，优化高校财务的传统管理模式，为高校的财务管理带来一种新思路。

5.高校财务管理的特点

高校财务管理不同于企业的财务管理，预算编制计划性强的特点是由我国高校会计制度决定的，高校在年度预算编制时，要坚持收支平衡，综合考虑的原则。

1）高校经费来源和筹资方式多样性，按照教育优先发展的战略要求，我国对教育的重视程度日益提高，要求不断提高教学质量、保障教学设备的充足。这种长期稳定的需求需要高校多渠道筹资来满足。

2）高校经济活动具有非营利性的特点，由自身非营利性的特点决定。没有严格的成本核算使得高校投入的经费难以计量，并不能对其进行准确的考核。

(三）高校财务管理体制

高校财务管理体制是指高校组织及运营在科研、教学以及社会服务等有关机构、部门、运行机制的总和。高校财务制度是高等教育的重要组成部分，高校财务管理体制的内容包括：机构的设置、科室的分配、权限的划分、财务会计制度及其他运行机制等。高校财务管理也是确定学校在财政资金拨款、权责及利益分配和管理形式的一种有效的、有约束力的、有规范的经济行为，保障高校的财务活动有序进行。目前，财务管理体制分为以下三种：财务管理的运行机制、财务管理的领导机制及财务管理的保障机制等。①

1.高校财务管理的运行机制

目前,我国高校的财务管理运行机制分为两种:①统一领导,集中管理。根据《高校会计制度》明确规定,在学校统一管理下,根据学校发展的需要对学校的财务工作和活动进行集中管理,提高资金的调控力和使用率。比较适合规模较小的高校。②统一领导,分级管理。在学校统一规章制度下,学院二级财务单位有权参与并制定该学院的财务规章及实施方法。此举具有灵活性和统一性,比较适合规模大、财务业务繁多的学校。两者均根据本校的办学规模、财务制度的健全情况以及学校领导决策等,选择合适的运行机制,更好地为高等教育服务。②

2.高校财务管理的领导机制

政府对高校管理方式由直接管理,转变为间接管理,高校也从政府附属机构成为具有法律保障的独立办学社会法人实体,在办学、招生以及财务管理等各个方面获得较大的自主权。法人代表直接领导、决策和组织相关学校内部财务活动有序进行。在《高等学校会计制度》中明确指出实现校长负责制,符合条件的学校应设立总会计师,协助校长全面开展财务工作。

3.高校财务管理的保障机制

随着高校招生规模的不断扩张,高校资金需求规模不断扩大,教育经费多元化的呈现,供求之间的矛盾日益突出。面对高校发展新趋势,财务管理成为高校管理工作的一个焦点。一方面,要解决如何在有限资金的情况下,合理地配置资源,提高资金使用效率的问题;另一方面,要扩大教育经费来源,推动高校发展的问题。高校日益复杂的经济活动和巨大的资金供求压力,需要高校的财务运行机制不仅具有规范、约束财务行为功能,同时还要具备理财的功能。在校长的统一领导下,由分管财务工作的副校长组织相关职能部门,建立各种保障机制。

---

① 李丹.中国高校财务制度研究[D].长春:吉林大学,2019.
② 李万强.高等院校财务管理体制研究[D].咸阳:西北农林科技大学,2018.

二、高校财务管理的内容与财务制度变迁

（一）高校财务管理内容

为满足教育事业的不断发展以及体制的改革需求，以及高校自身的发展需要，高校财务管理已不是原有的监督和管理工作。按照高校财务制度，以及高校经济活动的现实需要，高校财务管理的内容主要包括：

1. 资金管理。在高校资金使用管理主要为资金的多渠道筹措和资金科学合理的应用。由于国家财政支出有限，高校必须采用多种方式、通过多种渠道进行资金的筹措，才能保证高校在基础建设及教育支出中有充足的资金；有效合理地分配学校资源，优化资金使用，使资金效益最大化。就目前而言，我国许多高校都出现资金短缺现象，同时高校自身还存在资金浪费的问题。因此，高校必须加强财务管理控制，不断提高资源优化配置，勤俭节约量力而行，进一步提高教学水平和教学质量。

2. 预算管理。高校必须根据自身的发展需求和发展计划并结合先进的经济制度，科学、合理地制定预算管理，并将其作为首要任务来完成。预算管理是指进行预算方案的编制，并加强控制及管理预算方案实施过程。高校在编制自己预算方案时，必须根据高校本身的发展需求和资金状况，并以积极发展为方针，做到收支平衡的综合性预算，随学校资金统筹安排，统一学校预算编制，提高学校资金的最优分配，使学校资金能够最大化使用。

3. 资产管理。高校各项工作的运行及未来发展规划都需要高校的资产作为保障。高校的资产主要分为：有形资产和无形资产；非经营性资产和经营性资产。因此，想要做好高校的资产管理就必须熟知自己的资产状况，不断提高高校资产考核机制、资产配置机制，科学合理地分配高校资源，防止资产浪费和流失，确保资产的最大化利用。

4. 制度管理。高校应该不断完善财务管理工作的相关制度，加强对高校经济的控制力度。在制定高校财务制度时，首先要遵守国家相关法律法规，再结合高校自身实际情况制定适合自己高校发展的经济制度和财务管理制度。高校财务制度要包括财务收支制度、内部审计制度、经济责任制度、内部分配制度、绩效考核制度、资产管理制度等，以及学校各级职能部门的岗位责任制度相关财务、经济管理办法。做好财务监督和民主监督的有

效结合，在以内部审计进行审核，最终保证高校财务各项工作合法、有序地进行。

5.监督管理。高校在财务管理中必须要及时有效地反映本校财务现状及问题，并进行反馈，保证信息的完整性、真实性，并不断对本校财务状况进行经济效益和社会效益分析，对财务工作做出准确地评价。此外，还需要加强对学校各种经济活动及财务状态的监督，保证其合理性和合法性。目前，高校规模不断扩大，其自身的投资项目，尤其重大项目增多，且经济活动较自由；因此，必须加强监督管理，强化廉政建设，保证其遵守国家相关法律法规，将全部资金合理地应用到高校的建设中去。

综上所述，高校财务管理与高校各个工作都密不可分。合理科学地优化资金配置，是提高高校的经济效益，促使其持续健康发展的重要保障，也是高校进行教学、科研的有力支撑进而实现社会价值的有力支撑。

（二）中国高校财务制度变迁

1.中国高校财务管理体制变迁

体制，是指国家机关、企业事业单位的权限划分和按照这种划分所设置的机构，所形成的组织、制度与体系。"其核心是管理权限的划分。"[①] 许孝民等认为："高校财务管理体制，是指在国家经济制度和办学方针指导下，高校对其各类经济活动进行组织管理的制度和方法的总称，高校财务管理体制从其包含的内容看主要有：财务管理机构的设置、财务管理制度、管理权限的划分等，其核心是调整各方面经济利益关系。"[②] 白云龙认为："完善高校内部的财务管理体制，其实质是学校内部财务管理权限的调整和再分配，其中隐含着利益关系的界定和划分。"[③]

总之，结合众多学者对高校财务管理体制的讨论，笔者认为，所谓高校财务管理体制是指高校组织、运营其教学、科研和社会服务等活动的所有机构、规章制度及运行机制的总和。财务管理体制包括的主要内容：财

---

① 王大勇.对高等学校财务管理体制问题的思考[J].河北师范大学学报（教育科学版），1998（04）：161.
② 许孝民，许家瑞，郭鹏，李善民.中国多校区大学财务管理模式[M].广州：中山大学出版社，2008：40.
③ 白云龙.关于高校内部财务管理体制的探讨[J].唐都学刊，2000（04）：125.

务管理机构的设置、管理权限划分、财务规章制度及运行机制等，其中管理权限的划分是管理体制的核心内容。

在计划经济时期，中国高等学校的财务管理体制呈现高度集中或者高度集权的管理体制。这一阶段，政府是唯一的投资者。政府财政拨款是高校经费的主要来源，高校经费的使用是在政府指定用途下完成的，在经费管理上实行"统收统支、分级包干"；而在这一过程中，高校的财务活动仅限于记账、报账等活动，没有经费使用的自主权。"统一领导、集中管理"也就成为这一时期高校的财务管理体制。

改革开放以后，高等教育改革逐渐展开。随着中国高等教育投资体制改革、办学体制改革及高等学校内部管理体制改革的不断深入，相关财务会计制度不断出台与完善，高校财务管理体制呈现出以下主要阶段：

1）渐进改革阶段。随着经济改革的开展及市场经济的确立，中国高等教育也逐渐展开了各个方面的改革。在宏观管理体制上实行条块结合，中央、地方两级管理。1980年，实行"划分收支，分级包干"的新财政体制，明确了政府的教育经费拨款由学校行政隶属关系的中央财政和地方财政分担。部属院校经费由中央政府负责，地方高校由地方政府负责。中国从1989年开始招收自费生。在资金来源上，除中央、地方政府的财政拨款外，高校通过收缴学费、校办产业、科技服务、有偿服务、社会捐助等途径筹集教育经费。高校的投资主体呈现多元化势态。在经费管理上，实行了"经费包干、超支不补、节余留用、自求平衡"的管理办法。在管理体制上，实行"一级核算、二级管理和二级核算、二级管理"的财务管理体制。1986年，国家教育委员会、财政部颁布的《高等学校财务管理改革实施办法》提出，高校对于内部教育经费，可以采用"统一管理、一级核算、定额包干、节余留用"的办法，规模较大的学校可以采用二级核算的方式。1989年，国家教委针对当时高校的实际管理情况，发布了《关于适当集中财权加强财务管理的意见》，提出：从原则上讲，高校应实行"一级核算、二级管理"的财务管理体制，但是规模较大院校结合自身实际情况也可采用"二级核算、二级管理"的模式。

2）"统一领导、集中管理"与"统一领导、分级管理"阶段。1997年，《高校财务制度》明确高校财务管理应该采取"统一领导、集中管理"或者"统一领导、分级管理"的财务管理模式。随着高校规模不断扩大、高等教育管理体制改革不断深入，"分权"体制逐渐成为主流。大多数高校实行"统一领导、分级管理"的财务管理体制，少数规模较小的学校采用"统一领导、集中管理"的体制。

从资金来源看，多方位、多元化的筹资渠道已经形成。高等教育经费以各级财政拨款为主，依法征收教育附加费，学生缴纳学费及杂费，社会团体、企业、华侨的赞助，校办产业利润上交，等等。高校教育经费分配方式从以前的"基数加发展"的渐进方法改为"综合定额加专项补助"的方法。

在预算管理方面，随着政府公共财政体制改革的不断推进，高校财务预算也开始实行部门预算。实施部门预算之后，高校将原有的功能预算模式，改变为综合财务预算模式，确立了"大收大支"预算理念，将学校所有的收入及全部支出都纳入学校的综合财务计划，进行统一安排。[①] 高校内部资金实行"收支两条线"管理制度，教育经费实行国库集中支付制度，进一步规范了资金收支管理。但部门预算改革之后，对高校也存在一定的负面影响，高校的收支管理权限呈现上移的特点，以高校经费实行"零余额账户"管理为例，财政在进行拨付高校经费时，直接由财政账户划拨到客户，并不在高校财务账户滞留，高校成了"过路财神"，这一做法对高校资金账户管理更加规范，防范了由于经手过多出现问题，但高校也失去了一定的资金自主使用权。

2. 中国高校财务预算和财务收支制度变迁

预算管理是高校财务管理工作的核心，是学校年度事业发展计划的一个综合体现，是对学校可用资源进行优化配置的重要手段，它贯穿于高校财务管理的全过程，推动高校各项财经活动有序、有效地进行。随着高校管理体制的改革，尤其是随着高校规模的扩大，学校建设资金需求量大，管理复杂化，给学校的收入和支出带来了新的挑战，提高收支预算管理的绩效成为高校财务预算制度改革关注的重要内容。本部分回顾对高校预算制、收支制度的历史变迁，作为改革创新的借鉴。

---

① 金霞. 高校财务管理制度创新的理性思考 [J]. 江苏高教, 2003 (01): 110–111.

从新中国成立以来，中国高校财务预算制度从制度变迁来看，大体可以分为三个阶段：

1）从新中国成立到改革开放。这是中国实行计划经济时期，主要特征是采用高度集中的计划手段配置社会资源。在这一阶段，高校作为政府的附属是全额预算部门，高校所有经费来源于国家财政拨款。政府对于高校教育经费采用计划手段直接管理，教育财政拨款按计划统一拨付，经费支出须按计划安排，实行"统收统支"。高校内部对于教育经费预算管理可以归结为"核定预算、以支列报、结余上交"。这一时期的预算可以叫做单一财政支出预算。

2）从改革开放到1996年。十一届三中全会以后，随着经济体制改革不断扩展，中国高等教育改革也逐渐展开。在这些年间，为了推动高校的快速发展，国家在加大财政投资同时，鼓励学校拓展收入来源。利用优惠政策，鼓励高校利用自身的教学、科研优势开展社会服务；通过贷款优惠等措施鼓励发展校办产业；从1985年之后，逐步进行非义务教育收费改革等。通过多种措施逐渐形成了学校收入多元化格局。伴随着收入多元的形成，高校财务自主权也逐渐扩大，高校逐渐将各种收入纳入校级预算管理，根据学校发展需要安排收支。但是，这一时期的预算编制中，收入支出涵盖不全面，不包括预算外资金。同时，预算编制缺乏规范模式和法律保障。但这一时期，随着高校财权的扩大，学校逐渐将各种来源的教育经费纳入校级预算管理，安排支出，不仅提高了资金使用效益，也提高了学校财务预算管理能力，为向综合财务预算过度打下了基础。这一阶段是综合预算初步建立时期。

3）1996年到现在。这一时期是综合财务预算确立、贯彻执行时期。这一时期主要特征：一是高校预算拥有了法律法规为保障。1996年《事业单位财务规则》颁布，为高校预算制度建立了良好的制度基础；1997年《高校财务规则》出台，确立了高校预算制度；1994年《中华人民共和国预算法》颁布，为预算管理提供了法律依据；1998年的《中华人民共和国高等教育法》，确立了高校独立法人地位，赋予了高校自主管理，依法治校的自治权利，以立法形式保障了高校财务等方面的自主权。二是确立了"大收大支"的预算理念，将学校全部收入和支出都纳入预算管理，统筹安排。

三是高校自1997年实行了"定额收支,定额或定项补助,超支不补,结余留用"的新的预算管理办法,为进一步改革做铺垫。四是教育部自2000年来,采用部门预算对高校预算进行改革,在高校内部采用部门预算进行预算编制。随着中国公共财政体制改革,高校预算编制方法更加科学,编制程序更加规范、合理,编制内容逐渐细化、科学化。总之,这一阶段高校的综合预算管理不断发展,而且走向了更加科学、有效的新阶段。

3. 中国高校资产和负债制度变迁

1) 中国高校专用基金制度变迁

高校专用基金制度变迁大体可以分为三个阶段。

(1) 计划经济时期。在这一时期,中国高等教育实施"统收统支"的财政政策,高校教育经费单一依靠财政拨款,所有支出都由国家按计划安排和承担。高校兴办任何事业都通过国家财政安排投资和经费。高校是政府的附属,高校所有资金统一由国家安排,所以没有学校基金存在。

(2) 高校基金制度形成和发展时期。1980年,教育部、国家劳动总局和财政部印发的《高等学校建立学校基金和奖励制度试行办法》提出,为了提高教职工的积极性,推动高校教学、科研的发展,建立学校基金;学校基金,原则上应当分别用于教学、科研、发展生产、教职工集体生活福利和个人奖励等四个方面。随着学校基金的设立,基金管理也逐渐规范化。1986年,国家教委、财政部颁布的《高等学校财务管理改革实施办法》中规定了各种社会服务收入纳入学校基金的比例,同时规定"用于发展事业部分,不得低于60%;用于教职工奖励和集体福利部分不得高于40%"。这一时期,主要是学校基金的建立和形成时期,基金的种类不断更新和变化,基金的来源及支取比例规定逐渐具体化。可以说,变革是这一阶段的特点,通过不断发展和完善为高校基金制度的建立、健全打下了良好基础。

(3) 高校基金制度确立和完善时期。1996年,《事业单位财务规则》规定,专用基金包括"修购基金、职工福利基金、医疗基金、其他基金"等,并对修购基金详细规定为修缮费和设备购置费各按50%列支。以《事业单位财务规则》为基础,1997年《高校财务制度》针对高校的特点规定专用基金包括修购基金、职工福利基金、学生奖贷基金、勤工俭学基金等。职工福利基金主要从结余中按比例提取或按其他规定转入。修购基金、勤工俭学基金是从事业收入、经营收入按比例提取的。《高校财务制度》的颁布，确立了高校基金制度的基本规则和管理方法。虽然，近年来也不断有关于基金制度的政策、法规出台，但是总体特点是缺乏统一、规范的基金管理规定，最突出的是缺乏统一的基金提取比例。2012年，财政部《关于事业单位提取专用基金比例问题的通知》，对事业单位职工福利基金提取比例做了规定，在年度非财政拨款结余中所占比例不得高于40%。虽然仅就职工福利做出了具体规定，但实现了基金提取比例规范化管理的新进展。

2）中国高校资产制度变迁

高校资产是高校进行教学、科研以及行政管理等活动的物质基础，是发挥其社会职能的保障。重视高校资产管理工作，合理配置和高效利用高校资产，保护高校资产安全，有效地进行资产的保值、增值，有利于高校在激烈市场竞争环境中持续健康的发展。中国高校资产制度变迁大致可以划分为三个阶段。

（1）计划经济体制下的"集中统一"管理阶段（从中华人民共和国成立一直到20世纪80年代初期）。在这一时期，中国高校所有教育经费均来自财政拨款，学校固定资产的形成大多源于政府投入。高校流动资产的使用管理取决于政府计划指令，经费一般是按指定用途和专门项目下拨，必须严格做到"专款专用"。固定资产的形成形式主要是政府按计划调拨，学校只拥有资产使用权、管理权。由于缺乏相应管理责任制度建设，高校资产使用效率低下。

（2）高校资产制度建立探索时期（从20世纪80年代初期到1997年）。这是高等教育体制改革探索和不断拓展的时期。国家一面通过"权力下放"，扩大高校行政管理、经费管理等方面自主权，一方面通过方针、政策、法律、法规，推动高校"制度创新"。随着高校财务自主权限的扩大，高校可以通过收取学费、校产及社会服务来扩大高校经费收入，对经费使用管理也具有一定自主权。高校固定资产的形成渠道逐渐多元化，高校可以通过自筹资金，主要是利用银行贷款，购置大型教学、科研设备。学校经济活动的复杂化，尤其校办产业、银行贷款等活动，在资产立项、申请、评估、招标、投标等环节都需要制度，进行规范管理。在逐渐地探索中，建立了一系列资产管理制度。

（3）高校资产制度不断完善阶段（从1997年至今）。1997年，《高校财务制度》确立了"资产"这一概念，将高校资产划分为固定资产、流动资产、无形资产和对外投资，针对各类资产规定了管理办法，建立了较完备的资产制度。在《高校财务制度》中还强调高校对于其拥有各类资产具有保证资产安全、防止流失和提高使用效益的责任。为高校资产制度的健全和完善打下了坚实的基础。随后，对于高校资产管理不断有规章制度出台，但都是一些针对具体方面的规定。2006年，财政部颁布的《事业单位国有资产管理暂行办法》（以下简称《办法》），是中国第一部资产管理专门法规，《办法》对事业单位资产管理，包括基本原则、管理机构及职能、资产配置及使用、处置、产权登记及产权纠纷处理、评估与清查、信息管理与报告、监督等方面都做了详细的规定。为包括高校在内的事业单位资产制度建设开启了一段新的历程。

3）中国高校负债制度变迁

（1）中华人民共和国成立到20世纪80年代初期。这一时期是传统的计划经济时期，财政拨款是高校教育经费的唯一来源。政府的财政拨款资金实行"统收统支"或"全收全支"的方式，经费按计划下达，按计划安排支出。高校内部对于教育经费预算管理可以归结为"核定预算、以支列报"。在这一时期高校根本不存在负债。

（2）20世纪80年代初期到1997年。这一时期，高校内部负债问题不突出，管理不系统、不规范，财政拨款依然占绝对主导地位，教育投入实行中央和地方政府"划分收支，分级包干"的方式，高校内部预算经由上级主管部门确定，实行"核定收支、定额或者定项补助、超支上补"。在这一管理模式下，高校财务出现负债也主要由政府负责。自20世纪80年代中期起，中国高校开始利用银行贷款进行学校发展建设。李国强认为，一直到20世纪90年代中期，中国高校的银行贷款以外资贷款为主，贷款的偿还责任由政府承担。[1] 从20世纪90年代中期，在国家低息等优惠政策鼓励下，高校开始利用国内银行贷款，用于校办产业和基建。这一时期，高校虽然出现了负债，但是负债规模较小，负债高校在全部高校中所占比

---

[1] 李国强. 我国高校贷款30年的回顾与反思[J]. 高等教育研究, 2008（06）: 33-36.

例较小，政府一般将贷款管理权下放给高校财务主管部门，并没有统一、规范的管理制度。

（3）1997年至今，高校负债制度建立和完善时期。1997年，《高校财务制度》确立"负债"概念，初步建立负债管理制度。从1999年，在国家政策鼓励之下，高校发展规模迅速扩大，在教育经费严重不足的情况下，高校纷纷开始利用银行贷款进行校园建设。随着银行贷款还款期来临，许多高校出现了贷款危机，学校发展受到严重影响。为了规范学校的贷款行为，加强高校负债管理，政府主管部门出台一系列的政策、规章、制度，如《关于进一步完善高等学校经济责任制，加强银行贷款管理，切实防范财务风险的意见》《关于建立直属高校银行贷款审批制度的通知》，健全高校负债制度，强化高校资金安全管理。

4. 中国高校财务监督制度变迁

财务监督是经济监督体系的重要组成部分，是对监督客体的经济行为进行管理和控制的总和。高校财务监督是高校财务管理职能的重要构成部分，财务监督职能对高校财经活动的合法性、规范性以及高效性具有非常重要的作用。建立健全高校财务监督制度，加强财务监督管理，有助于减少国有资产流失，有利于国有资产的保值、增值，有利于高校的收支管理，实现增收节支，有利于高校财务信息的科学、准确、真实、完整。为高校财经领导决策提供真实、有效的依据，提高学校财务管理效益，保证高校健康发展。从中华人民共和国成立，高校财务监督的历史变迁可以分为三个主要阶段。

1）财政监督为主时期。在计划经济时期，受苏联管理思想的影响，财政监督是最主要的监督方式，国家设置财政监察机构来实施财政监督职能。财政监管部门对社会的各行各业财政收支活动统一监管，财政监督贯穿财政分配活动的始终。[①]虽然财政监督主要侧重于国有企业，但高校的财务监督与其他企事业单位监督形式是一致的，实施统一财政监督，监督方式单一，主要以行政监督为主。

2）财务监督制度逐渐形成时期。从20世纪80年代初到90年代中期，

---

① 叶青，黎柠. 计划经济时期的财政监督制度与思想[J]. 财政监督，2007（09）：43-44.

随着经济体制改革的深入发展,政府为了加强对社会经济的监督管理,监督手段多样化,参与监督部门逐渐增多。1983年9月,审计署成立,作为国务院的直接下设部门,领导全国审计工作。同年,高校内部也设置审计部门,进行内部审计监督。由此,监督模式以财政监督为主逐渐向审计监督倾斜。在这一时期,监督形式以每年一次财务物价税收"大检查"为主要形式。[①]这种大检查从1985年一直持续到1994年,一开始以企业为重点对象,逐渐扩展到行政事业单位。随着高校经济活动日益增多,对高校也开展了财政、审计、物价、税收等多方面监督。在高校内部虽然也设置了审计部门,但是高校内部监督依然是校党委、校长主要负责,校财务处实施监督。财务监督主要以财务管理、会计核算为主,缺乏独立的校内审计监督,缺乏财务监督制度。

3)财务监督制度建立,并不断完善的时期。1997年《高等学校财务制度》将财务监督单列一章,突出了高校财务监督的重要地位,开启了高校财务监督规范化、制度化的新时期。《高校财务制度》强调:"高校必须接受相关部门的财务监督,并建立严密的内部监督制度"。[②]此后,相关主管部门出台了众多加强高校财务监督的政策、规章、制度。对于高校财务管理和工作人员强调建立各级经济责任制,突出强调实施高校领导责任审计、离职审计等。从监督方式上,强调从事前、事中到事后全过程监督。从监督内容上,监督从预算执行到收支等各种经济活动。当前,虽然高校财务监督制度发展速度较快,各种规定不断出台,但从发展需求来看,缺乏法律保障是当前财务监督的一大缺陷,也是未来改革的着力点。

三、高校财务管理的控制模式

(一)实物控制模式

实物资产是高校办学实力的外在表现,是高校各项工作得以开展的有力保障。应设专门机构对实物资产进行统一领导、分级管理;实物资产的

---

① 杜恒,徐明松.我国财政监督发展与演变研究-基于经济转型理论的一个新解说[J].财政监督,2008(05):38-40.
② 高等学校财务制度[J].财会通讯,1997(10):58.

购置应根据自身办学规模和发展重点合理配置；实物资产从购置到处置所涉及的部门应相互牵制、相互监督。

1. 事前控制——职责划分监控

实物资产从购置、使用到盘点、报废，从报批、授权到实际运作，经过不止一个部门和单位。为防止相互推诿和串通，应进行合理的职责划分，明确责任和权限。

2. 事中控制——授权与监督点控制

实物资产业务流程主要控制点在于对购置、验收、仓储等的监控。资产的报损、报废处理必须严格按照国家规定审批，若资产的报损、报废是由相关单位或个人过失所致，则应根据过失情况追究相关当事人的赔偿责任。

3. 事后控制——实物资产的清查盘点制度

高校应由财务部门牵头，对全校及二级单位实物资产进行定期清查及不定期清查。保证账、卡、物相符；及时发现闲置资产；保障国有资产的安全完整及合理、充分、有效使用。对盘盈、盘亏资产要严格查清原因，分清责任，及时处理。

（二）全面预算管理控制模式

1. 全面预算管理概述

1) 全面预算管理概念

在20世纪20年代，全面预算管理诞生于美国，是一种集战略化、系统化和人本化为一体的现代管理模式，通过比较完善的管理体系，对大学业务、资金、信息等资源整合；通过适当确切的分权、授权，使组织内部的管理相协调；通过控制标准，使预算的实施得到保证；通过业绩评价考核预算的完成情况，来实现对大学资源的合理配置、价值持续增加的目的。[1]

全面预算管理需要所有部门的充分沟通与参与。高校全面预算管理体系是以财务预算为起始点，然后延伸到教学和科研等资金收支的经济活动的各个方面。全面预算管理主要包括以下环节：一是预算的编制；二是预算的执行；三是预算的调控；四是预算的考评。

---

[1] 辛晏.构建高校全面预算管理体系的设想[J].现代教育科学，2005（04）：104-109.

2）高校实施全面预算管理的必要性

第一，使高校的战略目标得以确定和实现。在目标确定时，不仅仅需要考虑目标的导向性，还需要考虑选择那些实际中要有可操作性以及可实现性的指标。由于高校内部机构设置和支出功能的多元化，还需要考虑目标的层次性，要使目标的各层次之间能够相互协调，形成一个整体，一次保证整个学校的努力方向。

第二，使高校资源得以整合。全面预算管理运用于高校可以使资源集中合理及优化配置。从资金来源看，高校除正常的财政拨款和学费收入外，还有各种专项资金的注入、金融机构对高校的打款以及校办产业经营的收入和社会上得到的捐赠收入等。高校实施全面预算管理，就可以对各个部门的资金使用情况进行组织和协调，从宏观上对资金的使用进行调度和安排。

第三，使信息得以沟通。高校运用全面预算管理可以使信息畅通，预算管理组织体系可以将各个资金使用部门在某一时期的预算计划传达到学校的财务和决策机构，使得组织的活动得以协调，并使得高校的决策机构能获得比较充分的信息来从整体考虑各个部门。另外，通过在预算编制过程中的沟通和协调，可以使每个资金部门对整个学校的财务状况有个大致的了解，避免闲置和浪费。

第四，使工作业绩得以客观评价。全面预算管理运用于高校时，在执行过程中，高校可根据自身情况，将绩效评价结果与资金的注入以及责任人的业绩考核连在一起，以此制定客观可行的奖励激励制度。将预算执行情况作为各部门业绩评价的一个重要项目，可以逐步提高部门对于整个财务预算管理的认识，提高大学预算的有效性，为高校的财务管理提供比较好的环境。

第五，使风险得以控制。全面预算管理运用于高校，可以初步揭示高校下一年度的财务收支预计情况，并根据从其得出的结果，预测可能存在的风险，然后采取某些措施来控制这些风险，如此达到了规避和化解风险的目的。

2. 全面预算管理控制模式

1）建立完善的预算管理制度

对高校预算的全过程建立完善的预算管理制度——编制、执行和监督，从而生成一个完善的预算管理制度体系。

2）建立全面预算管理组织体系

预算执行组织是预算执行中的具体责任单位。高校实行"统一领导、资金集中、分级管理、内部核算"这一新的财务管理体制高校保留了统一制定学校财务方针政策和财务规章制度以及制定经费分配政策，同时处理好集权和分权的关系的权利，将部分权力下放给学院——人事、科研和教学方面及部分财权。同时，高校的财务管理要适度分权，实行分级管理，就需要实行全面预算管理，并将全面预算作为高校财务管理的主线，强化对高校整个财务工作的统一领导，引导各个学院按照高校的发展目标来合理运用经费。为了有效地保障高校实施全面预算管理，首先应当在组织上建立一个多层次并且职责分明的预算组织结构，如图2-1。

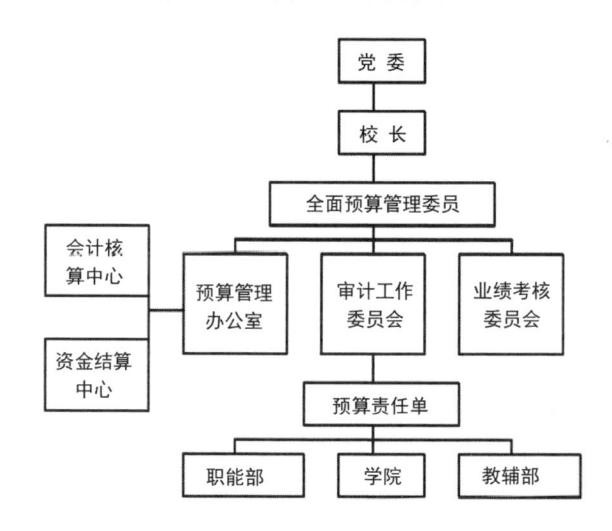

图2-1 高校预算组织结构

3）运用合理科学的预算工具

对某一预算期内的预算编制方法，可以由各个高校依据自身的具体情况选择决定。

4）建立全面预算考核和奖惩制度

经过批准的预算计划由预算管理委员会分解落实。为保证责权利的有效统一，谁控制预算指标，谁就要对预算指标负责。合理进行层层分解，就是为了能够奖惩明确公正。对于那些预算考核结果良好的学院，像积极增收节支等，就应当给予较高的考核成绩和一定的奖励，无论是精神上还是物质上。对于那些预算考核结果比较差的学院，要分析差异产生的原因，考核成绩不仅要低，还要给予一定的惩罚。

5）加强预算管理的刚性，严格规范预算调整原则和程序

预算调整原则和程序越严格就越可以保证预算的严肃性。预算在执行过程中原则上不予调整，保证预算的刚性。

（三）财务风险控制模式

高校财务风险主要有三种，它们分别是高校财务状况总体失衡风险、高校资金运作风险和高校贷款风险。

1. 高校财务状况总体失衡风险的控制

高校财务状况总体失衡风险的控制有以下七种。

1）高校经费的筹集渠道的不断扩展

主要包括传统的资金筹集渠道的挖掘；向受益者收费的政策的实施；发行债券；贷款；科研经费及科技成果转化；社会筹集资金。渠道不断制度化和规范化。

2）机构改革的推进，人员分流的实行，保证了工作效率

3）与时俱进，改进教育财政经费的管理办法

4）教育财政的预算约束的不断强化，强化预算约束对于解决高校问题的重要作用已经在实践中得到了证明

5）法人经济责任制的强化，避免管理层决策失误造成高校财务状况总体失衡风险

6）推行公共采购制度

7）进一步加强财务监督，规范财务活动

2. 高校资金运作风险的控制

在高校的风险管理过程中，完善管理机制，建立经济责任制是非常行之有效的办法。同时，要建立一个市场信息调查和风险分析预测系统，不

断加快资金管理人员队伍建设。

3.高校贷款风险的控制

1）贷款资金的使用方向的严格控制

贷款资金必须严格按国家规定用途使用，严令禁止用贷款资金提高或变相提高人员待遇。

2）项目管理责任制的建立

按管理层次逐级建立贷款资金项目管理问责制。

3）建立行之有效的风险防范机制

首先，结合资本市场机制与学校需求，制定资金使用方案，调整贷款资金结构，最大限度地减少财务风险；其次，要制定切实可行的还款计划，合理安排调度资金；最后，要建立健全学校的内部监控制度，全方位、全过程进行监控。贷款管理资金领导小组应定期对贷款资金的使用情况进行分析和评价，及时改进和纠正对使用效益不高的项目，追究对造成资金浪费和损失的部门或个人。[1]

4）预警提示制度的建立

按照上级主管部门要求建立风险预警，把防范风险思想放在学校发展的首要位置。

（四）重大筹资投资控制模式

1.投资与筹资循环的性质

权益性投资交易和债券性投资交易共同组成了投资活动。借款交易和股东权益交易组成了筹资活动。投资与筹资循环有如下性质：一是高校每年投资与筹资数量不大，但是金额比较大。二是筹资活动是在国家法律、法规和相关契约的遵守前提下进行的。例如，债务契约可能限制高校向股东分配利润或规定高校的偿债能力，即流动比率和速动比率都不能够低于某一水平。三是财务处理不当，就会导致重大错误，从而影响高校财务报表的公允性。

---

[1] 陶永勇.论高校负债财务风险控制[J].生产力研究，2006（11）：261-263.

2.投资与筹资循环所涉及的主要业务活动

1）投资所涉及的主要业务活动

针对权益性投资的购买和出售的业务活动应当包括以下四点。

（1）投资交易的发生

由管理层对所有投资交易进行授权。如果交易的数量越多，这就需要授权的程序越正式。有些文件需要支撑销售业务，如经纪人的销售公告、合同，董事会批准投资业务销售的会议记录，高级教职工核对收据和银行存款的详细信息。但是要注意，这一职能应该与投资销售业务的记录和批准分开。因此，必须正确计算投资业务中实现的收益。

（2）有价证券的收取与保存

高校所收到的凭证和有价证券都应当保存在高校的银行账户，并保存在安全箱中，这个箱子是上锁的。这种有价证券是以凭证方式保存，要求其设置物理性职能要分离。

（3）投资收益的取得

当收到股利和利息时，高校应当予以记录。如果高校发生很大一笔投资，高校就应当专门设立一个银行账户，使该账户记录所有的投资收益。

（4）监控程序

管理层应当针对投资情况进行定期复核。

2）筹资活动所涉及的主要业务活动

筹资活动主要涉及业务活动有审批授权、签订合同或协议、取得资金、计算利息或股利、偿还本息或发放股利。

3.筹资控制模式

筹资活动主要有四个控制目标，分别是：第一，记录的筹资交易均系真实发生的交易，手续完备。第二，定期与债权人核对账目，详细记录每笔筹资交易。第三，筹资交易的每一笔业务都能及时登记备查。第四，筹资交易均已计入恰当的账户，也就是高校应当获取使用会计核算的说明，同时需要会计主管进行复核。高校应当询问跨级科目表的使用情况，并且定期检查会计主管的复核印记。筹资活动主要由借款交易和股东权益交易组成。①无论是否依赖内部控制，高校均应对筹资活动的控制获得足够的了解，以识别错报的类型、方式及发生的可能性。

4.投资控制模式

投资活动也有四个控制目标：第一，投资交易手续完备，为真实发生的交易。第二，定期核对每一笔投资交易。第三，投资交易均以恰当的金额计入恰当的期间，要注意检查高校内部是否定期与债权人核对账目，同时需要检查会计主管的复核印记。第四，投资交易及时准确入账，需要会计主管复核以及询问高校内部会计科目表的使用情况，还要检查会计主管的复核印记。

投资活动还需要有健全的资产保管制度。高校对投资资产一般有两种保管方式，一种是由独立的专门机构保管，也可以高校自己保管。投资活动需要严格的记名登记制度。除无记名证券外，高校在购入股票时应当在购入当日尽快登记企业名，切忌登记于经办人员名下，以防发生冒名转移并借其他名义谋取私利的舞弊行为。②

投资活动还需要完善的定期盘点制度和详细的会计核算制度。

（五）负债管理控制模式

1.负债管理

高校财务中的负债管理，归根结底是一种信用性资产的财务管理。一些高校在资金短缺下，为谋求超速发展、扩大办学规模以及增强竞争力，从单纯地依靠政府拨款，到向多方筹集资金，最后到负债借款，直至高校的负债比例越来越高。但是新制度并非鼓励高校靠负债办学。高校应当适度负债，这样才可以最大限度使资金发挥作用，用活资金，解决资金在经营中所面临的问题，唯有这样，才可以在短期内使办学条件得以改善，办学规模得以扩大，并使教学水平和科研水平得以提高，师生员工的积极性随之提高，最终使高校的教育事业得以迅速发展。

负债这一概念之所以要纳入高校财务中，有其必要性，主要表现在以下两个方面：

---

① 李正明.高校多元化筹资渠道及其风险控制研究[J].南京理工大学学报，2007（01）：49-52.

② 武春江.对高校建设项目投资控制的思考[J].科技资讯，2008（33）：199-200.

1）负债这一经济现象在高校经营中一直存在

负债就如各类应付款项、预收款项、代管款项等一样是一直存在的，并不是什么新兴事物。高校财务会计将这些款项都归入了资产总额，但实际上它们都属于负债性质的。在高校财务中引入这一概念，符合了实质重于形式原则，有利于负债这一经济现象在财务管理中的正确反映以及科学的管理。

2）高校融资中增加了贷款这一渠道

随着教学改革的不断深入，高校资金需求日益高涨，仅仅政府拨款等教育资金已经远远无法满足高校的实际需求，资金需求的缺口越来越大，矛盾也越来越突出，严重影响了高校教育事业的发展。因此，高校融资中开始增加了贷款这一渠道。高校主管部门以贷款形式向高校提供经费，金融机构也对高校一些服务设施发放贷款。①

2.高校负债管理控制模式

1）对负债进行分类管理

（1）借入款的管理

借入款主要是指长期负债，即高校因为贷款行为而形成的负债。之前投入高校的资金多是无偿性资金，但随着高校的发展，无偿性资金已经越来越不能满足高校经营的需要，学校就开始向金融机构申请贷款，这些贷款一般都是长期负债，与高校的其他负债比较，长期负债发生不频繁，但是每笔金额很大，期限一般在一年以上，而且承担到期还本付息的压力。对于这类借入款，要专门建账，并进行必要的审计监督。负债管理的成功与否直接影响到高校的生存与发展，所以一定要大力加强高校借入款的管理。

A.要有收益与风险观念

高校引入负债这一概念，能够比较全面而且客观地反映高校经营业务的开展。虽然高校不可以像企业那样，通过商品或服务的生产与流通来获得收益，形成利润，继而弥补损失，偿还债务，但是高校可以树立收益与风险观念，组织借款项目，哪些能借款，哪些不可以借款，哪些借款能够

---

① 沈洪涛.浅谈高校负债管理[J].江西农业大学学报，2004（01）：75-76.

给高校带来收益，怎样偿还债务，等等，都要心中有底。

B.制定借入性负债管理制度

此制度应当包括三方面：负债的审定制度，项目监督反馈制度和偿债管理制度，形成一套在事前和事中以及事后可以跟踪的管理体系。

C.正确处理借款利息或资金使用费的列支

借入款管理的重要内容是借款利息或资金使用费的管理。与企业的财务处理不同，《高等学校会计制度》并没有明确提出有关利息和使用费的列支情况。

D.正确分析大学借入性负债管理的评价指标

为加强大学的负债管理，应当定期将高校的财务情况向领导反映，就有必要建立借入性负债管理的评价指标。

（2）流动负债的管理

高校的流动负债主要是指各种应付款项、预存款项、暂存款及各种应缴款项。这些负债都是在经费或资金结算中产生的，数量比较多，偿还期限一般短于一年。

A.应付款的负债管理

应付款又可以划分为应付账款、应付票据和应付职工薪酬。

B.暂存款的负债管理

暂存款是指高校已经收到款项，但是还没有结算。对暂存款也应当像应付款一样保证按时结算。

C.应缴款的负债管理

应缴款指高校按照一些法律法规，应该向财政以及税务主管部门上缴的各类款项。高校应按规定，保证足额及时地上交，否则就需要加收滞纳金和罚款。

（3）代管款项的管理

代管款项虽然放置在高校，但高校不拥有这些款项的所有权及使用权。但将这部分代管款项作为沉淀资金利用起来，能给学校带来经济利益并促进教育事业的发展。[①]

---

① 梅红霞.浅谈高校代管款项的财务管理[J].科技创业月刊，2004（09）：82-83.

2）充分运用负债管理的四个重要指标

收益与风险总是同时出现，高校通过负债获取收益的同时，也会承担一定的风险，使教学科研的运行受到影响。高校的负债管理可以通过以下四个指标来分析。

（1）大学的资产负债率

大学资产负债率＝总负债÷总资产×100%

这个指标反映了高校利用从债权人那筹来的资金进行业务活动的能力，以及作为投资方的债权人提供资金是否安全。所以，高校的资产负债率越低越好。

（2）流动比率

流动比率＝流动资产÷总负债×100%

这个指标反映了高校用流动资产来偿还债务的能力。若流动比率<1，则高校流动资产不足以抵债，需要仔细分析、科学进行决策；若流动比率>1，表示高校的负债随时随地可以偿还，不影响高校的正常经营。一般来讲，高校合理的流动比率是1，也就是流动资产最少也要等于负债，这样才可以保证高校的偿债能力。但是这个流动比率，需要与兄弟高校的平均流动比率以及本校以前的流动比率比较，才可以得出此比率的高低。

（3）本期安全系数

本期安全系数＝（本期资金收入－本期资金支出）÷本期需要偿还的负债

这个指标反映了高校本期资金的运作情况，如果本期安全系数<1，表明高校在本期内的资金运作没有保障；如果本期安全系数>1，表明高校在本期的资金运作没有遇到困难，基本有保障。

（4）负债预警线

负债预警线＝大学的银行存款最低额÷大学负债的最高额

这个指标是根据各高校自身的实际情况，并对各指标进行综合分析而得到的一个综合指标。负债预警线不能超过测算制定的比率，这主要是为保证负债的风险不会影响到教学科研的正常运行。

（六）财务信息管理控制模式

21世纪是一个由人和知识主宰的时代，是一个信息高速生成和传播的时代，是一个增长方式创新、经营模式创新、管理体制创新、社会交往创新的时代。计算机强大的信息存储能力和信息处理能力使其在短短几十年内在各行各业得到了广泛的应用，计算机科学的发展使传统的财务管理面临着严峻的挑战，同时也给高校加强财务信息的管理带来了契机。因此，建立完善的、信息化的财务信息管理系统是高校高速发展的客观需要。甚至可以通过智能化模块软件满足高校开放化发展的需要。[1]由此，高校的会计系统由封闭型走向开放型。

加强财务信息管理是内部控制的内在需要。财务信息管理系统以其全面的财务信息与开放的网络系统环境为内部控制机制改革提供了发展的新空间。信息资源的全面共享增加了各种财务信息的透明度，使各个部门能够公平公开地分享财务信息，这样不仅可以增强工作人员的工作积极性，还能避免各种舞弊的发生。同时，网络财务系统加强了不同部门、不同岗位人员之间的互相监督，互相牵制，有利于推进大学各项建设事业的健康发展。

1.高校财务信息管理体系的构建

加强财务信息管理即为使用计算机编写出一套功能强大的财务信息管理系统的软件，通过此软件对财务数据进行处理，显著改善了传统财务工作的滞后性，不仅可以完成日常会计核算工作，而且可以利用高度集成的环境，通过数据库实时采集最新信息，并将信息及时提供给管理者，根据事先设定的控制规则，既做到事后分析和决策，又可进行有效的事中控制。

为汇总各方需求，高校财务信息管理体系至少包括账务系统、项目经费管理、决策信息支持、教职工薪酬及个人所得税管理、学生收费管理模块和财务信息披露模块。

2.保障高校财务信息管理控制模式实施的措施

1）加强网络管理制度建设，制订安全事故处理程序、应急计划等，对网络安全问题应给予足够的重视。

---

[1] 肖霞.IT环境下高校财务信息管理的缺陷与应对[J].当代经济，2007（15）：59-60.

2）加快培养懂财务、懂信息管理的高素质复合人才，保障财务管理信息系统的安全运行。

3）加强对财务数据的及时备份工作，防止病毒与黑客的攻击等突发事件造成财务数据的丢失。

4）对财务管理各个岗位合理分配权限，以利于控制与监督。

5）及时进行数据维护和更新。

6）协调处理各部门的数据信息，防止和避免信息孤岛，建立跨部门、跨组织的信息系统。①

7）开发财务信息语音查询系统，探索财务公开的新形式。

（七）内部审计控制模式

高校内部审计风险防范控制的具体措施包括以下九个方面：①在审计过程中审计人员要保持独立性，强化内审的独立性。②全面提高内审人员的业务水平和道德素质，提高内审人员的风险意识；根据岗位责任，建立风险责任制；大力推广内部注册审计师任职资格，使内审人员职业化；提高内审人员待遇，为保证高素质人员留在内审岗位，实行岗位淘汰制。② 为保证高校审计事业的持续发展，必须坚持把提高内审人员综合素质作为一项基础性工作常抓不懈。③从程序上规范高校内部审计。首先，在内部审计活动之前编制内部审计计划，并经相关部门批准。在实施计划的过程中，保证内部审计计划的动态性，按相关规定和实际情况对计划进行修改和补充。其次，为使审计风险保持在合理的、可接受的水平，必须规范审计证据的获取途径和处理过程，以获取充分可靠的审计证据。最后，按照规范的方式编制内部审计工作底稿。④充分利用计算机技术进行辅助审计，对高校特殊的知识、信息等无形资产有针对性地扩大抽样范围，以保证审计质量。同时，要强化制度基础审计，充分重视被审单位的内部控制制度信息，正确地评价其现行内部控制制度。③ ⑤全程监控经济业务活动能够使内部审计机构直接掌握大量的第一手资料，将监督与服务融为一体，在开始审计

---

① 蔡爱华.构建高校财务信息管理体系推进财务公开[J].内蒙古科技与经济，2009（07）：123-125.
② 李晓春.化解高校内部审计风险的几点建议[J].会计之友，2010（05）：62-64.
③ 孟会琴.浅谈提高高校内部审计工作效率的途径[J].会计之友，2008（09）：75-76.

前以及审计过程中积极与被审计单位沟通，以便及时就地解决和改正经济活动中存在的问题，避免更大损失的发生，期中审计报告可以是口头的、非正式的；最后向被审部门提出的最终审计报告，对审计中发现的问题提出合理的建议和意见。⑥为适应日益复杂的经济环境，保证审计质量，可以聘请社会上的专业人员对单位内部经济活动进行审计，以达到降低审计风险的目的。[1]⑦对高校的每一项经济活动建立起完整的质量考核体系，将人为因素产生的风险降到最低。⑧正确把握揭露和处理的关系。对于违反财经法纪的行为，无论是企业行为还是政府行为，审计机关都应实事求是的予以揭露和纠正。按审计处理处罚所适用的法律法规依法处理事实清楚、证据确凿的问题；对目前确实无法处理、但审计尽到了责任的全局性的问题，若干年后处理；对一些暂时无法处理的问题记录并如实向上级领导部门请示汇报后处理。⑨随着社会信息化越来越明显的形势下，高校也应该重视预测，构建管理审计模式，开展战略审计，以适应未来的变化并且对未来的挑战持有战略审计的眼光。

---

[1] 高晓静. 高校内部审计风险的防范与控制 [J]. 管理观察，2008（24）：128-129.

第三章 内部控制视域下的高校财务管理现状分析

各大高校在自主办学的道路上不断前进、求知、探索,虽然取得了很大的进步,但是在逐步完善和发展的过程中也存在着很大的隐患和问题,高校财务管理存在的隐患更为严重,如缺乏内部控制意识、内部控制缺乏监督、内部控制环境不顺畅、预算管理不科学、融资困难等。在院校开展工作时财务工作是非常重要的内容,对学校配置的资源有严重影响,如何合理地分配和管理成为各大高校一大难题。

本章从内部控制视角出发,分析高校财务管理的现状,深入剖析高校财务管理存在的问题及成因,为建立和完善标准的高校财务控制体系,提升高校财务管理效率提供现实参考依据。

一、内部控制视域下的高校财务管理现状

(一) 高校财务内部控制现状

目前,我们国家的大多数高等学校的经费来源是依靠国家财政拨款为主,学费收入为辅的方式,所以高校的最主要的任务依然是做好学生的教学工作和与之相关的科研工作,这样就在一定程度上导致了对于高校财务管理工作的疏忽,尤其是一些学校不计成本地投入一些项目,极少考虑投资回报和实际效益,也从另一方面使高校的财务部门的主要职责依然保持的是简单的报账业务上,缺少有效的财务管理上的职能,更加缺少财务监督的职能。也正是因为在这样的体制下,许多高校就对于财务内部控制的作用漠不关心,抑或是即使有的学校建立了内部控制的制度,也只是被动

的依据上级部门的规定执行，缺少积极的探索和扩展。

1. 高校基本收支内部控制的现状

近年来，随着国家各项改革的逐步深入，国家也鼓励一些有能力创收的单位，积极开拓资金来源渠道，实现收入的多样化，从而达到减控财政负担的目的。所以，目前国内的许多高校在过去财政拨款和学费收入作为主要收入来源的基础上，通过对外投资、校办产业经营、社会捐赠及各种科研项目等多种渠道拓宽了收入。相应的，随着收入的不断增长，经费来源的多样化，也同时给学校的财务管理提出了更高的要求，如果学校不能够及时出台相应的内部控制制度，就会导致监管不力，产生漏洞，极其容易产生巨大的财务风险，给学校造成损失。

按照现行《高等学校会计制度》的相关规定，高等学校的财务收支必须实行两条线。但是目前为了贯彻国家提出的综合改革的要求，很多高校为了提高下属二级学院的积极性，逐步引入了校院二级管理模式，即将本来应该由学校负责的很多事务和权限，给予各二级学院，其中就包括财务的自主权。可是，这一模式在全国范围内，目前也仅仅处于探索的阶段，有很多不完善的地方，难免就会出现对二级学院收入监管的宽松，出现乱收费、票据使用混乱、小金库、自收自支等现象的出现。同时，在支出上也会出现随意扩大资金使用范围、挪用专款、虚构经济业务等一系列问题，这对于高校的财务都是潜在的风险。

2. 高校基建项目内部控制的现状

2009 年武汉大学常务副校长陈昭方、党委常务副书记龙小乐基建腐败案和 2011 年南昌大学基建处原处长周光文受贿案反映出高校在基建项目内部控制上存在很大的问题。

1）从财务制度上来说，按照之前的《高等学校会计制度》，高校基建财务的账套是独立的，不和学校财务账套在一个财务系统中，而往往基建财务由于业务类型相对单一，所以一般高校的财务部门都只是安排 2~3 人负责基建财务，这就在一定程度上使其相对游离在外，进而在财务部门内部容易被忽略，给一些不法之徒可乘之机。正是有这个问题的存在，所以在 2014 颁布的《高等学校会计制度》中，要求高校基建财务与学校财务并账，在一个系统内操作。这样就可以使整个财务部门的人员都可查询到基建财务的日常业务,而不是像以前那样采用独立账套,方便了对基建财务的监督监管。

（1）内部控制制度不完善加大了高校财务风险。学校基本建设部门虽然对各科室的管理职责及工程施工管理流程进行了书面规定,以流程图的形式表现出来,但没有形成具体的管理文件,缺少对内部控制细节及具体问题的规范,因此制度缺乏全面性,导致在基建内部控制管理中会出现遇到问题找不到制度依据的情况。

（2）制度落实不到位影响了内部控制目标的实现。尽管学校制定了一系列与内部控制有关的管理文件,并制定和推行了经济责任制的管理办法,但是在全校普遍对内部控制重要性认识不足,未在学校整体氛围中形成良好的内部控制意识,而内部控制意识弱必然会导致内部控制管理执行无法得到贯彻甚至被忽视。首先,学校管理者虽然组织制定了内部控制管理文件,但是由于领导者将主要精力集中在高校科研水平提升及学生培养,而对内部控制的理解还不够完善、深入、透彻,对具体的执行可能不能及时全面地了解关注,使得基建内部控制的重要性被忽视。其次,部门之间多关注本部门发展情况,而对于内部控制缺乏应有的重视,如学校基建部门与审计处、财务处在项目建设过程中缺乏及时沟通与交流,在一定程度上会影响项目的竣工决算,致使很多工程项目虽然早已完工,但因为没有将相关材料整理送交审计处或因为签批手续不完善,导致项目堆积,影响了审计进度,也使整个项目的竣工决算推迟。违背了《高等学校财务制度》中对于工程完工具备验收交付使用条件时"应当按照有关规定办理工程竣工财务决算和资金交付使用"的明确规定。

2）从业务角度来说,基建财务的财务人员,归根结底也只是一个财务人员,日常所熟悉也只是各种财务科目和报表,而对于基建项目中的各种专业术语和其中的业务往往不是很明白,就导致在日常的业务处理中,对于原始凭证的审核把关会流于形式,只是看是否有主管领导的签字审批,对于其中具体的各种基建数据和术语审查不严,即使会问一下,也容易被基建部门经办人员搪塞过去,这也是目前普遍存在的现状。

学校虽然对基建部门的项目建设给予足够重视,却忽视了专业人员的配备。一方面,缺乏专业性的基建财务管理人员,基建财务管理是对项目从立项审批研究到竣工决算交付使用的整个建设流程进行财务规划与监管的一项专业且重要的工作，专业的基建财务管理人员能促使基建项目规范有效地完成。但是在实际工作中，由于基建项目本身的建设时间长，比起学校科研类财务核算数量明显少很多，因此专业基建财务管理人员岗位设置较少。学校财务处也有专门设置的校办产业财务科，但是仅有一人负责扩建时期大型基建项目的后续工作及日常基建项目的并账工作。最近几年学校日常基建项目都由财务核算科进行核算，财务人员普遍缺少对基本建设中工程造价、资产评估、工程项目的招投标程序及财务预算管理等方面知识的了解，在工作中未能主动核实工程进度和工程量，且对于工程项目建设没有实时跟进，只是对各种出入账目进行核算管理，参与事后管理的工作，也没有重视事前准备工作，使基建财务管理中存在漏洞。由于对基建财务管理的重要性认识存在不足，基建财务管理人员缺乏，造成在实际的工作中出现业务水平欠缺、财务风险缺乏专业判断、处理问题的能力不强、财务行为缺乏规范性等问题。另一方面，缺乏专业性的基建技术人员。我国高校人才引进通常是教学和科研专业学术人才，基建部门等行政管理部门普遍存在人员配备不足、多年不招聘、一人兼数职等现象。高学历代表了较丰富的理论知识水平，对工作的完成和部门的建设发展有积极的推动作用，但是作为基建部门这种对技术性要求较高的工程建设单位，专业技术能力和管理实践经验同样重要，而这种专业人员配备不足，在一定程度上影响了管理的科学性和建设的高效性。而近年来随着高校的快速发展和扩建，基建项目逐年增多，具有建设管理经验的专业人才、工程造价人员等专业性技术和管理人员却严重缺乏，原有人员的技术能力和水平并不能满足发展的需要，工作量的增大也使部门工作人员压力过大，这在一定程度上影响了工作效率和工程建设进度。

3）财务人员对于基建项目的参与度较低，对于一个基建项目，无论是从前期论证筹备、规划设计，还是项目评审、工程招标建设，到最后的竣工决算验收，财务人员往往很少参与其中，一般都是由基建部门的经办人员，以及外部的合作单位的人员办理，然后将各种原始凭证交由财务人员处理付款，这就容易使财务人员对于基建工程本身的建设流程无法掌握，也无法全面地了解项目内容和进展，这就使监管和内部控制操作起来尤为困难。

但也因为这样，往往会出现在基建项目进行过程中的一些涉及财务的环节，由基建人员经手，出现严重的数据偏差，最典型的就是预算编制不准确，超预算情况严重。

3. 高校科研项目内部控制的现状

高校科研项目是目前已暴露出来高校贪腐案件中，仅次于基建项目的第二大重灾区，如中科院地质与地球物理研究所段振豪挪用科研经费案便可说明一二。目前，高校科研项目主要分为纵向项目和横向项目。

所谓纵向项目就是由各级政府部门资助的科研项目，目前这类项目在各个高校普遍管理比较严格，因为这类项目从项目申报立项到项目结题，整个流程都有一些相对完善和严格的要求，所以各个高校在这类项目的内部控制也比较好。可是横向项目，即企事业单位委托的各类科技开发、科技服务、科学研究等方面的项目。由于这类项目本身委托方就对项目的内部控制没有一个严格的要求，对于项目的验收结题，也各不相同，可能有的比较严，有的就很宽松，所以对于高校财务来说，此类科研项目在内部控制上就很难在尺度上达成一致。

1）我国高校科研经费管理模式

近年来，国家对高校科研资金的投入大幅度增长，同时高校也在积极拓宽经费来源渠道，推动高校科研经费收入的快速增长。高校科研经费主要包括国家级的不同研究领域的科学计划项目、科学基金拨款、各研究领域的负责部门下拨的纵向科研经费，以及国内国际合作项目的横向科研经费收入，等等。

由于近年来科研投入资金增长迅速、经费来源呈多元化趋势且研究领域专业性强，无一不是给高校科研资金的监管增加了困扰。为便于科研资金的管理，高校通常采用财务部门统一核算和管理，专款专用的经费管理制度。科研过程中购置的资源设备归高校所有，资产管理部门负责整理归档。高校的科研部门负责项目从选题申报至结题报销中的各个流程，由项目负责人承担科研项目小组的具体事务。高校的审计部门及纪委监察部门主要负责科研项目实施过程中的资金监管，对存在异议的资金使用情况及时提出，并与财务部门及项目负责人核查。

在科研经费的财务管理方面，高等学校普遍采用"项目负责人负责制"。

项目负责人拥有对科研经费的全权使用权，经费落款后只需提取规定比例的管理费，其他资金可由项目组自行安排，这种方式通常会使项目负责人对科研资金有过高的支配权，公共资金与个人资金混淆，不乏有一些项目负责人滥用公款，造成研究经费的经济效益受到极大的影响。

我国高校虽然大部分都有自己的监管系统，但整体来说在资金的实时监控领域还不够完善。在我国大部分高校中，科研部门负责管理研究项目，主要包含项目选题、申报、研究、结题等流程，财务部门主要负责科研资金的管理，各项目负责人主管所研究的项目。近年来，我国科研领域普遍存在一个现象，即科研工作者重立项轻研究、重数量轻质量，再加上没有和财务部门进行协调，财务人员缺乏对具体科研领域的了解不足，形成一种项目和经费脱节管理的现象，给科研经费的监管工作造成了很大影响。审计部门也没能履行其事前、事中监督的职责，资金使用过程中的漏洞不能被及时洞察，科研资金的私自挪用贪污舞弊现象的存在，对高校的科学技术进步造成了巨大的阻碍。

2）现阶段我国高校科研项目投入产出情况分析

近年来，随着"科教兴国"战略的逐步落实，在"科学技术是第一生产力"思想的指导下，高校的主要职能发生了突破性的改变，由之前的单纯的以教育为主，逐渐变革成以教育，知识创新技术创新相互促进式发展。高校面临着越来越多的科研项目机会及多渠道的研究资金投入，在推动高校科技水平发展的同时也成了高校收入中所占比重较大的来源之一。目前我国高校科研经费的现状主要从以下三方面分析。

（1）经费体量增长迅速

近年来，我国科研经费投入总体呈上涨趋势，从2010年到2016年，总体增长高于一倍，说明了我国对科研事业的重视。《2016年全国科技经费投入统计公报》数据表明（图3-1），2016年我国研发经费投入总量迈上1.5万亿新台阶，研发投入规模和投入水平双双实现新的突破。经费投入的增长主要得益于国家对于科学研究政策的推动，大大提升了科研人员的研究积极性及创新性。

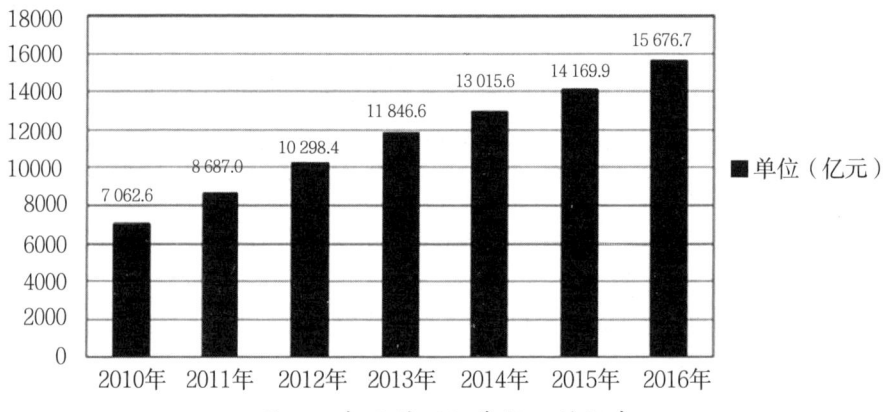

图3-1 我国科研经费投入总额表

从上述分析来看，我国在促进科技创新，推动科研发展方面给予了很大的重视。当前国际环境竞争的重点已逐渐转变为以科学技术为先导、以经济发展为重心的综合国力上，科技创新的重要度可见一斑，国家只有加大科技投入，提高科研工作者的研究积极性，才能提高研发成果转化率，努力建设创新性型国家。高校凭借自身拥有的知识技术水平，逐渐承担着越来越多的科研项目机会。目前，我国研究型高校的数量也在不断提升，高校科研工作者对于科研工作的积极性也十分的强烈，高等院校的研究资金所占比达到全国研究资金的半数以上。因此，国家大力加强研究资金的投入对于学校而言具有非同一般的意义。

（2）科研成果产出缓慢

表 3-1 反映了 2010—2016 年我国的科技成果数量，从表中的数据明显可以看出我国的科技成果数量每年呈大幅度增长的趋势，其中 2012 年的增幅较大，比上年同期提升 10.1 个百分点。由表 3-1 可见，2016 年全国科技成果数量较 2010 年提高近 40 个百分点，而联系科研资金投入的上升幅度可以看出，经费投入的增长要大大高于成果转化数量的增长，说明我国近年来研究成果转变率较低，科研成果产出速度有待提高。从另一角度可以分析出，我国研究资金的使用效益较低，项目研究质量仍有很大上升空间，科技创新水平有待提高。

表 3-1 全国科技成果数量统计表

年　份	2010	2011	2012	2013	2014	2015	2016
科技成果数量（项）	42 108	44 208	48 695	51 364	53 764	55 867	58 779

（3）科研丑闻现象频发

对比上述图表，可以看出科研经费的大力支持并不直接作用于科学研究水平的提升。科研结果转化率低包含各方面的因素，有研究自身的阶段性，也有成果转化的时间性，同时还包括科研过程中对资金的错误使用等。为此，九三学社在 2009 年政协会议期间提交了《关于提高科技投入效益的若干建议》的提案，指出"现阶段我国科学研究领域存在着一些不良现象正在严重阻碍我国研究资金的产出效益，若不尽快整治，轻则损失国家科研资金，重则阻碍我国创新型国家建设"2011 年，中国科学院地质与地球物理研究所科研工作人员段振豪的"桃色新闻"事件将科学研究资金使用问题呈现在群众的视线中。这一案件也说明，监管机制的不到位使许多科研人员钻制度的漏洞。2013 年初，教育部连发三个文件，在部属高校中开展科研经费管理自查自纠工作。

2015 年，教育部科技发展中心指出，加大对科研人员私挪公费，徇私舞弊现象的惩治，完善监管体制，正确引导科研人员的观念。2016 年，《国务院办公厅关于做好行政法规部门规章和文件清理工作有关事项的通知》指出严格依法行政、科学转变职能，完善监督机制，革新服务理念。要大力优化科研体制，从根本上杜绝研究资金管理的漏洞。

4.高校资产内部控制的现状

目前许多高校在资产管理上存在很多问题。具体如下。

1）制度建设有待加强

大部分高校尚缺少出租出借、合同管理、无形资产和对外投资等的相关管理制度。另外，有些关于国有资产的现有管理制度因制定的时间较久，与国家现行的管理法规规定不相符，未及时修订的情况。有些虽然已经制定了制度，但内容欠规范完整，甚至与国家相关规定相违背。

2）资产出租出借缺乏统一管理

目前部分高校实行分权租赁管理，即资产分别由资产管理处、物流基础设施处、物流集团、会议中心、资产公司等内外部机构进行管理。缺乏对放贷机构的统一管理，致使学校不能全面系统掌握有关高校自身全部放贷资产的信息。相关出租资产租金未披露，且高校对外相关投资及高校的租金收入未并入学校预算管理中的统一核算体系，租赁合同不规范，到期合同未续签。

3）政府采购管理有待加强

在高校内部，不同职能部门享有不同的政府采购管理权限，相关的管理情形较多。例如，对于相关仪器设备的采购管理主要隶属于高校内资产管理部门；对于相关基建与改造项目的相关采购管理归属于高校内基建部门管辖。部门学校虽已成立政府采购（物资）领导小组，但其并未将所有政府采购事项并入高校统一管理体系，此领导小组仅负责有关政府采购物资的领导工作；未成立该类领导小组的高校，领导所有政府采购工作。

4）资产使用效率不高

在高校内部，不乏存在相关贵重仪器设备使用价值不足，其并未达到设备标准使用机时，在单价超过10万元的仪器设备中此种情况较为常见；甚至存在部分仪器设备一年以上都未运行。通过抽样调查，对七年内在京的十二所教育部直属高校内部的贵重仪器设备使用情况研究分析可知，超过半数的贵重仪器使用并未达到标准使用机时。2008至2014年抽样12所学校贵重设备共有4 064台/套，其中2 007台/套使用未达标准机时，闲置率达50%。例如：上海交通大学14台价值4 207万元的贵重仪器设备未及时安装或安装后未及时投入使用。复旦大学23台价值2 576万元贵重仪器设备未及时安装或安装后未及时投入使用；32所高校存在贵重仪器设备使用未达标准机时问题，例如：2013年8至9月，有某大学贵重仪器设备526台，其中未达标准机时266台，占51%；另有某大学贵重仪器设备333台，其中未达标准机时182台，占55%。16所高校未建立国有资产共享平台。

5) 部分资产权属不清

高校住房是一种法定的国有财产，是国家分配给全民所有及筹集资金购买和建设的不动产。《中华人民共和国高等教育法》第三十八条规定，高等学校对举办者提供的财产、国家财政性资助、捐赠财产依法自主管理和使用。作为国有房产的一部分，高校依法享有管理和使用权，而无直接处分权，同时并应按照政府授权对国有房产进行合理使用，不得改变其用途。高校的房屋、土地使用权不得作为资本金转作经营性资产。因此，高校房产从法理上并不存在出售转让之说。《中华人民共和国高等教育法》中明确赋予了高校对本校的国有财产依法享有的自主管理权与使用权，但同时限制了高校对于相关国有财产的使用权，明确限制严禁将教学与科学研究活动相关财产挪作他用。《城市公有房屋管理规定》第十四条规定，公有房屋的产权人和使用人应当按照房屋的用途合理使用房屋，不得擅自改变房屋的用途。确需改变用途的，应当依照有关规定办理审批手续。高校房产确需调整的，则以行政调整形式进行。《城市公有房屋管理规定》第十五条规定，公有房屋可以通过调整、交换等方式，促进合理使用；第十六条规定，交换公有房屋使用权，应当遵循有利生产、方便生活的原则，由交换双方签订书面协议。部分高校房屋、土地由于历史原因或未办理工程竣工决算而无法办理权属证明。国有资产产权权属不清造成国有资产流失风险。

高校教育用地，即高校房屋土地资源，须用于高校的教学、科研及附属用途，不得用于商业开发，确需改变用途的，应依法办理变更审批和登记手续，私自改变用途的，依据《中华人民共和国土地管理法》及配套法律法规的规定进行处罚。

6) 学校资源被所属企业无偿占用

高校自身所属企业存在使用高校资产不当的情况，其不能给付资产合理使用的对价。其中，不乏无偿或不合理低价住房情况，在企业内部常通过资源成本的形式给付高校住房费用，企业无营利时常出现不支付使用费用的问题；企业营利情况以及现金流良好时，企业付出更多使用费用。

7）无形资产管理薄弱

高校内部更倾向于有形资产与固定资产的相关检查与登记管理，但由于高校对于无形资产的使用与管理相关意识较为淡薄，从而缺乏对无形资产的监督与管理，致使相关资产价值无法获得合理评估，因此应对高校内部的相关资产与无形资产加以区分。高校科研所形成的专利权、著作权、非专利技术等权利，其所有权应当归属于国家，即其性质应属于国有资产。但在高校内部却将部分无形资产加以所有权归属于相关研发负责人，甚至部分负责人未经批准将相关业务或发明直接转让。

高校用于对外投资和技术转让的无形资产，首先应当进行评估，并将相关评估结果及时报给相关主管部门备案或批准。相关评估流程需严格依照国家规定的程序与标准进行，并且应严格由具有相关资质的专业人员进行。但现实中，相关无形资产的评估人员素质参差不齐，相关人员的自由裁量权范围较大，致使评估的相关结果差异较大，更有甚者缺乏相关评估人员职业道德，违反国家法律法规，不以相关实际为基础，缺乏科学评估结果，相关评估人员仅根据被评估单位的需要确定评估结果，会造成评估结果严重失实。

（二）高校财务管理体制现状

1.高校财务管理制度基本状况

在传统计划经济体制下，国家作为高校的所有者，控制着高校行政组织的运行和各种教育资源供应等，包括书记、校长等校级领导由政府任命，高校完全按照政府的行政指令运行。这种高度集中的管理体制与当时的行政管理体制、经济社会状况相适应，随着中国经济体制改革的逐渐深入，高等教育改革逐渐展开及深化，中国高等教育从宏观到微观的管理体制都发生了巨大的变化。

就领导体制而言，目前中国高校普遍采用的是党委领导下的校长负责制。党委根据党的教育方针政策，把握学校的总体发展方向，并对学校的重大经济问题做出决策。校长对党委负责，作为各项工作的总负责人主管

第三章 内部控制视域下的高校财务管理现状分析

学校的日常管理工作。按照职能分工的需要，设人事处、财务处、教务处、学生处、科研处和招生办等各个职能部门，具体负责学校相应的日常行政事务的管理工作，并且接受校长领导。随着《中华人民共和国高等教育法》的颁布，高等学校成为相对独立的社会法人实体，高校校（院）长成为学校的法人代表，使校（院）长全面领导和管理学校各项工作的权利具有了法律意义。"高等学校财务工作实行校（院）长负责制"，即法人负责制。因此，校（院）长在具有法律赋予的权利的同时，必须相应地承担包括财经工作在内的各种责任。高校财务工作的校（院）长负责制有助于加强高等学校财经工作宏观调控能力和强化财务管理，有助于建立以校（院）长为首的经济责任制体系，明晰责权利关系，提高管理效率。

就财务管理模式而言，目前高校主要是"统一领导、集中管理"和"统一领导、分级管理"两种模式。1997年的《高校财务制度》中明确提出高校财务管理可以采用这两种模式，但财务管理模式的选择一般视学校实际情况而定，规模小的学校一般采用"统一领导、集中管理"模式，规模较大的学校则采用"统一领导、分级管理"的模式，也有的学校采用两者之间的管理模式。2007年，财政部、教育部《关于"十一五"期间进一步加强高等学校财务管理工作的若干意见》（以下简称《意见》）强调，高校无论是采用"集中管理"模式，还是采用"分级管理"模式，一定要确保"统一领导"这一前提。《意见》中提出："必须确保学校财务规章制度、经济分配政策、经济资源配置、财务收支预算、会计核算等高度统一。"[1] 从财务管理权限划分角度看，这两种模式可以归结为，一个是"集权"模式，另一个是"分权"模式。随着高校规模的迅速扩大，分权式管理成为高校财务管理的主流，高校财务管理主要向二级管理、一级核算或二级管理、二级核算方面转变。

财务组织机构是组织管理学校各项经济活动的专门机构，是高校财务管理体制的重要组成部分。科学规范的财务组织机构设置有助于学校经济活动、财务管理的开展，是建立高效的财务管理体制与运行机制必不可少的组成部分。在高校财务机构设置中，财务处是校一级财务机构，直接接

---

[1] 《关于"十一五"期间进一步加强高等学校财务管理工作的若干意见》[EB/OL].http://www.moe.gov.cn/srcsite/A05/s7052/200701/t20070115_181259.html.

受校（院）长和总会计师领导，统一管理学校的各项财务活动、管理二级财务机构以及基层单位的财经工作。校内后勤、基建、资产等管理部门及因需要设置的财务机构只能作为二级财务机构，在学校统一财务规章制度下开展工作，接受财务处的统一领导、监督、检查。

2.高校财务管理体制的特征

1）权力集中。长期以来，中国高等教育是作为福利性事业来发展的，国家是高校的唯一投资者，并且理所当然地承担经营者、管理者等多重角色，政府利用行政指令直接参与高校的管理，高校在很长一段时间内是作为政府的附属机构存在的。在这样的管理下，高校内部管理体制存在着明显的行政化、集权化管理特征。

就我国高校财务管理模式来说，不论是"统一领导、集中管理"，还是"统一领导、分级管理"，共同的特征都是"统一领导"，即在高校内部财务规章制度、经济分配政策、经济资源配置、财务收支预算、会计核算等高度统一。"集中管理"是从财权、规章制度的制定和执行，到会计事务都进行集中管理，完全体现了"集权"的特点。"分级管理"，根据事权与财权相结合的原则，由校内各级单位进行分级管理，一般适用的是规模较大的学校，尤其是多校区学校。但分级管理的前提是"统一领导"，即在遵循学校统一的财经方针政策、统一的规章制度和财政收支计划的前提下，拥有一定的资源配置权、使用权。在不违反学校规章制度的前提下，制定适合本部门的规章制度。在二级管理部门中，财务管理实行行政领导负责制，对全院负责，学院内部的所有支出实行院长审批制度。

2）三位一体。我国高校内部的财务管理制度存在明显的"三位一体"特征，即制度的制定、制度实施及制度监督三者集于一身的特征。具体讲，依据政府和主管部门出台的相关法律法规政策以及规章制度的规定，高校财务制度是由学校财务处自行制定的。

然而，在高校内部这些制度的实施、执行情况的检查及监督等职能亦是由财务部门自行完成。在学校的其他职能部门也同样存在这样的情况，如资产、科研、审计、后勤等部门，在各自管理制度制定方面都存在这样的特征。这样三位一体的特征存在着众多的弊端。治理机制的效率，来源于相互制衡，而三位一体的体制明显缺乏一种权力的制衡机制，没有监督则增加了渎职、贪污受贿问题出现的概率。另外，一身兼多职的特点，也易于出现分身不暇、顾此失彼、效率低下的问题。三位一体的方式易于导致政策的制定失于全面，难以兼顾到其他部门及基层的意见，从而影响基层部门的积极性，导致制度不完善，执行效率低等问题出现。

3）规则泛化和约束力不强。制度是一种约束规则，不仅要有权威，同时必须具备可执行性。就中国高校当前的制度本身存在的问题主要有：

一是规则的措辞模糊。规则的权威性、可执行性来自规则内容详尽、准确，达到这一要求需要措辞精炼、标准，但一些法令制度经常有"原则上""等"等一些用语出现，不仅易于导致出现对规章制度误解或理解歧义，同时也使制度执行者无所适从，降低规章制度的可执行性。二是规则中数量指标宽泛。在规章制度中，尤其是一些涉及经济利益的奖惩规则中，经常出现一些比例性指标，有些则是规定一个大概的范围，比如一些处罚指标所规定的范围上下限甚至相差10倍之多。[①]三是制度规则细化程度不够，制约制度实施效果。制度实施的效果和权威性，取决于精准描述下的正确理解及实施，由于制度规则不够详细具体，当出现理解分歧时，主要依靠执法者的解释，由此可能产生很多问题。措辞模糊，解释权归执法者，不仅影响制度规则的权威性，还会影响执行规则的准确性，甚至在解释的时候出现因解释人不同，对同一规则的不同解释，导致不公平现象的问题。而量化指标的处罚范围太宽泛，首先它的约束力不强，另外在执行时容易受人为因素影响，导致制度执行时出现歧义、偏差，甚至不公平现象。制度的宽泛与粗放特征在高校的内部财务管理制度出现，给制度实施者、接受者带来了困惑，也影响了制度的实施效果。

二、内部控制视域下的高校财务管理存在的问题

（一）制度不健全

1. 国家没有专门针对高校财务内部控制的制度、政策

就高校现有的财务内部控制制度来看，这些制度多以高校结合教育部和财政部相关规定自主设计为主导，缺乏系统性和整体性。高校与高校之

[①] 郑义.高校财务管理制度的缺陷与对策分析[D].济南：山东师范大学，2010：17.

间的财务内部控制制度各有千秋,但同时也存在各种问题。随着高校改革的深入,现有的财务内部控制制度落后于高校的发展节奏,难以与高校的财务工作相适应,因此这一领域出现了一些问题。尽管对于内部控制理论的研究早从 20 世纪 90 年代就已兴起,但以企业内部控制为主,缺乏对高校内部控制的研究。事实上,对于高校财务内部控制,目前仅出台了几种单项的管理办法。例如《中央级普通高等学校房屋修缮和仪器设备购置专项资金及项目管理办法》《教育系统内部审计规定》等,并没有从高校发展的实际需求出发,为之制定相关的综合性的法律法规。此外,由于高校财务内部控制没有统一的理论作为指导,从而减缓了高校与高校之间统一的财务内部控制体系建设进度。

2.高校自身制定的财务内部控制制度不健全

尽管我国多数高校为了维护财务工作的有序进行都建立了各自的财务内部控制制度,但现有的制度普遍都有内容不够健全、规范不够严谨等问题,结合 COSO 框架列出的五个要素及其标准,综合分析我国部分高校的内部财务制度,主要存在以下五种缺陷。

1)内部控制环境存在较大缺陷

受计划经济遗留问题的影响,高校难以适应市场经济的节奏,经营理念和管理模式落后于市场发展水平。此外,由于高校的领导者没有充分认识到财务内部控制的作用,普遍实施"统一领导,集中(分级)管理"的模式,许多高校对财务内部控制的认识过于片面,认为做好财务预算的管理工作就是有效的财务内部控制;同时,高校教职工对于财务内部控制的重要性也没有深入的认识,甚至在报账的时候还觉得其很碍事。综合来看,由于历史原因,管理层和教职工对财务内部控制制度的认识和重视程度有限,财务内部控制制度难以有效实施。

2)风险评估的完善

为了吸引更多考生报考,扩大招生规模,有不少高校耗费巨资修建新教学楼、采购教学设备,导致高校资金短缺,许多项目难以运行,高校经营面临发展瓶颈。为了缓解资金短缺的压力,不少高校选择向银行贷款以获取资金投入,但是高校的风险意识不强,这与高校的性质有着密不可分的关系。我国高校属于事业单位,不会面临破产的风险。因此,对于风险的防范认识并不深刻，没有建立完善的风险评估体系防御风险。事实上，部分高校在寻求银行贷款的帮助时，没有估算好自身的偿债能力，致使财务工作因后期还贷压力太大而举步维艰。

3）控制活动的范围不够广泛

一般情况下，高校内部的财务部门是由一级财务管理机构和多个二级财务管理部门共同组成的。其中，高校财务处是统领各二级财务部门工作的中心，享有财务工作的监督权，对所有经济活动进行会计核算工作，其他二级财务部门则独立负责其所属单位的财务核算工作，由部门负责人向一级财务管理机构汇报工作。由于高校内部设立的部门数量较多，因职责不清而引起的反复核算现象时有发生。此外，高校片面强调诸如科研经费等财务指标的重要性，对于办学效果、社会声誉这类非财务指标却没有过多关注。高校财务工作没有进行明确的权利与责任划分，导致极少数人员钻制度漏洞、以权谋私，财务内部控制工作难以发挥应有的作用。

4）内部监督力度不够

内部审计部门的设立目的是对高校的财务工作进行监督和控制管理，审核的内容包括了日常财务项目、投资项目和其他项目。实际上，内部审计部门对高校财务工作的作用有限，这是由于内审部门设立之时并不是作为一个独立机构而存在，欠缺完整的独立性。

第一，学校内部审计监督部门的地位不高，独立性不够，难以有效履行其职能。受计划经济遗留的影响，高校内部组织结构具有明显的行政化特征，无论是财务部门，还是内部审计都服从于行政部门的领导。在此种情况下，审计部门的地位不高，独立性不够，必然难以有效履行审计职责，导致内部控制失灵的现象时有发生。

第二，控制项目不完整。在高校内部控制中，由于其控制项目的不具体、不全面，致使高校财务风险加大。在资金方面，偏重于资金、贷款的获取，而对资金使用效率、贷款偿还方面的控制较少；在资产管理方面，一般偏重于资金、有形资产的管理，忽视无形资产的管理，重视校级资产管理，忽视二级资产管理；在人员管理方面，重视校级财会人员的管理约束，忽视对校办产业、后勤实体等二级单位财务人员的管理约束；由于设置项目不健全，对于预算外收入的监管力度不够。[①]另外，内部审计绝大多数精力集中于单位一定时期内发生的人员经费、公用经费的复核和审查上，专注于数据的真实性、合法性的查证上，内部审计的职能没有得到充分发挥。

5）信息与沟通渠道不通畅。

目前，我国高校主要有财务、人事、基建、资产、设备、图书等六个部门涉及资源配置管理，各自独立的信息系统，存在信息沟通障碍问题，并未形成良好的信息、资源的统筹整合状态，这对有效地监管产生了一定障碍。在规模较大的学校中，信息传递不通畅、信息不透明普遍存在。校长与普通教职工之间，校、院、系各层次都存在信息的沟通问题。信息不透明，信息不能及时传达到各个层面，易于导致一些问题，如管理层无法做出合理、科学的决策，而基层单位、教职工不能很好完成本职工作，也不能发挥有效的民主监督职能。目前，许多高校虽然在增加财务管理透明度及财务公开方面做了一些工作，如建立了校务公开栏，但是公开的范围较窄，公开的内容笼统、不细化，而且绝大多数学校不对基层单位、学生财务公开。在财务管理上缺乏透明度，不仅不利于高校财务管理工作水平的提高，也制约了高校内部监督管理工作的效率。

（二）预算管理不科学

高校预算是指高校根据事业发展计划和任务编制的年度财务收支计划，是高校年度内所要完成的事业计划和工作任务的货币表现，是高校日常组织收入和控制支出的依据。高校预算最开始是在计划经济体制下实行"财政拨款收支计划"，改革开放后实现校级预算，紧接着高校财务制度出台"大收大支的综合财务计划"，最后执行"部门预算"。高校预算管理是高校财务管理的重要组成部分，它包括预算的编制与审批、预算的执行与控制、预算的考核与评价等环节，是高校进行经济活动的前提和依据。高等教育经费逐年增加，高校对资源的合理配置要求越来越高，预算管理渐渐成为高校财务管理的重要组成部分。高校预算管理是随着预算管理模式的变革而不断革新。高校当前执行部门预算有一些成效，但是预算管理还存在着一些问题。

---

① 李万强.高等院校财务管理体制优化研究[D].咸阳：西北农林科技大学，2008：31.

1. 预算观念守旧，预算编制主体错位。我国高校的教育经费主要是国家的财政拨款，高校没有经营观念和理财观念，上级给多少预算，高校就接受多少，高校领导缺乏预算管理意识。高校各个部门对于部门预算的编制，往往片面追求各个部门利益，确保部门有钱运转，忽视自己的职责与权限，没有从学校的总体战略发展考虑。由于传统的预算管理体制惯性还没有完全消除，高校的各个部门把编制预算当做财务部门的职能工作，参与性不够；而财务部门闭门造车，预算编制难以保证准确、及时完成。降低了预算的权威性和预算支出的效益。

2. 预算编制内容不全面，编制方法不科学。随着高等教育大众化不断推进，为了适应办学规模扩大的需求，高校也加快了建设的步伐，但高校的财力无法满足建设发展的需要。大部分高校尝试利用金融机制发展教育事业，资金收支渠道多样化，负债经营、校办产业及独立学院等没有纳入学院预算管理中，无法全面反映高校财务状况。其中，负债经营的理念与高校"量入为出、收支平衡"的编制原则之间产生了冲突。校内外预算不衔接。高校预算一般从两个层面进行：一是校外预算，即根据财政部门和主管部门要求，在规定时间按规定格式和程序上报的预算；二是校内预算，即高校在预算资金内，根据各部门的教学计划、发展需要等因素，按照一定的比例分配，将预算执行落实到相应的部门。高校预算一般都在省级部门预算编制后第二年初才能形成，学校党委或是院长办公会批准后执行。部门预算管理改革要求预算单位编制财务预算时采用"零基预算"的编制方法，但对于大部分普通高校来说，编制部门预算时还是沿用以往增量预算的编制方法，增量预算是以从前的预算执行结果为基础，默认原有的预算支出是合理的，其结果是很难打破原有的预算格局，造成一定预算资金的短缺和浪费，容易让部门在资金使用上形成资金不够伸手要的不良风气，不能很好调动部门增收节支的积极性。

3. 预算执行软化。很多高校没有建立完善的预算管理网络和科学的管理程序，缺乏严格的监督制度，执行预算过程中随意增加、调整现象严重，破坏了预算的严肃性。实际工作中，有些部门挪用项目经费，造成一些重点项目资金紧张或是预算出现赤字；也有部分部门出现年初争预算，年中追预算，年终超预算的情况。

4.预算绩效评价弱化。大多数高校没有发挥预算管理的绩效考核、评价功能，对高校内各个部门的预算管理工作绩效没有进行考核与评价，仅仅是在预算执行过程中，将预算值与执行情况进行简单的对比，没有将预算管理的绩效与高校各个部门的考核、奖惩挂钩，忽视了各个部门实现预算管理目标的主观能动性。这些问题的存在，都使高校的预算管理处于被动状态。

（三）收支管理不合理

1.收费管理不规范，存在乱收费现象

高校财务管理虽然实行收支两条线，但是由于相关法律、法规、制度的不健全，在收入管理，尤其是收费方面还存在一些问题。其一，有些高校在扩招和收费过程中乱收费，擅自提高标准、增加收费项目。比如，举办各种成人培训班、短期培训班，自行制定收费标准。其二，院系创收管理混乱。由于缺乏相应约束，各个院系部门利用所占有的资源，自行收费，形成"谁有资源谁收费，谁有办法谁创收"，如医院收体检费、图书采购收回扣、体育场馆收使用费等。尤其是图书回扣的私分、截留问题，图书回扣的比例一般为15%到25%，甚至更多。如此巨额资金被不规范操作，是高校存在"小金库"，甚至发生腐败案件的原因之一。[①] 其三，是自收自支、坐收坐支。高校的一些部门存在将获得的收入自行留用，不上交到学校财务部门或是只将收支发票相抵后的余额上交。甚至将各种创收截留，私设"小金库"。截留、坐收坐支、账外循环等，导致了学校收入管理混乱，为高校腐败的滋生提供了温床。

2.科研经费使用效率低下

首先，科研经费存在重项目申报，轻预算编制。[②] 科研人员为了申请项目的通过所进行的预算编制通常都是凭借个人经验估计，很少进行科学论证、合理分配支出。这样所做的预算在执行中，往往与其预算偏差很大。因此，在执行过程中屡屡出现预算支出未经批准调整，课题扩大开支范围，导致预算失去了权威性、严肃性，造成科研经费监管困难。其次，科研经

---

① 杨正云，崔丽平.高校收支两条线管理探析[J].财会通讯，2007（09）：98-99.
② 唐连印.高校科研经费管理存在的问题及对策探究[J].沈阳师范大学学报（社会科学版），2011（05）：65-67.

费存在严重的滥用现象。在科研经费的使用过程中存在着大量不合理支出,甚至存在违规违纪的操作。例如在报销中,通过巧立名目进行虚支冒领,将设备费转换成买车买房;将资料费通过开立虚假办公文具发票来报销等现象,而实际使用到项目的经费则很少。中国科协的一次调查得出的数据是,科研资金用于项目本身仅占 40% 左右,大量资金流失在项目之外,由此催生了高校众多"富翁"。[①]

3.重大项目支出管理问题

其一,项目支出存在管理权限不明确,存在多头管理、交叉管理的现象。在一些高校重大项目管理过程中,管理权限被分割到基建、设备、后勤,形成分块管理。管理权限的分割导致"政出多门,交叉管理",进而导致分工不明、权责不明,因此在项目建设过程中易出现缺乏统一总体规划,资金使用效率低下的问题。[②]其二,在基建项目支出中,存在不规范操作。随着高校招生规模的扩大,基建项目支出已成为高校居于第三位大型支出,然而在建设过程中,存在诸如修改设计、增加设备、提高建设标准等问题,导致基建项目经常出现工期延长、严重超出投资预算等现象。[③]基建项目管理、监控不严格会导致许多贪污、腐败现象。

(四)资产管理不科学

1.管理机构设置分散,管理混乱

目前,高校资产多数实行"归口管理、分类负责"的管理模式。以固定资产管理为例,财务处负责资金管理、资产价值核算,管账不管物;设备处管理设备仪器;后勤处管理校舍、家具;图书馆管理图书、杂志。在这一模式下,一方面,看似分工清晰,权责明确;另一方面,缺乏统筹管理,各自为政,管理混乱。在多部门管理模式下,按权限各负其责进行管理,部门之间缺乏有效沟通、协调渠道,再加之监督与控制不利,导致诸多问题:由于缺乏统一管理规划,各个部门重资产购置,轻视管理,资产大量闲置;固定资产占有和使用归属职能管理部门,出于自身利益考虑,

---

① 邱晨辉,雷宇.科研经费流失严重催生高校富翁[N].中国青年报,2011-08-31.
② 黄麟.加强高校支出管理提高经费使用效率[J].山西高校社会科学学报,2008(02):116-117.
③ 王燕芬.中国研究型大学收支特征及管理研究[D].苏州:苏州大学,2008:22.

经常擅自处置资产，无偿利用部门资产创收、低价转让等，导致资产流失；不及时盘点、清查，对于学校家底不清；资产在使用部门已经报废，但没有及时报账及账外资产的存在，导致账实不符。

2.配套管理机制不健全

高校资产管理存在取得、配置、使用、处置等众多环节。目前，多数高校实行的是多部门分块管理，存在沟通、协调、监督、控制管理机制不完善问题，致使高校资产管理效率低下。

在资产的形成和配置机制上，缺乏与预算管理有效的结合，缺乏全面、统筹规划，往往根据职能部门规划或者项目规划进行资产的购置，存在重复购置现象，导致资源大量闲置、资金浪费。在资产使用管理机制上，缺乏资产共享机制，导致资产部门分割、利益多元化、表现为谁占有谁有权使用谁获益等现象。有时一些院系、单位存在资源闲置、浪费，另一些单位的资源紧张，所以需要对于资产进行合理的整合、统筹，提高资源使用效率。在资产控制、监督机制上：一是缺乏定期盘点、清查、报账制度，致使资产管理部门对学校的"家底不清"，导致监管不力。二是缺乏完善的资产处置制度，导致资产处置时没有规范的程序和科学的方法，因此难以做到在决策阶段进行充分且科学的论证、规范的申报、在资产处置时进行正确的评估，导致资产处置随意，资产流失。三是缺乏有效的国有资产监管责任体系，高校资产一般归口分类管理，职能部门凭借对资产的占用、使用对其管理，财务处只负责资产的账面核查，管账与管物不能很好衔接，管理脱节；职能部门资产具体使用效率如何，存量资产质量状况如何难以掌握，难以实施奖惩；在资产监管方面缺乏有效考核、监管机制，资产增值、保值难以保证，资产流失严重。

3.管理方法与手段滞后

随着高校资产数量、规模越来越庞大，资产形式日益多元化，资产管理成为一项综合复杂工程。要对资产准确的描述，科学的分析管理，科学、先进的管理方法必不可少。先进方法不仅仅表现在是否使用先进的工具进行管理，如专用的财务软件，还要有规范、合理的流程，科学合理的指标分析体系，完善的法律保障。当前虽然一直在强调提高资产的使用效益，但是实际上依旧"家底不清"，不能及时、准确掌握资产的总量、结构构成状况，不能确定资产的合理比例，缺乏正确的评价、估算指标，难以对资产尤其是无形资产进行科学的估价，致使资产流失严重、对外投资管理效率低下，也导致违规、违法现象时有出现。

三、内部控制视域下的高校财务管理存在问题的原因

（一）财务目标不明确

高校办学的外在宏观环境及内部管理环境均发生了变化。办学理念及投资体制的转变，办学规模的变化，以及学校地位的转变，内部的管理体制、多校区格局、后勤社会化等环境的改变，都需要积极应对，做好思想观念的准备，确定明确的目标，做出较正确、有效率的行为。而目前大多数高校及一些高校的管理者并未表现出良好的状态，这也是当下高校在财务方面问题层出不穷的一个重要原因。就实际情况来看，许多高校实际财务管理工作都没有体现出比较清晰的目标，以致经营理财管理的意识不足，筹资能力较弱，过度依赖于财政资金，创新能力不足；管理者风险意识不足，过度投资，巨额负债；资产管理效率低下，资产重复购置，浪费严重。没有清晰的目标和不能进行与时俱进的精细化、数量化的目标管理，是导致以上众多问题出现的重要原因。

（二）财务人员素质偏低

从高校财务人员的现状分析来看，还存在诸多问题。总体来看，高校对财务活动的重视不足，导致高校财务专业队伍建设呈"三低"，即学历低、职称低、素质低。同时，财会人员从年龄结构到知识结构都存在老化现象，因此难以满足高校财经管理的需求。具备现代教育经济经营管理理念与经验的高层次复合型财会人才的缺乏成为制约高校财务管理水平提高的一个重要因素。当前高等学校财务治理中出现的问题，许多都与会计人员道德职业素质不高、专业技术水准不高直接关联。因此，提高高校财会人员的职业道德、专业素养是势在必行的。专业技术水平跟不上时代需要，就谈不上运用先进、科学的方法、技术去分析和判断经济业务，更不能为财务预算、规划、领导决策及财务管理的创新提供坚实的技术支持，这样的高校财务治理是低效的，必须改进和创新。

（三）缺乏科学有效的预算管理机制

根据现代制度经济学理论，科学、高效的行为来自有效的机制和健全的制度安排。中国高校在财务预算方面出现问题的一个重要原因在于缺乏科学、有效的预算管理机制。高校预算管理包括事前、事中、事后三个环节的管理控制，需要从数据收集、预算编制，到执行控制及执行结果分析评价，全面科学地进行管理，才能减少问题产生，提高预算效率。从预算事前环节来看，数据收集时参与部门不够广泛，一般仅仅财务部门参与，少有二级部门及基层单位参与，因此数据收集年度大、数据不够详细具体；在预算编制环节主要问题是缺乏制定预算的科学标准，由于缺乏科学可靠标准作为依据，难以实现科学预算、量化支出，在一些项目经费分配预算上，经常出现凭借经验来制定支出，其准确性、公平性、合理性难以得到切实保证；由此，预算调整、追加才屡见不鲜。[1] 从实际情况来看，高校的预算执行控制是相对薄弱环节，一方面预算资金缺乏统筹管理，缺乏在预算执行过程的跟踪分析、监督考核，导致使用效率低下，尤其表现在一些时间长的大型项目上，浪费、超支现象严重；另一方面，缺乏分层控制、管理机制，在预算执行、调整方面没有完善、细化的制度规范将责任层层分解、落实到位，因此难以获得预算的执行情况反馈信息，以此来进行跟踪监控和指标核查，削弱了对预算执行过程的约束力，使打破预算支出标准、改变预算资金用途的现象难以得到遏制。[2]

大多数高校在预算评价考核方面，缺乏预算结果分析、评价机制，缺乏执行结果的差异分析，难以找出问题原因所在，从而无法改进预算、提高管理效率；缺乏评价考核制度，难以对相关人员的工作进行正确评价、合理奖惩，难以调动员工参与的积极性、提高工作效率，而预算的管理工作也难以顺畅、高效地完成。完善的奖惩制度是调动全体员工积极性有力手段，是促进预算总目标实现的重要支撑。[3]

---

[1] 刘海峰，李霁友.高校财务预算管理模式及发展趋势研究[J].生产力研究，2010（05）：246-248.

[2] 陈紫莹.加强高校财务预算管理的全过程控制[J].经济师，2012（03）：90-91.

[3] 刘璟.高校预算管理存在的问题及对策[J].东北财经大学报，2008（03）：80-82.

（四）支出管理意识淡薄

中国高校的主要经费来源依然是国家财政拨款，受到传统计划思维及高校行政化管理的影响，高校的一般思维是资金不够，申请国家拨款，支出管理意识淡薄，资金使用成本、效益观念不强。虽然经过多年改革，中国将市场机制引入高校管理之中，但作为独立社会法人的高校，依然缺乏在市场经济中自主办学，多方筹资办学，统筹安排资金，节约使用教育经费，提高教育经费使用效益的自主意识。由于管理意识淡薄，因此难以针对新形势、新的发展变化尽快制定和完善管理制度、考核监督机制。发挥制度的效力同样要依靠人来完成，如果主观能动意识不够，责任心不强，即使再完善的制度依然难以发挥其应有的作用。

（五）资产产权多元化，导致资产管理混乱

高校多元的投资体制改变了过去高校资产只源于国家投资的模式，使高校资产来源渠道多元化，高校资产不仅来源国家财政拨款，同时也来自社会捐赠、银行贷款、高校的经营收入。高校市场化改革，使高校资产的用途呈现多元化，一部分资产为非营利性资产，用于教学、科研及行政管理等活动，一部分用于营利性活动形成经营资产。资产投入来源及使用用途的不同，导致资产产权多元化，为高校资产管理及制度的制定带来了难度。高校资产由于投入来源不同形成的产权分为国有资产和非国有资产，目前资产管理制度多针对国有资产管理，而非国有资产管理则缺乏相应制度。另外，在资产使用过程中，由于经营资产和非经营资产难以界定，为高校资产管理带来了难度。另外，在资产管理中存在多头管理的现象，难以形成系统的监管，容易导致国有资产流失。

总之，我国高校财务管理工作起步较晚，尚且存在许多不足之处。高校在响应国家号召进行扩招之后，财务管理工作变得更加重要。如何科学、有效地进行高校财务管理是一个重要的问题。有些高校把大量的资金投入学校的建设中，这就必定使得在其他方面有所削弱，导致其不能均衡地、科学地发展，在高校的财政收支和管理分配上，要进行科学、合理地计划和分配。但是据现阶段调查而言，很多高校并不能做到财务制度和会计制度的均衡发展，导致其在文化活动基础建设、学校设施环境硬件、教资团队等方面达不到均衡的、合理的发展。所以，科学地进行高校财务管理工作是很重要的。

第四章 国内外高校内部控制下财务管理的经验借鉴

美国、英国、日本等国是发达国家,这几个国家高等教育发达、规模大,高校财务内部控制制度完备,有很多成功的经验值得我国高校学习和借鉴。本章重点介绍美国、英国、日本等国的高校财务管理的经验,并以美国加州大学、英国剑桥大学、日本东京大学和欧洲大学为例,介绍其财务内部控制的经验,以完善我国高校财务内部控制制度,以适应当前高校发展的新情况,使高校的资金筹集和使用更加安全、平稳和高效。

一、国外知名高校内部控制下财务管理的经验借鉴

(一)国外高校财务管理的经验与启示

1. 美国高校财务管理

美国是世界上高等教育事业最发达的国家之一,也是世界上第一个实现高等教育大众化的国家。美国有 3 500 多所大学和学院,其中公立大学约 1 600 所,非营利性私立大学约 1 600 所,营利性的私立大学约 300 多所。美国公立与私立大学主要区别是其资产所有权的归属,公立大学与私立大学在诸如管理体制、投资体制等方面同样也存在很大的差别。本文侧重于美国公立大学的财务管理分析。

1)教育经费来源

(1)财政拨款。在美国高校经费来源中,财政拨款居于第一的位置,通常占全部高等教育经费的比例为 50% 左右。美国教育经费的财政拨款是由联邦、州以及地方三级政府共同实施的。公立高校的教育经费中,联邦

政府拨款所占的比例为10%~12%，其余由州和地方政府负担。美国联邦政府也对私立高校进行拨款，但是只占私立高校总经费的10%~15%。近年来，美国联邦政府的政府拨款呈逐年上升的趋势，但是绝大多数的拨款是流向公立高校。[①]

（2）科研经费。美国很多高校具有雄厚的技术实力，凭借其科研优势吸引社会各界科研资金。美国联邦政府每年以财政拨款对高校科研予以资助，同时也提供一些科研课题委托高校来完成。其他组织，如公司、企业也提供大量科研资金，将一些科研项目与高校合作或者委托给高校单独完成。各种渠道的科研经费是高校教育经费的重要来源之一。

（3）社会捐赠。美国人民有很强的捐资助教的意识，美国在税法上对捐赠实行免税，鼓励社会捐赠。在美国大学中，校长的一个重要职责就是多方面筹集资金，因此对于吸引社会各方面捐赠的工作非常重视。美国高校个人、企业、社会各界组织所捐赠资金在高等教育经费中所占比例达到6%~11%左右，是其教育经费的重要来源。[②]

（4）投资创收。作为经济水平发展最高国家之一的美国，具有发达的市场经济，较完善的经济制度，同时美国高校技术实力较强，投资和创收是高校收入的重要来源。对于非营利高校，美国有专门的法律规定予以免税优惠。美国高校对于投资创收工作也非常重视，一般在学校都设有专门的投资办公室，专门负责各种基金的投资与管理，实现资产保值、增值。

（5）学费。相对于欧美其他教育发达国家，美国实行收取学费制度最早。相对于私立大学，公立大学的学费收取水平较低。另外，学费的收取因高校的层次、学科专业及地区不同也存在差别。虽然，近年来由于政府财政投资的减少及通货膨胀等问题，学费存在不断上涨的趋势，学费在高校的总收入中所占的比例20世纪90年代以来基本稳定在16%~20%，成为公立高校稳定的收入来源。

2）财务管理

（1）财务管理模式。美国高校财务管理模式主要可以归结为两种类型：集中型和分散型。集中型一般是公立高校所采用的财务管理模式，私立高

[①] 夏茂林.国际高等教育融资比较与启示[J].外国教育研究，2010（05）：6-11.

[②] 同上。

校一般采用分散型管理模式。集中型管理模式特点是财务管理权限集中在校级管理部门,主要负责预算管理、资金筹集与分配、各种支出控制等。院系的教育经费纳入校级预算统一管理,需要按计划申请,院系的财务权限非常小。在分散型财务管理体制下,财务管理权限主要分散在各个学院之中,学院是财务管理的重心。各个学院有权对本院资金统筹预算规划,自行决定收支安排。在这一模式下,学校的大部分经费是掌握在各个学院之中,各院系按比例上交一定经费用于校级部门正常支出。

(2)预算管理。美国公立高校中的预算管理是对学校所有资金进行预算管理。美国高校的预算管理体制与其财务管理体制相适应。在公立高校中,预算管理权限在学校一级,全部收入归学校一级所有,由学校一级来安排收入和支出,执行统一政策和统一标准。[1]院系等二级机构的自主权很小,不是独立的预算主体。

从预算种类来看,一般分运营预算和资本预算两类。运营预算是安排日常支出的计划;资本预算是安排基建项目的计划。为了确保高校的正常运转,这两类预算一般分开编制。

美国高校财务预算编制程序有非常严格的要求。以北伊利诺大学为例,预算年度为每年7月1日至次年6月30日,预算编制要求提前一年,每年4月份开始编制下一年度预算,层层审查论证,不断完善,最后送报给州长审批。州长最迟必须在每年6月份确定各高校下一年度预算。[2]美国高校经费预算通常都依据一定的计算标准,经费预算主要是以高校所开设专业的学分小时的单价为标准,然后借助比较复杂的计算公式进行测算;而建设性预算是根据项目申报。美国高校预算执行控制比较严格。学校预算一旦审定得到批准后,其所报预算的执行具有等同法律的严肃性和强制性,高校设有专门的监控机构对预算执行过程进行严格控制,不仅在学校财务处下设控制办公室,同时校内财务预算单位均设有预算员,负责本单位的预算执行管理。美国公立高校的财务预算必须要做到平衡,如有结余可以转到下一年度使用。

(3)资产监督管理。美国公立高校董事会是学校的最高权力机构,财

---

[1] 孟庆鹏.中美高校财务管理比较[D].西安:长安大学,2008:13.
[2] 李万强.高校财务管理体制优化研究[D].咸阳:西北农林科技大学,2008:14.

务情况的监督是其主要管理内容。一般学校董事会下设的管理理事会主要职责之一，是监管和控制各学院的资产购置、使用和处置。美国高校财务监督还有一个突出优点就是对学校财务活动实施双重监督，学校资产管理全过程和财务收支活动都要接受校内和校外审计，提高监管效率，杜绝财务人员渎职腐败的现象滋生。[①] 另外，高校只设立一个账户的方式，进行有效的资金管理和控制，同时利用快捷高效的信息技术提高管理和监督效率。例如，宾夕法尼亚大学整个学校只设一个账户，其他各职能部门不允许设立银行账户，所有资金流动都进过学校统一账户。[②]

2.英国高校财务管理

英国高等教育历史悠久，具有良好的国际声誉。目前，英国具有高等教育资质的正规大学和学院有152所，在校大学生有223多万人，其中开放大学人数最多，有10多万人，规模小的高校仅几百名学生，一般大学在校生规模为1.5万到2万人。英国大学除白金汉学院为私立大学外，其他均为公立大学。英国高校可分为普通大学、专业学院、开放大学、私立大学四种类型，前三类办学资金均由政府提供，后一类高校仅1所，其办学经费主要靠收取学费。[③] 随着教育规模的逐渐扩大、国际竞争的加剧，以及英国政府财政赤字的增加，财政拨款呈现下降趋势，面对种种压力，英国的高等教育经费逐渐多元化发展。

1）教育经费来源

（1）财政拨款。政府财政拨款是英国公立大学办学经费主要来源。英国高校教育经费拨付的主管机构是1992年成立的高等教育拨款委员会（HEFCE）。英国高等教育拨款委员会所分配的教育经费主要包括三大类：教学经费、研究经费、特别经费（或称为专项拨款）。[④] 从数量上来看，前两类占绝大部分，而后一类数额一般较小。从英国高校教育经费的总额来讲，HEFCE 提供的资金占全部教育经费的比例为40%，是资金的最大提供者。

HEFCE 的财政拨款中教学拨款、科研拨款分别采用不同的方法。教学

[①] 赵娜. 中国国有高校资产管理问题及对策研究[D]. 长春：吉林大学，2011：24.
[②] 杨瑞涛. 中美高校财务管理体制比较研究[J]. 财政监督，2010（08）：35-36.
[③] 英国高等教育发展考察与启示[EB/OL]. 西南大学校报电子版，2007（26）.
[④] 夏茂林. 国际高等教育融资比较与启示[J]. 外国教育研究，2010（05）：6-11.

拨款主要以学校的学生数量和所开设学科为标准。所谓学科标准主要是设置费用权重系数，具体做法是根据各学科的教学花费，将全部学科划分成四个价格组，每一价格组设置一个费用权重系数，以此确定拨款数额。

（2）自筹款项。学费是自筹款项中的一个重要组成，从1998年开始向大学生收取学费，学费水平在不断攀升，目前学费占高等教育总经费的四分之一左右。2010年12月，英国上议院通过了高等教育费上涨议案，最高学费由3 290英镑上涨到9 000英镑，并于2012年开始实施。学费所占高等教育经费的比例有可能进一步提升。英国还通过招收非欧盟国际留学生，收取高额学费，增加教育经费收入。随着学费的不断提升，其在总收入中所占的比例也不断提高。

（3）社会捐赠。这部分资金主要来自英国社会各界支持高校教育事业的捐赠项目和学校部分基金投资带来的收入。英国高校中获得捐赠最多的是牛津大学和剑桥大学，但其他一般大学中的捐赠资金占总经费的比例也能达到3%左右。[①]

2）财务管理

英国高校拥有高度的自主权，即管理自主、学术自治和经济自主。从财经角度来看，高校可以利用一切可能的渠道筹资，而且自主筹资的资金不作为政府拨款的参考。政府拨款虽然是学校教育经费的主要来源，但是政府对大学实施"只资助，不控制"的基本原则，高校可以自主使用经费。

（1）财务管理模式。英国高校内部财务管理依然秉承了自由式管理传统，主要采用的是分权式财务管理模式。学校从高等教育拨款委员会取得的拨款，在预留出学校行政经费开支后，其余经费在各个学院之间分配。在这一模式中，学院是资金配置的主体，学院有充分的财务管理自主权。校级行政部门只有服务的权利，没有事情的决策权。在具体财务管理中，实施财务管理责任制，按财务管理范围划分为校、院、系三级，校长、院长、系主任为各自受托范围内的主要责任人，进行财务管理并承担相应责任。

（2）管理机构。在英国高校内部，在财务方面，校董事会是最高管理机构，其主要的职责是审核学校的年度预算，监督学校的财务收支情况，

---

① 夏茂林. 国际高等教育融资比较与启示[J]. 外国教育研究，2010（05）：6-11.

听取财务和审计工作的有关汇报，保证学校的财务管理工作符合法律，使学校资金投向符合学校长期发展的需要。[①] 校长是财务负责人，全面负责学校的财务管理工作。学校下设财务处，负责处理学校的日常财务管理工作。学校的财务处长是招聘专职人员担任，直接对校长负责。财务处长也是财务管理委员会的重要成员，在内部审计、风险管理和采购过程中发挥较大的影响力。[②]

（3）预算管理。英国政府采用三年一个周期的年度拨款体制，英国议会已经通过该体制。财政拨款数额的确定，一般是各个学校依据需求填报基础数据，高等教育拨款委员会与学校经过反复商讨，委员会汇总后与政府进行商讨确定数额，经政府预算批准后，按规定数额下达给各高校。[③] 高校管理层要对高校是否正当使用政府拨款负责，管理层定期接受专设会计主管汇报政府拨款使用情况。针对学校财政拨款的分配与使用情况，会计主管有时也会受到议会下院的问询。

学校内部预算管理方面，一般学院或系是实体单位，每个院长或系主任负责组织本院系的收支计划的制定，必须保证预算平衡。学院有很大的自主权，根据自己情况决定本院招生多少。在预算管理方面，学校拨给每个院系的经费都是高度透明的，学校在进行院之间的经费分配时，必须讲清分配的原则。

在预算资金管理中，实行学校统一使用一个银行账户的管理方式，二级学院及其他单位不得开设银行账户。预算资金的使用管理实行经济责任制或目标责任制。英国高校内各部门所编制的预算是以三年为周期，内容涵盖详细的工作计划、员工编制计划和财政开支计划。财务主管部门在每年中期、年终都要检查预算执行情况，发现问题及时进行修正。各部门年终都要向财务主管部门提交当年的工作总结报告，并以此为依据考核其工作目标完成的效果。

---

① 孙洪志，张总明，常全生.关于英国高校财务管理情况的调研报告[EB/OL].http：//zgc.chisa.edu.cn/index.php/default/index/detial/769.
② 同上。
③ 财政部教科文司.高校财务管理：国际比较与借鉴[J].行政事业资产与财务，2009（01）：56—61.

（4）财务监管。英国高校的财务管理是网络信息化管理，财务数据在网络上记载，但不是全部公开的。在每年7月份，每个学校都要写年度财务报告，将学校一年的收入与支出情况详细总结，绘制有关图表，并放在学校的网站上公布。[①] 由于能够接收到建立在良好的公开和透明制度基础之上的财务管理信息，学校各方面群体、机构都可以对学校的财务行为进行有效的监督，尤其是教师和学生同样可以发挥其监督作用。学校的财务管理行为不仅要接受学校董事会和校务委员会的监督和控制，同时还要接受学校内部审计和外部审计的双重监督。

3. 日本高校财务管理

日本高等教育被称为政府主导型或者财政主导型。日本高等教育机构分为国立高校、公立高校和私立高校，这三类学校一个重要的区分标准就是教育教学经费的来源不同。国立、公立大学一般称为国库依存型学校，经费主要来源是政府财政拨款；私立大学称为学费依存型学校，资金的主要来源是学费收入。

1）教育经费来源

（1）财政拨款。财政拨款是日本国立大学、公立大学最主要的经费来源。政府拨款占国立学校经费的比例一般在50%~60%，主要包括运营费交付金（学校日常运作经费的一部分）和设施建设维修费。[②] 在日本高等教育体系中，财政拨款由中央政府、都道县和市共同分担。日本政府对高等教育的拨款资金主要来源于税收，其采用的投资方式主要有国库负担制度、国库补助制度及地方交付税制等。并且在投资方向上优先国立大学，并将拨款列入专门的国立学校特别预算。日本政府对私立大学也提供一定财政补助性拨款，但是在整个教育经费中所占比例较小，一般在10%左右，其主要资金来源于学费。

（2）学费。日本大学一直以来都是收取学费的，根据日本《学校教育法》，除义务教育教育，所有阶段的教育均实行收费制度。在学费收取数额看，国立大学、公立大学较低，私立大学较高。但是，随着日本政府财

[①] 孙洪志，张总明，常全生. 关于英国高校财务管理情况的调研报告 [EB/OL]. http://zgc.chisa.edu.cn/index.php/default/index/detia/769.

[②] 夏茂林. 国际高等教育融资比较与启示 [J]. 外国教育研究，2010（05）：6-11.

政拨款在国立大学经费所占比例下降，国立大学、公立大学不断地提高学费来弥补经费的不足。1970年，国立大学收取的学费仅占教育经费总收入的2.3%，而到了1987年则上升到9.4%，近年来则一直维持在百分之十几。[①]从20世纪80年代以来，日本国立、公立大学的学费收取上升趋势明显，与私立大学之间的差距不断缩小。

（3）校产收入。校产收入是日本大学收入的主要来源之一。日本大学校产收入最主要的部分是来源于附属医院的收入，日本国立大学该项收入占其总收入的比例一直在不断上升，1970年所占比例为14.4%，到了1987年上升到了21.9%，私立学校的上升幅度则更大一些。其他校产收入还包括利用学校教育科研优势获取的社会服务费用，不动产的租借费用，以及从学校公积金提取的收入等。

（4）捐赠收入。日本教育经费中捐赠收入一直占有一定的比例，2006年个人、法人等社会各界捐款在日本教育经费中所占比例为3%左右。[②]日本政府对个人或者法人的捐赠实施免税等鼓励措施。

2）财务管理

近年来，高等教育市场化成为国家教育改革的一个主要趋势，日本也顺应了潮流，对国立大学进行法人化改革。国立大学法人化改革主要是将过去政府与大学之间附属关系转变为契约关系，政府以间接方式管理大学。大学成为以校长为代表的独立法人，学校办学自主权相对扩大，运营方式逐渐向市场化转变。国立大学的法人化改革使大学的各方面管理制度、方式、手段发生了变化。在财务管理方面，收支结构、运作方式、组织结构等都出现了新变化。

在日本大学法人化改革中，废弃了国立学校特别会计制度，预算分配更多引入的市场竞争元素，形成新的预算分配体制。在国立学校经费中，虽然政府拨款仍然是主要部分，但是拨款资金用途不再由政府制定，可以由学校负责自主安排。政府改变拨款方式，由过去的定性拨款改为定额拨款。竞争性资金的拨付方式，引入了市场竞争机制，通过国际COE项目立项工

---

① 陈武元．日本研究型大学经费筹措研究[J]．江苏高教，2007（02）：96-97．
② 吴惠，刘志新．我国高等教育经费筹措现状及国际比较[J]．陕西师范大学学报（哲学社会科学版），2010（01）：165-169．

作，推动大学产学官合作，有效地引领大学科研发展方向。以日本立命馆大学为例，该校两个新校区和几个重点实验室就是通过产学官合作建成的，总资产3 000多亿日元中的1/3来自合作及捐助。法人化改革后，政府对国立大学主要是对大学的中长期计划与目标的监管。政府设立专门评价委员会在每一中期运营计划结束时，依据中期目标，考察评价"中期计划"的完成程度，评价结果作为制定下一"中期计划、中期目标"的依据。日本政府对大学实施间接管理，扩大了学校的自治、自主权利。[①]

3）内部财务管理

日本国立大学实现了法人化后，政府放松了对其预算、组织结构和人事的管理，大学法人在行政、人事和财务方面获得了相应扩大的自主权，因此其组织结构、财务管理等方面出现新的变化。

（1）管理组织结构。日本国立大学以校长为法人代表，也是学校运营管理的主要负责人。日本大学在管理上经营管理与教育管理是相对分开，由专门机构分别负责。日本国立大学引进"董事会"等经营理念和管理方式，董事会成为最高决策机构。董事会由校长及理事组成。理事由校长任命，监事由文部科学省任命，并且必须包含由校外人士担任的董事。校长在决定以下事项时，必须经过董事会讨论：A.有关中期目标、年度计划；B.必须得到文部科学大臣认可、承认的事项；C.预算编制、执行和决算；D.重要组织设置或废止；E.董事会认定的其他重要事项。[②]

（2）合理进行预算分配。法人化改革后，大学的全部收入直接纳入大学的预算管理，由大学自行安排收支，从而让大学在财务方面的主导性得到强化。日本国立大学根据学校的发展规划结合实际情况来安排预算、制定程序和审查制度，国立大学拥有更大自由强化教学、科研方面优势，积极扩大收入来源，增强了办学的积极主动性。

政府的财政拨款、科研经费、校产收入及学费捐赠等全部纳入学校收入，由大学法人管理。尤其是法人化改革后，大学在学费收取制度上可以采用更灵活的政策，即大学可以根据自身经营发展战略需要，把标准学费上调10%，这样可以为大学创造更多的收入。当然根据需要也可以下调，

[①] 法人化改革后，日本国立大学是怎么养活自己的[N].中国会计报，2011-02-18.
[②] 赵建军.中国高校财务治理问题研究[D].厦门：厦门大学，2006：26.

没有下限。日本大学在支出安排方面，基本也是以收定支，强调收支平衡。大学自主权限扩大以后，收支活动基本可以自主管理。年终的结余资金除有特别规定的资金外，可以转入到下一年自行安排使用。[①]国立大学法人制度改革之后，收支计划安排的特点是时间周期较长。国立大学是6年的中期计划。虽然这一方式引入了指标评价体系，在竞争性资金，如科研经费拨付方式引入了竞争机制，但有学者认为，由于学校活动的复杂性、特殊性，对学校为期6年计划进行效果评价存在很大技术上困难。

（3）资产负债管理。大学成为独立法人后，大学原有的资产以及建设投资形成的债务都成为法人保有的资产和负债。大学法人在拥有国有财产无偿使用权利、获取收益的权利之外，还需承担保值管理等责任。日本大学一般不借款建设或运营，同时关于附属医院设施建设使用的借款及从"国立大学财务经营中心"新借款项都必须按计划偿还。

（4）外部监管措施。日本对于国立大学法人外部监督主要的方式有：首先，设立国立大学法人会计检查制度。根据国立大学法人第35条的规定，学校财务会计原则上要与企业会计原则一致。其次，针对国立大学法人的公共性，政府要求国立大学将学校财务信息面向社会公开[②]，以此来提高学校的财务运作效率，保证财务运作的透明、健康。同时，国立大学要根据法律和相关制度，制定财务报表，并要求送交科学大臣获得认可。国立高校还要接受来自其他各国立高校内部监事以及外部财会人员的财会监督、检查。

4.国外高校财务管理的启示

1）政校分开，法人治理

"法人、董事会制度"是欧美教育发达国家高校普遍采用的基本治理制度。这一制度为欧美高校的财务活动提供了基本行为制度依据。在此框架下，高校可进行科学的财务决策，合理安排高校财务活动。美国高校学费管理充分利用市场机制，自主决定。在私立大学中，学校可以自行依据

---

① 朱炜，朱正果.提高中国大学财务绩效的对策思路——日本大学财务管理的启迪[J].安徽理工大学学报（社会科学版），2010（03）：15-18.
② 财政部教科文司.高校财务管理：国际比较与借鉴[J].行政事业资产与财务，2009（01）：56-61.

培养成本制定学费标准，不需任何批准；在公立大学中，学费基本也是由学校自主决定的，校董事会批准后送州政府备案。[①]而英国大学一直具有高度自治的传统，政府对高校自治不控制，高校可以利用一切可能的渠道筹集经费，可以自由支配经费，而不受政府干扰。相比较而言，日本政府对高校的控制要多一些，但是日本从2004年法人化改革以来，一直致力于对高校放权，增加高校的自主权。

从中国高校来看，虽然从20世纪90年代以来开展高校管理体制改革，并通过立法的形式确立了社会法人实体的地位。但就目前实际情况来看，中国政府的行政干预依然比较强，教育和政府之间"政校不分"的局面依然没有实质的突破。首先要扩大高校的财务自主权，增加经费使用的灵活性；其次，在事务管理上，尽量减少行政指令，增加高校自治的权限。中央和地方管理部门在尊重高校自治的方针下，对高校实施间接监管，财务权限可以体现为：建议权、指导权、监督权和审计权。中央政府的主要权限应该集中在制定正确的方针与政策，规范和引导高校成为市场机制下相对独立的法人实体。促进高校形成自主决策、自主管理、自我约束的现代大学制度。

2）多渠道筹资

从发达国家高等教育发展的历程看，高等教育的发展仅仅依靠国家财政支持是远远不够的，还要进行多渠道的融资。从发达国家的经验看，增收学费、募捐以及利用自身专业技术优势进行创收等都是提高教育经费收入的有效手段。

社会捐赠是美、英、日等国高等教育融资的重要途径。2005年美国大学至少获得了256亿美元捐款，创下历史新高。其成功原因，一是美国社会历来重教支教，并且氛围浓厚；二是政府制定了减免税收等优惠政策吸引社会捐赠；三是各个学校积极主动争取捐赠。英国社会亦是有着捐赠助教的传统。而日本的捐赠也在高校教育经费中占有重要的比例。从中国目前情况来看，中国政府对捐赠的相关优惠政策并不完善，对于激励高校获取捐助动力不足。缺乏完善的吸引社会捐赠的机制，没有完善的筹款计划

---

① 马志.借鉴美国高校财务管理，提高我省高校财务管理水平[J].湖北教育，2003（02）：33-35.

和相应职能部门，中国高校接受捐赠效果并不理想，资金来源也不稳定。在中国教育经费来源中，社会捐资经费所占比重较小，且逐渐处于下降的趋势，由1992年的8.03%下降到2007年的0.77%。[1]因此，中国接受社会捐赠这一方面需要做大量的工作。政府应倡导捐资助教，在政策上给予优惠，同时引导学校吸纳社会捐资的积极主动性，促进高校完善吸引社会捐赠的机制。

从美、英、日的多元化筹资渠道中，我们还可以看出，利用高校自身的技术、科研优势进行创收，对于高校教育经费亦是一个重要的来源。在结合过程中，不仅能增加学校自身的"造血"功能，同时强化了高校服务社会的功能，又进一步推动了高校的专业技术优势。

美国高等教育机构提倡科学研究贴近实际，强调科研成果的产业化，美国政府和企业也提供大量的科研经费与高校合作，利用各自的优势进行联合，形成双赢局面。有些大学甚至亲自参与企业经营。英国政府除了制定相关鼓励政策外，还成立了工业和高等教育委员会等专门机构为大学与产业界之间的技术转让活动提供协调和服务，鼓励并资助多种形式的校企合作，开展科技咨询有偿服务，发展高新技术产业等。[2]在中国，由于企业科研成果消化能力不高，以及校、企之间信息渠道不通畅等原因，中国高校的科技成果转化率只有10%~15%。所以，中国目前应该通畅科研成果转化渠道，提高科研成果转化率，推动校企合作，加强高校自身"造血"功能，使高校能更好地服务社会。

3）强化预算管理

预算管理对学校发展来讲是非常重要的，经费预算既是高校进行资源配置的过程，也是高校进行事业发展规划的过程。预算管理是否合理、高效，关乎学校的财务健康，关联着学校对教学与研究活动的支持力度，关联着学校未来的发展。从高等教育发达国家的经验来看，科学、严格的预算是保证高等教育的健康发展重要手段。美国公立高校一般设有专门的预算部门进行预算编制，并且需要经过层层审查论证，最后报到州长处进行审批。预算方案一经批准，则具备与法律相当的严肃性和强制性，高校必须无条

---

[1] 王正惠.英国高等教育经费改革政策解读[J].国家教育行政学院报，2011（03）：86-94.

[2] 夏茂林.国际高等教育融资比较与启示[J].外国教育研究，2010（05）：6-11.

件遵守，并且必须做到预算平衡。为了保证预算方案的严格执行，减少预算执行的随意性及不确定性，学校财务处下设专门的控制办公室，校内财务预算单位设置预算员，负责执行本单位的预算，任何单位都不得突破预算。为保证财务预算管理的健康发展，英国高校的服务预算管理要受学校内部审计和外部审计的双重监督，同时受学校董事会和校务委员会的监督和控制。另外，采取增加预算透明度的方法，提高其管理、监督效率。

中国高校在预算管理方面尚有很多地方有待加强。中国一些高校财务预算编制缺乏充足的论证，存在不科学、不合理的地方；预算编制完成，在执行过程中控制力度不够，导致预算方案执行存在盲目性、随意性，经常出现偏离预算的状况，最后导致预算不平衡。所以，中国高校需要加强预算制度建设，强化事先规划、事中控制和事后考核奖惩等各个环节的控制，维护高校财务预算管理的严肃性，保证高校财务的健康发展。

4）强化内部财务监管

在美、日、英三国的财务管理中，不仅注重生财，也同样注重使用效率、使用去向，即注重理财和聚财。美国和英国注重高校自治的传统，实行学院分权治理的模式，把高校财权和物权的管理重心下放到各个学院，调动了各个学院进行资产创新管理积极主动性，有利于各个学院的自主发展。但是易于出现过于分散，资金管理效率低下的问题。面对这一问题，国家采用了学校统一控制资金的方法，即整个学校在银行只设立一个账户，并规定所有收入都必须汇缴入这个账户，所有经费支出也都必须经过学校的财务结算系统支付出去。很多大学建立责任中心制度，使校级部门和各院（系）均成为"成本中心"或"支出中心"等，旨在实行有效的预算管理和支出控制，提高经费的使用效益。[①] 同时，大大方便了学校对财务收支合法性的监督。美国的宾夕法尼亚大学、英国的伯明翰大学等都是这方面成功的例子。

在实行分权治理的过程中，实行分级管理层层负责的目标责任制管理。英国高校的财务管理分校、院、系三级，由校长、院长、系主任分别负责各自受托财务管理。校长主管整个学校的预算，校区教务长主管校区预算

---

① 邓敏，韩玉启.大学财务管理体制改革研究[J].会计之友，2011（03）：99-101.

并负责将经费分配到各学院，系主任掌握本系的开支。如果没有实现相应的管理目标，就承担相应的责任。另外，设置机构对财务管理工作实施全过程监督。既保证了大学发展战略的正确实施，又保证了（院、系）工作积极性的发挥，符合管理科学中的总体战略制定与具体实施分离而又统一的管理原则。[1] 日本专门制定法人会计检查制度，要求国立大学向社会公开财务信息，确保国立大学法人的运作透明化。根据法律和相关制度，国立大学法人必须制定财务报表，将财务报表交送科学大臣认可，同时还必须接受各国立大学法人的内部监事和外部会计检查人的财会监察。[2]

中国高校现在处于法人改革深化阶段，如何增加大学自主权，怎样使大学更高效地发挥自主权，促进大学更健康地发展，是中国高校当前面对的问题。借鉴发达国家高校治理的经验可以避免一些错误，更好地发展。

（二）国外高校财务内部控制的经验与启示

1. 国外高校财务内部控制

1）美国加州大学

加利福尼亚大学，简称加州大学，是位于美国加州的一个由10所分校组成的大学系统，也是世界上最具影响力的公立大学系统，被誉为"公立高等教育的典范"。

（1）内部治理结构

加州大学以学校董事会作为最高权力机关，管理和决策校内事物，并支配学校财产。董事会下设的财务委员会和投资委员会，分别负责学校的财政预算、决算的建议与监督和学校投资的方向、方案、比例及评价，并且投资委员会还须要接受财务委员会的监督；另外，董事会下设的监察与审计委员会的责任是监察和审计学校的财务报告。学术评议会下设执行机构学术委员会，其分设的计划与预算委员会代表教师就预算中涉及的教学及科研的投入问题向校长进行建议。校长办公室下设预算办公室，负责预算的编制、对执行的决策前分析和监控。财务管理处主要负责学校具体的财务管理，下设风险服务办公室、外部融资办公室、财务管理办公室、采

---

[1] 邓敏，韩玉启. 大学财务管理体制改革研究[J]. 会计之友，2011（03）：99-101.
[2] 财政部教科文司. 高校财务管理：国际比较与借鉴[J]. 行政事业资产与财务，2009（01）：56-61.

购服务办公室及监督与审计办公室，分管具体业务。这样的管理体制为高效的财务内部控制运作奠定了基础。

（2）风险评估

加州大学设有完善的投资管理机构，包括投资委员会、司库和投资咨询委员会，以实现财务管理的投资职能。而为了规避庞大投资带来的投资风险及其他财务风险等，加州大学又建立了一个自己的全面风险管理体系：首先，由校长负责和协调校内的整体财务管理计划并购买保险项目；其次，由风险服务办公室具体负责学校面临的各类财务风险的辨识、防范和应对工作；最后，各分校网站都公布了学校风险管理体系的具体内容并定期公开风险评估报告。2011年，这个体系获得了美国生产力与质量中心颁发的组织战略风险有效管理最佳实践合作奖。2012年，学校公开的风险评估报告更是显示了由于风险管理而节约的成本总额达到了561万美元，并对于节约下来的资金学校则用于提升教职工的福利待遇。加州大学有效的全面风险管理体系在帮助学校降低风险成本的同时也有利于更高效的配置其资源，通过提高对风险的防御能力，保护学校人员的利益。

（3）控制活动

加州大学的财务控制活动是围绕预算展开的。首先，分校根据各自情况划分预算份额；其次，预算办公室向学校董事会提请预算草案审议，董事会下设的财务管理委员会就预算草案广泛听取意见后对其进行调整、审批；再次，董事会审议批准的预算草案再向州议会提请审议，由州议会审批、公布；然后，财务管理处负责预算的解读和实施，并由其下设的各办公室根据预算完成对具体业务的管理；最后，校内由监督与审计办公室对预算进行监督与审计工作，校外任何机构和个人也可以依法提请对预算实施的审计。

（4）信息与沟通

根据美国相关法律，加州大学的财务报告除了需要向社会公布，还得接受政府的审计和议会的质询，以及外部中介专业机构的内部控制专项评估。预算年度的开始，学校要向社会公布未来一年的财务预算；预算年度的结束，学校会聘用中介专业机构对其财务报告进行内部控制审计，并向社会公布。透明的信息与沟通有利于促进财务内部控制的有效运行。

（5）内部监督

加州大学使用的是政府预算资金，有责任对纳税人和预算拨款政府工作报告学校的运行情况和资金的使用结果，并对此负上经济管理责任。为了消除利益相关方的疑虑，加州大学积极实施和配合监督评价，校内监督工作由监察与审计委员会和监督与审计办公室负责展开，这是加州大学财务内部控制的重要组成部分；而校外，任何机构和个人都可以依法提请审计。全方位的内部监督机制让加州大学财务内部控制在动态中不断完善、发展，并在现实中提高了资金使用率，遏制了校园贪污腐败。

2）英国剑桥大学

剑桥大学，目前有三十一所学院，且各学院高度自治，但是都遵守统一的剑桥大学章程，是一所誉满全球的世界顶级大学。

（1）内部治理结构

剑桥大学的最高治理机构是评议院，其下设置大学理事会，主要负责每年的财务情况汇报、推荐服务银行、编制和发布年度财务报告等，大学理事会下设计划与资源委员会、财务委员会、风险控制指导委员会和审计委员会。其中，计划资源委员会负责制定、监督学校发展计划并准备学校预算；财务委员会负责对大学和各学院的财务收支情况进行预测及建议，并将其向大学理事会进行汇报；风险控制委员会负责大学的风险识别及管理方面的问题；审计委员会负责则负责大学内、外部审计的全面工作。

（2）风险评估

剑桥大学十分重视大学的财务风险的控制。风险控制指导委员会会定期提交年度风险分析报告。大学所有的经济业务活动都必须遵守其制定的财务规定，内容包括财务控制、资源分配合理、授权及职责分离及详尽的关于资产、采购、收支、合同、投资与融资等方面的财务工作流程，保障了各经济业务的有序进行。另外，大学对经费使用的范围及超支等方面也有严格管理制度。这些都使学校的财务风险得到了有效监督和控制。

（3）控制活动

剑桥大学对于预算的编制和执行的规定相当严格。计划资源委员会负责准备学校预算草案，计划与资源分配办公室则根据该草案编制大学的年度财务预算，并对各学院提供帮助制定其计划与资源费分配预算的工作。

（4）信息与沟通

剑桥大学每年都会发布经过执业会计师审计后的财务报告及声明，其中包括大学整体范围的内部控制情况、财务收支报表、盈亏声明、现金流和独立审计员声明等。这些财务报告及声明会放上大学的公开网站，便于校内外对大学财务信息的查询和监督。

（5）内部监督

为了确保风险管理及控制，英国所有大学都被要求进行财务内部审计。剑桥大学的审计委员会对大学的内部会计控制及其他控制制度进行审核，研究内外部的审计报告，并采取适当措施监督其审计建议。

3）日本东京大学

东京大学是一所世界级著名研究型综合大学，其在全球享有极高的声誉。

（1）内部治理结构

东京大学在2004年的国立大学法人化改革中最终形成了由校长代表的决策权、役员会代表的执行权、教育研究评议会和经营协会代表的咨询权、校长选考委员会代表的选举权和监事代表的监督权构成的内部治理结构，体现了"主体多元、职责分明、相互制约"的治理特征。

（2）风险评估

东京大学的内部控制采用了分级制度，即校长和各院长承担内部控制的最终责任、普通教职工发挥对经济业务的控制、监事进行内部控制的监察，这个制度对经济业务活动的决策、执行和监督三个层面进行了分离，有效地发挥了风险控制作用。

（3）控制活动

东京大学在预算管理方面有以下五点可取之处：A.责任明确。校长对学校预算负总体责任，各学院院长对本学院预算负责；B.预算编制流程具有牵制机制。校长具有预算的决策权，并且役员会和经营协会具有预算的审议权；C.绝大部分预算的用途分配被设定；D.预算调整程序灵活。对于预算额度内的调整，各学院具有自主权，对于预算额度外的调整则需要上报校长，经费的结余可以结转至次年；E.各学院都设置了专人严格管理预算地使用。

（4）信息与沟通

对内，东京大学建立有财务信息系统，可以提供各学院对预算执行情况、经费开支情况等方面的财务查询；对外，东京大学每年都会在学校网站上向社会公布其财务报表，接受公众的监督。

（5）内部监督

东京大学在监督方面除内部财务检查外，还设立了监察室，另外，文部省也会任命外部注册会计师对大学的经费使用和财务报表进行审计。

4）欧洲大学财务管理执行结构风险控制

（1）法国大学财务治理执行结构风险控制

法国的所有大学均为公立机构，是典型的中央集权制财务管理体制。学校可以在国家规定的范围内，确定自己的教学、科研和资料工作的政策。大学评议会是法国大学的最高权力机关，拥有审议权，并选举产生大学校长。大学校长享有至高无上的权力，负责主持校务委员会、学术委员会及学习与大学生活委员会，但大学校长必须听取他们的意见和建议，执行他们的决议。宏观上中央政府制定统一的财政分配、教育投入、教育评估等教育政策。无论对于经费的使用、管理，还是经费的审查、监督均有统一的政策规定，各部门各司其职。近年来，法国对国内高校采取目标管理的方法，同大学签订4年的合同，即将大学在4年内的发展规划与实施同教育部的经费拨款结合，在政府与大学之间建立合作伙伴关系，也就是说教育部结合已确定的发展目标，保证教育资源的更合埋分配，从而最终实现规划中的目标。

决策权方面，法国大学是由校务委员会制度学校政策，而学术委员会负责对科研政策及科研经费的分配提出建议。执行权方面，校长是大学的核心领导者，由大学章程明确校长的职责。法国大学的财务会计人员是由国家委派的，也就是国家统一管理大学的财务会计人员，包括这些人员的聘任、上岗证发放、调配等，其工作是对国家财政负责，[①]相比较之下，大学校长对本学校的财务人员没有任免权。但是，校长能够以另外的方式实行对于财会人员的控制权：如果校长不满意财会人员在学校的工作，可以

[①] 杨明.论法国高等教育财政的改革[J].教育与经济，2001（02）：58-62.

通过财务人员的年度考核反映自己的意见，财政部将根据这些意见进行调整。这种管理方式有利有弊，有利的一面是有效加强了政府对大学财务预算和资金管理的宏观调控，有利于防止财务管理失控，不利的一面是管理死板可能导致学校活力不足。

（2）德国大学财务治理执行结构风险控制

德国高等教育产生于中世纪晚期，历史悠久，许多大学均有数百年的历史。最初建立的德国大学既有学术自治的传统，又受到政府的控制。德国高等教育管理的基本手段和途径就是高等教育立法，因此德国也是最早进行教育立法的国家之一。联邦政府的一个重要工作是必须在各州政府之间协调，保证各州之间高等教育的"平等"，这就是制定了德国的《高等学校总纲法》。它改变了传统的高等教育"双重管理"的模式，确定了联邦德国的高等学校有权进行自我管理，各州主管部门拥有监督权。校务会议是德国高校的决策机构，下设以校长为首的校评议会。校评议会对大学的决策与执法工作负责，还负责通过学校的人员任免以及校务会的决议。传统的学术事务与非学术事务的分工是形成欧洲大陆模式的基础，这种分工在研究所和大学一级表现得尤为明显：学术事务归大学管，经费预算、仪器设备和人员事务由州政府负责。州政府部门通过以下渠道监督大学的非学术性事务：

A.单独设立机构：在校级设立负责一般事务管理的官员，负责非学术性的事务，向教育部负责，不受校长领导，这些事务一般不在学部和评议会中讨论；

B.在大学设一名律师，通常是专职法官或法律教授，学术评议会中最重要的特别委员会是负责法律事务的特别委员会，它负责起草和修改大学法规；

C.直接设属于国家机构的研究所。与这两个财务实权层相比，其他管理层的财务职权则薄弱得多：宪法规定，联邦政府除有权立法为科学研究提供资助外，不承担任何教育职责；大学的学术评议会主要负责课程和考试准则；校长一般只是象征大学崇高的学术地位；学部负责包括课程安排、考试等等在内的具体事宜。执行权方面，校长是大学行政管理委员会和校务委员会的主席。

传统的德国大学是国家开办的,大学与社会基本上处于隔离状态。20世纪60年代以来,传统的德国大学不能适应时代发展的需要,也不具有自我调适能力,这种状况迫使德国要加速大学制度的现代化进程。从1960年至1974年,学生人数除在1965年左右略有下降外,一直保持高速增长,教师数量也急剧增加,德国为此新建了18所大学,包括部分由专科学校升为大学的。[1] 由于学校规模变大、科研工作复杂程度提高,传统的以教授讲座为核心的大学管理体制已经严重阻碍了学校的发展。1967年后,学生运动风起云涌,同时美国大学的改革与发展在世界高等教育领域得到广泛传播和认同,促使联邦政府通过新的大学法令进行改革,新法令加强了校级管理层的权力,将学部划分为更多的系,其在人员、资金和设备的分配方面享有更大的权力。这样,变革之后的德国大学的校和系的权力得以强化,研究所不再独立于学部或大学当局来接受资源分配。

以德国洪堡大学为例。目前,洪堡大学的核心机构是校长(包括副校长,由教授阶层选出)、学术委员会和学校师生员工代表大会。此外,校董会作为大学、国家和社会合作的机构(校董会共9人,其中7人由学术的委员会选举产生,校长和柏林州教育、科学、研究部部长自然属于校董会成员),也是大学的中心决策机构之一。学术委员会、师生员工代表大会和校董会中都有学生代表。学术行政官员阶层负责从校长候选人提名到财政预算、人员、机构等涉及全校的事务,同时也要按程序接受校董会、师生员工代表大会等机构的审议和监督。这种均衡的机制首先体现在学术委员会的人员构成上:洪堡大学学术委员会由选举产生25名拥有表决权的成员,其中教师代表13名、教学员工代表4名、学生代表4名、其他职工代表4名。学术委员会会议由校长主持,各院、系、所、学校机构、学术委员会专门委员会的领导可以参加会议、发言并提出议案,但领导并没有表决权。另外,学术委员会可以就具体问题组成专门委员会,现有9个专门委员会和工作小组,分别负责发展规划、科研和后备人才、教学、财政、校区发展、媒体、妇女等专门问题。

由此可见,在洪堡大学,现代组织中常见的官僚管理体制已经逐步取

---

[1] 约翰·范德格拉夫等.学术权力——七国高等教育管理体制比较[M].杭州:浙江教育出版社,2001:19.

代了传统研究所制度中教授与政府官员一事一议的做法,政府也通过制定更为详细和具体的法律条文来规范大学的财务活动。尽管德国建立了美国式的董事会制度,但绝大多数学者仍然认为国家是学术事业唯一合法的赞助人,并强烈抵制美国大学的外行董事会制度[1],这充分显示出德国大学与市场经济的不协调,不愿意受到来自政府以外的社会经济需求的影响。

德国的高等教育取得了举世瞩目的成绩,其财务管理也很有特色,一般实行高度集中型的财务管理体制,这与德国实行的大学义务教育、学生不交学杂费有一定关系。以锡根综合大学为例:锡根综合大学没有校办产业,后勤服务由社会承担,资金的主要来源是州政府的拨款。财权完全掌握在校本级,全校统一核算,近30名会计人员全部在校本级,系、部没有单独的财会机构和人员。其次,锡根综合大学实行非常严格的预算约束机制。[2]学校总管负责预算的执行和监督。预算执行有超强的约束性,一旦超支,学校总管要承担法律责任。同时,学校总管的责任和权力都非常重大,从制度上保证了学校财务执行权力的高度集中。最后,锡根综合大学的科研水平很高,科研经费管理非常严格。学校会严格要求项目负责人保质、保量、按时完成科研任务,全面认真地履行科研合同。对发现有违反合同规定行为的科研人员,学校会严肃处理有关人员,包括辞退或者追究法律责任。

德国国立大学相当于各州行政机构的组成部分,它们的预算资金几乎全部来自公共资源。由于德国大学参与市场经济活动有限,各州制定的财务法规,主要是预算法律和规章制度,对于确保各大学财务运行、财务监管来讲就是主要的法律依据。因此,各州大学财务监督都是在高等教育机构政府监管制度下进行的,包括大学财务行为的适当性及目标是否达到等。经济效率和资金的使用是由各州的审计法庭来监督的。随着国立大学自主权的扩大,各大学在财务和会计方面建立了自我约束和自我负责的机制。每个大学在本校内建立了适当的内部审计框架,即使是内部审计,也还包括外部审计专家。对每一所国立大学法人,教育部长将任命两名审计员,

---

[1] 约翰·范德格拉夫等.学术权力——七国高等教育管理体制比较[M].杭州:浙江教育出版社,2001:20.

[2] 李志平.中外大学治理结构的比较研究——基于利益相关者理论的视角[J].湖南财经高等专科学校学报,2008(02):132-134.

其中至少一名是该学校校外人士。审计员要对该国立大学法人的运作情况进行审计,并可以将自己的意见和建议提交给校长和教育部长。每所国立大学法人会计账户的年度结算将经过上述两名审计员和会计审计员的审计。资产负债表和其他财务报表及两名审计员和会计审计员的意见,将受到教育部长的批准。国家审计局将定期对国立大学法人进行审计。议会也将继续在国立大学财务结算的监控方面发挥自己的作用。

(3)荷兰大学财务治理执行结构风险控制

在荷兰,政府给大学的预算拨款是以整个国家的财政收支情况和学校学生人数为依据的。从荷兰的整体经济状况和教育经费的总额来看,大学办学经费中的预算拨款占60%,根据学生人数核定的占另外的40%。在荷兰的大学财务管理中集权与分权并重,层次分明。荷兰大学的预算管理非常严格,教育经费预算属于强约束机制。预算的严肃性必须很好地进行维护。我们以阿姆斯特丹大学为例简单介绍荷兰大学财务管理制度,并尝试总结出财务活动中执行权分配的主要特征。

阿姆斯特丹大学的经费主要是政府的预算拨款。学校管理层最重要的工作就是拓宽筹资渠道,寻求欧洲共同体的资助,以及不断增加社会企业集团对学校的捐赠。至于学校内部,阿姆斯特丹大学的财务执行权限在各部门之间有所平衡,校级会计机构人员由财务主管聘任。系部建立了次级的会计机构,配备专门的财会人员负责本系部的财务工作,其业务是由校财务中心统一领导。财会人员工作质量的考核及评价,是分别由各个部门进行,财务权限的分散特征十分显著。另外,社会有关部门也有评价学校财会人员工作质量的权力,从制度上保证和促进了全校财会人员素质的提升。

然而,尽管在财务执行过程中有若干分权的制度设计和保障,阿姆斯特丹大学财务执行权还是以集中为主要特征。另外,为了方便校级财务中心监督各系部的财务工作、保证资金的高度集中,阿姆斯特丹大学规定各系部的科研经费收支必须通过在校财务中心设立分户来进行,而不能够擅自在银行开设账户。

财务执行权的集中还体现在阿姆斯特丹大学为了加强资金管理而实行的预算管理的强约束机制。国家每年确定了预算拨款数额后,大学就按照此拨款数额执行，自下而上层层制定预算草案，最终确定全校的经费预算由校务委员会研究审批。[①]预算一旦通过，任何人都没有权力对其变更或调整。校务委员会负责财务预算的执行状况，特殊情况只能由校务委员会研究批准后才能更改预算。

2.国外高校财务内部控制对我国的启示

内部控制理论在西方起源较早，所以其各方面的发展也比较完善。在上面分别了解了国内外大学具体的财务内部控制情况以后，可以得到以下对我国高校财务内部控制问题的启示。

1）完善的控制环境是高校财务内部控制顺利运行的基础

这里所说的控制环境包括外部环境和内部环境。而外部环境中一个重要的部分即法律环境，国外大学财务内部控制的外部法律环境相对国内更为完善，这为其顺利运行提供了必要和充分的依据，为高校根据自身的具体情况制定适合自己的财务内部控制制度提供了明确的指导，且具有实际操作意义。再从内部环境来看，首先，国外大学财务部门的职能范围更全面，除涉及一般的会计核算以外，并重投融资、风险管理、财务审计等方面的业务，这样的设置更有利于高校财务部门执行其管理的行为，为高校面对日益多元化的经济业务提供专业保障。其次，国外大学财务部门人员的专业化水平普遍较高，这样保障了其岗位价值的有效实现，使学校财务内部控制决策与实施更为科学。最后，国外大学内部治理结构的制衡性较强，这是高校财务内部控制制度有效发挥作用的基础和前提，否则再健全的财务内部控制制度也难以实现预期控制目标。

2）风险评估是高校财务内部控制的重要组成部分

风险是组织自身固有的属性，伴随着经济的发展、国际化的加速以及金融的创新，风险在高校的发展过程中其形成不可避免甚至其内容也越来越复杂。所以，高校必须形成风险评估的意识，积极地辨识风险、有效地防范风险和妥善的应对风险。国外高校在风险评估方面较国内高校更重视且其制度和实施更健全，这有效地弥补了高校财务内部控制的不足，而有效的风险评估为高校管理者实现高校各管理目标提供了保证。

[①] 郎益夫，刘希宋.高等学校治理结构的国际比较与启示[J].北方论丛，2002（01）：117-118.

3）预算管理是高校财务内部控制活动的核心

预算管理是一种能对高校其他业务活动进行有力控制的管理活动，所以预算管理是高校财务内部控制活动的核心。对于高校财务内部控制来说，有效的预算管理有以下七方面的作用。

（1）有效的预算管理有利于高校财务内部控制的环境控制

预算工作管理的不仅仅是高校的资金收支情况，还是对高校人员实施预算的一种规范、监督和激励。所以，有效的预算管理有利于从人员管理的角度营造优良的高校财务内部控制环境。

（2）有效的预算管理有利于高校财务内部控制的风险评估

预算工作是对高校经济活动的一种全面考虑行为，在其编制过程中就对高校经济活动可能面临的风险予以了评估，在其执行、纠正的过程中更是对高校经济活动可能面临和已经发生的风险进行有效的防范和应对。

（3）有效的预算管理有利于高校财务内部控制的经济活动控制

高校的各经济活动均根据预算来开展实施，而预算工作通过对各经济活动事前的估计、事中的约束和事后的评价来保证其进行符合高校经营管理的目标，所以说有效的预算管理有利于高校财务内部控制的经济活动控制。

（4）有效的预算管理有利于高校财务内部控制的信息与沟通

预算工作不仅是高校财务部门或预算部门能够独立完成的工作，它需要高校其他部门的协力配合，需要高校全体人员的积极参与，在预算工作的编制、执行和评估过程中都促进了各部门及其人员的信息传递与有效沟通。

（5）有效的预算管理有利于高校财务内部控制的内部监督

预算工作具有全面经济业务覆盖、全程经济业务监督及全校人员参与的特征，所以预算管理的实施过程是高校财务内部控制的内部监督过程。而这一内部监督过程需要在预算管理工作事前申报、事中执行和事后评价的全过程中体现。

（6）有效的预算管理有利于高校财务内部控制管理目标的实现

预算工作的其中一个主要目的就是围绕高校的管理目标，对未来一年高校的资金做出具体的分配。它重点通过对高校经济活动预算执行情况的约束来使其最终达到实现高校经营管理目标的结果。

（7）有效的预算管理有利于高校财务内部控制评价标准的制定

预算工作的另一个目的在于迫使高校全员根据既定计划进行各经济业务，并提供可以与实际结果进行比较的标准，以便评估高校人员的绩效，激励高校人员提高工作效率。

综上所述，我国高校财务内部控制的活动也应以预算管理为核心加以强化。

4）信息与沟通是高校财务内部控制的重要保障

有效的信息与沟通能保障高校财务内部控制的意识和指导思想在高校全员中的传播与覆盖，能保障高校全员对高校财务内部控制方式方法的了解，能保障高校内外对高校财务内部控制的监督，减少校园贪腐。国外大学良好的信息与沟通的配合为其财务内部控制的有序运行提供了重要保障。

5）内部监督是高校财务内部控制完善的促进

内部监督是通过各种手段对高校财务内部控制的内容进行监督与评价，并使高校财务内部控制最终实现其控制的目标。通过内部监督，我们可以知道财务内部控制的行为是否有效，并根据得到的结论采取进一步的措施促进其完善。国外大学财务信息公开的程度更高、范围更大，使得各经济业务的执行情况和执行结果能更真实地展现在公众面前，有利于公众对高校财务内部控制效果的监督，也有利于防范高校校园贪腐的情况发生。

二、国内部分高校内部控制下财务管理的经验借鉴

（一）国内高校财务管理

1. 教育经费来源

国家必须且始终是教育及培训的最大投资者。中国教育事业的国家预算在20世纪80年代和90年代已经年均增加约10%，其与国家预算总支出相比的教育投资比例快速增加。如在1978年对教育的支出占同期国家预算支出的比例仅为6.2%，在1994年同期，这一比例达到17%/，2000年约19%。

从国家预算中投入于大学教育的资金在这个阶段的年均增加9.7%，

国家预算对高等教育的支出比例在很长一段时间（1978年至1994年），没有呈现增加或下降的趋势。1978年，与国家预算投入于教育相比，高等教育支出的份额达到20%，到了1984年，继续上升至29%，但1994年只有19%。然而，当把中国国家预算投资于教育中的投入与大学教育的比例与亚洲一些国家的高等教育投入比例相比时，中国的投入比例总是领先的。由此中国规定每名学生的常规成本也略有改善（上升0.6%，1978年至1994年）。

2.财务管理

高等教育不断扩张，中国政府还积极建立一个法律框架，以吸引国家预算外的资金投资于这一活动。到1996年底，国家预算之外资金占国家教育委员会管理之下的高等教育机构所需要的资金的53.1%。高等教育机构享有国家预算之外的资金投入支出需求的保障能力的增加就是实施以下政策的结果：使高等教育机构所有制形式多样化。中国政府试点实施吸引投资于高等教育的第一个模式就是"合资成立学校"。这是基于中央各部门及省级地方政府或外国组织的联营成立学校的方式。由合资设立高等教育机构的管理将由双方合营设立的董事会决定。到1996年底，中国已按照上述合营模式成立56所学校。经过选择的第二种模式为"关联操作的学校"，在这种模式下，包括地理位置接近及培训程度相似的高等教育机构相结合，以便提供更好的培训服务及科技研究，充分开发各方资源。1996年底，按照这种模式成立的学校数量已有178所。

3.学费政策

学费政策总是调整以适应国家关于发展大学教育的主张：中国大学学生的学费交纳政策从1989年起实施，不同学生的交费有所不同。从国家预算接收补贴的大学生每年只要交300至600元学费；其中，不属于国家聘用的学员要按每年2 000元至6 000元交学费。一些就读于农业、林业、师范、教育等大学生不仅获得免费教育而且还能获得每月80~150元的补贴。投资于教育领域的国家预算支出日益呈现自主性及责任性。投入教育领域的国家预算中的中央预算支出比例越来越少并主要解决缩短各地方的教育发展差距，补助社会政策的一些对象。

4. 投资管理

中国施行教育投资来源多元化；投入普及教育的国家预算开支得到优先，发展少数民族教育，给教师制定出优惠的工资政策；投入教育的国家预算开支得到分级，加强各地方的自主权；制定出适合发展公立之外的教育机构的财务机制。

高等教育的经费使用及管理工作在大学系统上展开。自从政府允许高等教育系统的教育机构在经费使用及管理工作上享有主动性之日起，每一家院校及高等教育系统的经费支出机制已经发生了积极变化。

基建投资的统一管理是由国家的专门机构作出，投资者的数量不太多，防止不合理的资金泄漏，没有破坏规划，快速施工。

借助于投资资金的有效管理，中国各所大学的教学及学习的基础设施系统都达标，符合质量鉴定的要求。

（二）国内高校财务内部控制

作为河北省重点高校之一，H高校在其发展过程中始终将提升自身办学水平作为第一目标，为国家经济发展和科学技术进步不断贡献高素质人才。同时，H高校的规模也在发展中不断壮大，与企业间的合作也逐渐增多，从而使其资金管理规模扩大和复杂性增强，以下对其财务内部控制现状进行分析。

1.H高校基本情况

作为河北省知名高校，H高校自建立到现在为止，已经经历了60多年的发展，该高校主要包含三个学院，目前的在校生和教学职工分别达7 000和1 300人左右，学校分为市区与郊区两个校区，共有学院10个，教学部1个，党委常委会暨校长办公会商议决定学校重大办学方针。H高校执行由党委领导下的校长负责制。其内部机构包含管理和直属机构及学院3个部分。管理机构下设置有党委宣传和统战部、组织部、人事部、教务部、党委办公室和纪委监察工作部等三十多个相关部门；直属机构则包含了十二个部门，具体是图书档案馆、学报编辑部、资产经营企业、高校医院等；学校有十二个学院，具体有工商管理学院、经济学院、外国语学院等。校党委工作主要由党委书记进行全方位负责，学校党办、校民建总支采取分管模式；学校行政工作主要由校长负责，并且校长兼校办、审计工作等。各个学院和管理部门都承担相对应的管理职责和事项。具体情况如下图 4-1 所示。

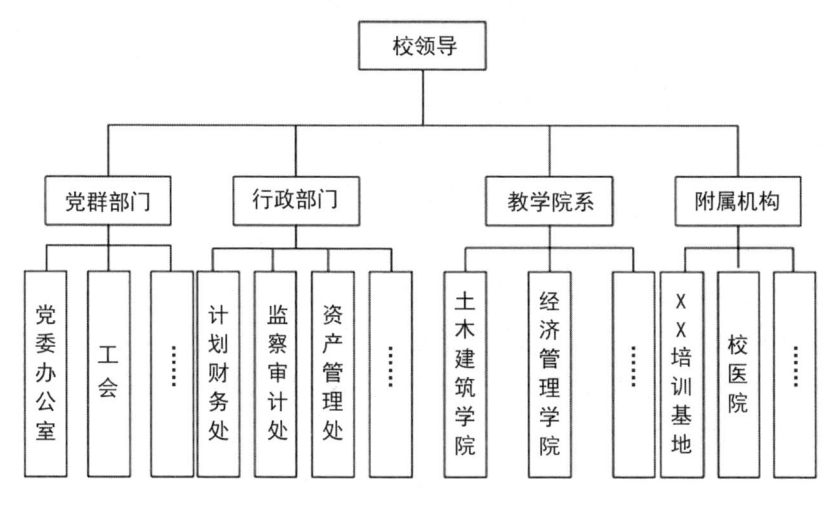

图 4-1 H 高校组织结构图

2.H 高校财务内部控制具体情况

高校财务内部控制是对高校所有财务资金活动，涵盖了财务管理五要素的全部内容。下面根据高校财务内部控制内容，对 H 高校财务内部控制现状进行分析。

1）控制环境

对于 H 高校财务内部控制而言，最为基础的环节就是财务内部控制环境。往往包含多方面因素，尤其是影响高校财务内部控制战略目标实现的相关内部因素，下面主要从岗位设置、财务制度、人员素质、财务管理观念四个方面进行分析。

（1）岗位设置

在计划财务处包括设处长 1 人，副处长 1 人，下设五个业务科室。计划财务处各项工作,包括计划财务处是承担学校财务管理、会计核算与监督、采购管理、项目资金绩效评价等工作。其中，处长主要工作是会计核算工作管理、会计电算化管理、招投标工作管理、软件管理、考勤管理、业务培训管理及收费管理等；副处长则主要针对省级部门经费预算进行编制管理，涉及会计报表编制、对外会计业务、辅助计划管理等工作。财务处各科室职能如下：

计划科：主要负责学校事业经费、科研经费、专项经费的预算编制与管理，票据的领用与管理，日常财务报表编报等工作。

财务一科：主要负责学校事业经费、代管款项的会计核算，职工薪酬发放及个人所得税的代扣、代缴，职工住房公积金缴存、管理，国库支付及资金管理等工作。

财务二科：主要负责学校科研经费的会计核算，增值税发票的领用及日常管理工作。

财务三科：主要负责全校学生学杂费的收缴，学生奖、贷、助、补、免的核算与发放，校园一卡通的日常管理，财务信息化建设，等等工作。

财务四科：主要负责学校大学科技园、后勤处伙食科、校医院、工会、党费、基金会等会计核算与财务管理工作。

从科室设置方面看，H高校相对较为科学合理，而且有着较为明确的分工，岗位设置方面具有不相容性。

（2）财务制度

H高校计划财务处严格实施中国与高校的法律、政策、方针和财会规章，随时接受上级主管部门的审查与监管，严格按照《中华人民共和国会计法》《事业单位财务规则》《高等学校财务制度》，加强财务规范化，实现对财务的有效监管，从而使得资金效率提升，推动教育事业健康有序成长。同时财务处依照相关条文编纂了《H高校预算管理办法》《H高校政府采购管理办法》等财务规章制度，具体情况见表4-1，并在校长的带领下开展高校的财务活动。

表4-1 H高校财务规章制度

财务制度	发布时间
H高校预算管理办法	2016年1月28日
H高校采购管理办法	2016年3月2日
H高校财务管理制度	2016年3月2日
H高校备用金管理办法	2016年3月2日
H高校经费支出管理办法	2016年3月8日
H高校非税收入管理规定	2016年3月9日
H高校专项资金管理办法	2016年3月29日
H高校经济业务事项和财务审批权限规定	2017年5月27日

（3）人员素质

计划财务处是学校的一级财务机构，在校长、总会计师的领导下，负责全校的财务管理和核算任务，设处长1人，副处长1人，下设五个业务科室。全处现有财务人员35人，其中：正式职工占比68.6%，外聘人员占比31.4%，高级会计师占20%，会计师占17.1%，研究生以上学历占31.4%，本科学历占51.4%。全部会计人员持证上岗。

（4）财务管理观念

财务管理的内部控制要求学校严格遵守《财务管理办法》，提供的会计信息与数据是真实有效，资金与资产的使用应合乎法律制度并利益最大化，财务资源合理分配，财务风险降到最低。学校的主要组成部分是学生，因此要保证学生管理系统与财务管理系统是具有相通性的，两个信息系统平台的资源可以共享。财务管理下属的各科室严格遵守学校设置的《财务管理办法》，建立管理层的相互监督机制，要求每一个部门的负责人都要在职权范围内执行自己的职能。

2）风险管理

针对H高校所存在的各种已知风险或潜在风险，如业务风险、不确定因素等，开展有效识别和评估，提出一系列应对工作，这就是风险管理。

（1）风险识别

H高校财务风险识别工作仅由计划财务处负责，其他部门未参与。计划财务处每年进行风险识别时，一方面是将上一个年度的财务预算和决算按照收入类别、支出类别进行对比分析，分析当前预算与决算的差异，从中总结出影响财务预算执行的因素；另一方面是将当年财务决算数据与往年决算数据进行对比，分析因资金的时间价值对财务预算执行的影响，进而识别财务风险。上述工作是由计划财务处经验丰富的员工来完成，在分析当前预算与决算执行差异以及当年预算与往年预算的对比情况时，基本是根据自身专业知识和财务工作经验开展的。

（2）风险评估

风险评估与风险识别一样，均是由H高校计划财务处单独完成。目前，H高校尚未建立完整的风险评估体系，因此无法借助科学合理的评价指标对评估识别出的财务风险的影响，而是由计划财务处的员工根据自身经验分析识别出风险对财务预算执行的影响程度及其出现的概率，然后汇总分析结果从而形成风险评估成果。

（3）风险应对

当前，H高校风险评估结果主要用于下一年度财务预算的编制，即根据风险识别、评估成果，在编制下一年度财务预算时适当调整各类别支出的比例，并在预留预算总额一定比例的风险费用以抵消风险引起的额外指出，从而减少预算和决算之间的差距。

3）控制活动

基于高校具体的业务情况，H高校按照风险评估结果出发，采用相应的控制流程、对策，使风险能够控制在可以承受的范围之内，这些活动就是控制活动。高校的主要业务有预算、采购、收支、资产管理、科研经费支出等活动。学校的计划财务处针对财务发生的各个业务都制定了严格的财务处理流程，其中有预算管理工作流程、采购管理工作流程、财务票据管理工作流程、收费项目管理工作流程等。

（1）预算管理

预算控制主要是H高校对内部职能部门、附属单位及各个学院分配资源；针对二级部门要做好从事前到事后的全方位经营活动管控，从而采取全面预算管理（图4-2）。上级补助、项目收入、经济内容、项目支出等均是预算编制当中重要的考虑范围。高校始终坚持量入为主的原则，保证收支平衡。预算最终需要通过校长办公室、党委会议加以研究，最终在高校教师职工代表大会的审议之下通过。下达之后，预算往往不会再进行调整，若有特殊情况必须加以调整的，要按照审核批复程序逐一进行操作，具体预算执行情况通常不能进行随意改变，若想改变需要及时向高校教师职工代表大会进行相应的汇报。

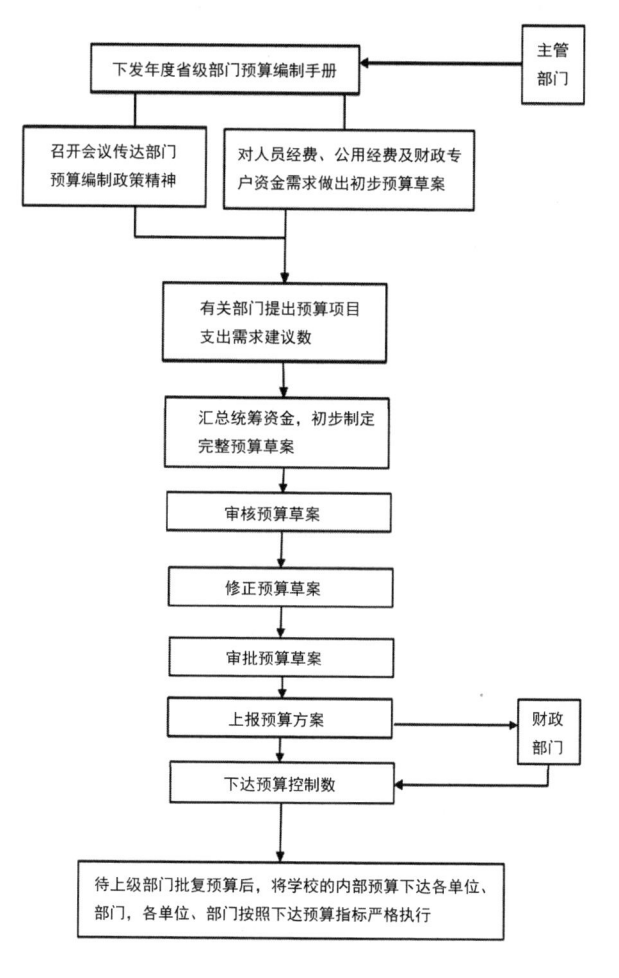

图4-2 H高校预算管理流程图

对于 H 高校而言，其预算管理职能部门为计划财务处。基于学校当前的发展状况、发展规划出发，对年度财务计划进行编制，同时做好预算计划收集、草案编制、修正预算草案、审批预算方案、下达预算数等，具体预算业务流程见图 4-2。高校通过基数预算方法做好预算编制，按照过去年度高校预算执行情况为参考，然后基于上级的要求和各个学院、职能部门具体情况进行预算计划的编制。本年度预算计划编制过程中，还要充分和学校发展计划相结合。

（2）采购管理

目前在 H 高校当中设置政府采购办，主要基于对国家招标投标法、政府采购法、H 高校政府采购招标管理办法等相关法律和文件出发，得到校党委和行政领导的授权，然后做好对各个项目政府采购工作及社会招标工作，如图书、设备等。另外，一些小型内部招标工作也应做好，如食堂招标、店面招租等，以保证学校采购、招标工作的顺利开展。

具体在高校工程招标方面，共包括四个步骤：其一，预算制作；其二，预算评审；其三，招投标；其四，归档。每个学年对年度教学设备购置计划进行申报，然后通过资产管理处统一汇总和审核，最终下达任务进行采购；至于不是年度设备计划的，通常需要通过使用单位或者使用人进行申请，通过审核、汇总及下达最终的采购，通常每个月进行一次；如果是科研经费所需要的采购设备，则需要自行到采购招标办进行申请办理。具体采购流程见图 4-3。

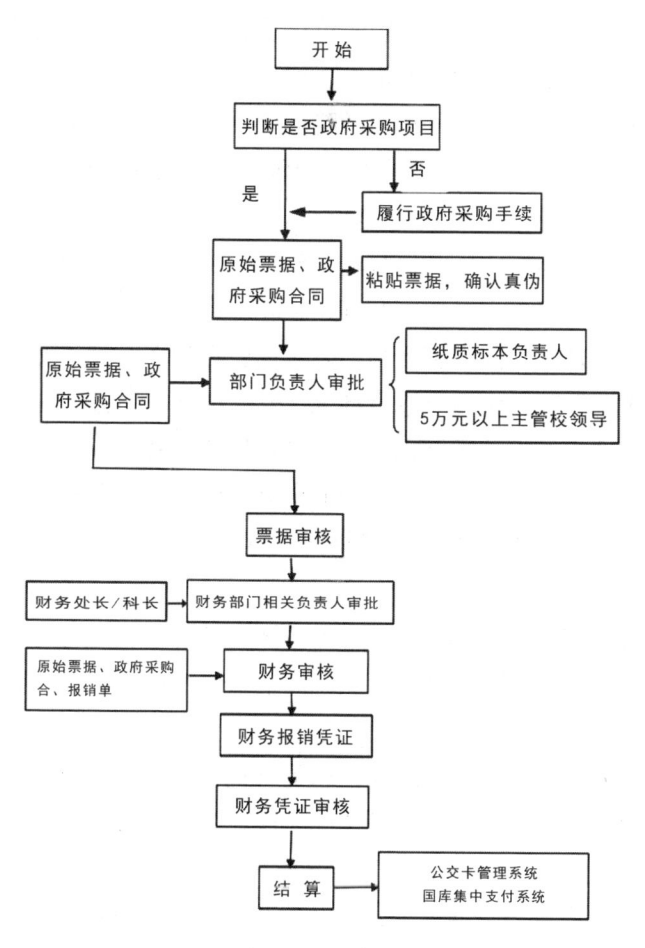

第四章 国内外高校内部控制下财务管理的经验借鉴

图4-3 H高校采购管理流程图

（3）收支管理

计划财务处代表学院按照收费许可证规定收费，其他任何部门和个人都没有收费权力。各部门形成的各项收入均由计财处归口管理并进行会计核算，严禁设立账外账和"小金库"。各项收费形成的收入必须出具财政票据。出租收入、服务性收入、培训费收入等必须签订合同，出具税务发票。各种收入必须做到收缴分离、票款一致，并及时、足额上缴国库或财政专户，不得以任何形式截留、挪用或者私分。计划财务处代表学院办理经费支付业务，其他任何部门和个人不得私自支付款项。所有支付业务必须符合会

125

计法律法规要求，严格按照学院经济活动支出标准、支出报销流程办理支出事项。确保支出申请和内部审批、付款审批和付款执行、业务经办和会计核算等不相容岗位相互分离。学院重大项目支出项目实行院领导班子成员联签制度。一般性项目支出实行部门班子成员联签制度。

（4）资产管理

目前，资产管理处是H高校进行资产管理的主要机构，其进行对资产的统一调配、管理，主要有国有资产管理、物资设备管理、实验室管理及其他方面的管理等。固定资产的购入一定要先到资产管理处加以登记，之后将会在资产管理系统当中进行计入，然后向计划财务处财务系统导入，接着由财务处人员对单据加以审核，符合规定的就可以报销入账。如果是大额固定资产购入，还要进行合同的签订。政府采购招标办公室需要针对设备的低值情况、易耗情况进行判断和分类。

4）信息与沟通

作为教育部进行清单事项公开的重要高校之一，H高校始终坚持做到公开常态、不公开例外的理念，逐渐推动高校信息公开工作的顺利进行。

（1）信息传递

凡事都需要公开，绝不隐瞒，这是H高校的重要原则，在这一原则之下持续推动信息公开工作开展。学校按照《高等学校信息公开实施办法》《高等学校信息公开事项清单》等规定出发，相应构建了信息公开小组，同时打造了专门的信息公开网络平台，对重要领域信息进行重点披露，包括财务制度、财务预算、经费支出管理办法、采购状况等。

（2）信息沟通

一方面，H高校注重平台创建，另一方面及时对信息公开事项在网站当中加以更新，基于信息公开清单要求，进行及时、准确、全面的公开，将信息公开工作视为高校财务内部管理、高校职工监督实现的重要途径之一。

5）监督

监督是针对财务内部控制管理的监察和督促活动的有效性展开，对其评价并及时发现其中的不足，因此从监督与评价两方面来分析H高校的监督现状。

（1）监督执行

学校审计工作计划，主要是由 H 高校审计处负责，H 高校编制预算计划、资金收入与支出、物资政府采购、项目工程决算等，需要进行有效的过程监督、结果审计，确保学校各项行政管理工作、经济业务活动工作都能够合乎规定，合乎法律。再有，针对领导经济责任，审计处也开展审计。通过审计处的设置，将会对学校管理业务活动加以有效的管控，对经济业务的全过程进行有效监督。

（2）监督评价

H 高校纪检监察部门和审计部门负责监督财务内部控制制度的实施，审计处负责对财务内部控制有效性进行评价并出具内部控制自我评价报告。内部监督的方法、范围、频率（每年至少一次）由纪检监察部门根据实际情况决定。审计处不定期（每年至少一次）检查各部门的内部管理制度和机制的建立与执行情况，以及财务内部控制关键岗位及人员的设置情况，及时发现财务内部控制存在的问题及提出改进意见。

第五章 构建基于内部控制的高校财务管理体系

"国运兴衰,系于教育",我国明确提出"必须把教育摆在优先发展的战略地位",迫切要求高等教育改变原有的管理体制和运行模式,与高校管理体制相适应的财务体制必须同时改革,以促进我国高等教育事业的发展。2012年2月7日,财政部令第68号文件《事业单位财务规则》规定,事业单位财务管理的主要任务是:合理编制单位预算,严格预算执行,完整、准确编制单位决算,真实反映单位财务状况;依法组织收入,努力节约支出;建立健全财务制度,加强经济核算,实施绩效评价,提高资金使用效益;加强资产管理,合理配置和有效利用资产,防止资产流失;加强对单位经济活动的财务控制和监督,防范财务风险。2012年12月19日,财政部、教育部印发《高等学校财务制度》。该制度在财务管理体制、预算管理、收入管理、支出管理、结转和结余管理、专用基金管理、资产管理、负债管理、成本费用管理、财务清算、财务报告和财务分析、财务监督等方面均提出具体要求。因此,如何构建公共财政体制下的高校财务管理体系成为高校的当务之急。

随着高校在学科建设、教学服务设施改善等方面快速发展,高校所涉及的经济范围也在不断扩大。除国家财政拨款和收取学费外,全国大部分高校均可以自主筹集和使用资金。然而,在快速发展的同时,高校尚没有构建完善的内部控制体系,同时高校管理层对内部控制体系重视程度不够,导致高校在教学基础设施建设、高校固定资产管理、高校招生就业及科研经费使用等方面问题频发。因此,构建科学合理实用基于内部控制的高校财务管理体系显得刻不容缓。

本章在分析构建基于内部控制的高校财务管理体系的必要性及原则的基础上，重点探讨如何构建高校财务分析体系和财务管理保障体系，以及高校财务内部控制指标分析体系和高校内部控制体系。

一、构建基于内部控制的高校财务管理体系的原则

（一）构建基于内部控制的高校财务管理体系的必要性

1.随着知识经济时代的不断发展，为高校财务管理中的资源配置、计量以及资本的确认带来难题。在现今信息技术迅猛拓展以及知识经济不断深入，各高校都已经实施网络处理本校财务业务。例如，网上结算、网上远程实时财务控制、网上账务处理、网上信息公告及查询等。财务管理工作及相关业务也将发生革命性的创新，如财务控制及财务计价。高校财务管理体系应当尽可能全面综合地提供财务相关信息，包括财务数据、市场份额、教育社会贡献、教育市场信息、高校教育经济服务、教育市场信息等，反映高校市场竞争力，进而提高高校管理决策能力。

2.信息技术的发展也使得高校财务管理逐渐复杂化。随着网络普及和电子商务的应用推广，目前高校的科研研究、远程教育及重大项目的研究都逐渐开始以互联网为主体，进行远距离的虚拟动态联合，并与其合作伙伴形成短期的联合体，共同进行项目的研发。但是，由于网上联合具有动态性及短期性，且目标完成后往往联合体也逐步消失，这大大增加了高校财务管理的难度。此外，随着高校规模的扩大，其工程、投资也逐渐多样化，再加上国家会计体制改革等，使得高校财务主体多样化，即除高校自身财务管理者主体外，还包括进行高校投资企业或个体等。

3.随着高校规模的不断扩大，高校工程建设也日益增多，其投资主体也逐渐多元化，增加了高校财务管理中预防风险的难度。在传统概念中，财务管理风险即是投资没有达到预期的收益。但是随着高校规模的扩大和投资主体多样化，高校财务管理风险也逐渐复杂。目前，高校财务风险主要是财务筹资风险和国家政策风险。由于网络技术在财务中的应用及知识经济的推广，更使得财务管理风险复杂化，网络技术应用中的不安全因素及在投资高新产业中的风险都加大了高校财务管理风险。因此，作为现代

化高校财务管理，就必须加强控制和预防网络技术风险和投资高新技术产业风险。

4.高校大规模迅速发展，也对高校财务管理提出了新的要求。为适应学校扩招，基础建设也逐渐增多，因此不得不进行大规模资金的筹措和运用，使得高校财务管理多样化，也使得高校财务管理必须注重财务投入效益分析。目前，高校后勤部门也进行体制改革，进一步减少后勤系统运营成本，建立多样化的后勤体制，提高后勤系统运行效率以及服务水平。伴随着后勤系统的改革，出现多种经济成分和多个产权主体并存的局面，因此高校必须加强高校财务的监管制度，明确其产权归属。面临学校管理制度体制化改革、后勤部门社会化改革及金融投资改革的进行，传统财务管理制度已不能解决高校发展中面临的新问题，因此高校财务管理工作必须全面化。

高校财务管理工作与学校各项管理工作都有着密切的联系，也是高校管理水平、教学以及科研等综合实力的具体反映，高校财务能力的大小也是高校综合管理水平的重要体现。目前，高校财务管理中还存在着许多与自身发展不相适应的问题。比如：财务观念淡薄，未重视财务管理的地位和重要性，进而使得财务管理制度存在一定的缺陷；单一的筹资渠道，由于学校资金筹措渠道的单一，使得其不能及时获得社会对学校需求的信息，严重影响高校基础建设进程及规模的扩大；国有资产管理制度的缺陷，使一些固定资产得不到充分利用，甚至被损坏或流失；未建立或完善高校考核和评价体系。这些因素都严重制约着高校整体规模的发展，必须加强学校财务内部控制管理，提高高校财务管理水平，因此对提高财务管理水平的途径研究势在必行。

根据以上分析，高校想要提高其财务管理水平，首先要从现今高校财务管理中主要面临的问题为突破口，对高校财务管理体系不断研究，完善高校财务管理体系，提高财务管理理论在高校财务管理工作中的实践应用能力。因此，高校财务管理必须在适应我国教育事业发展的大环境下，不断提高自身管理水平及预防风险能力，提高问题的解决能力。

（二）构建基于内部控制的高校财务管理体系的原则

1.法治原则

依法办学，严格执行学校各项管理制度，严格执行国家财政法律法规，坚决做到"学法、守法、执法",是高校财政管理工作者秉承的法治理念,也是高校财务管理优化原则中最重要、最基本的原则。

1)依法开展财务工作

财务管理工作是保证高校正常运行的基础,要将这项工作落到实处,重要的法宝是依法行事,也就是说必须做好两件事:一是管理者要树立法制观念,认真学习有关财经法律法规,不断丰富自己的法律知识,明确违法与合法的界线。二是管理者要严格执法,必要依照法律认真执行各项规章制度,做好账务结算核算工作,无论是资金的下拨、追缴、回笼,还是资金的调配,都要做到有理、有据、有力,确保高校的财政管理体系规范化运行。

2)依法维护学校利益

当前我国高校已经逐步走向市场,收费双轨制、自主办学,成为当下发展趋势。在此背景下,学校与社会机构、团体以及个人有了越来越多的联系,在相互接触中,交织着各种利益关系。而在这些利益关系中,产生影响最大的就是财务关系。所以在日常业务来往中,财务管理涉及各种项目的预算、结算还是核算,都要以法律为准绳,努力维护学校合法权益。

2.统筹兼顾原则

高校的财务管理工作涉及方方面面,只有树立大局意识,兼顾各方利益,才能实现高校的发展。

1)兼顾各部门利益

高校是一个庞大的管理机构,各部门业务的开展都离不开资金支持。因此,高校财务管理者应从实际出发,制定合理的预算管理和绩效考评办法,在经费下拨方面协调各方利益,努力做到公平公正。

2)兼顾当前与长远利益

高校财务管理工作很难一蹴而就,因此高校财务管理者应把握当前利益与长远利益的关系,认真做好财务预算,科学合理地控制日常开支,既要保证财政资金能满足高校日常需要,也要为高校长远发展做好资金预留,确保高校可持续发展。

3)兼顾社会与学校的利益

自筹经费、自主经营,成为当下高校生存和发展的途径。收费双轨制、创办校企、开发文化教育新产品等经济项目也蓬勃发展起来。但高校的本质是为社会提供教育服务的，过度追求经济效益与高校办学的宗旨相违背。所以高校应当在二者之间运用经济杠杆进行合理调节，在资金的分配和利用上，既要考虑能使学校获得可持续发展的经济条件，又不能影响高校的正常教学活动。

4）兼顾国家与教职工的利益

高校资金的管理，既要服从国家政策要求，听从国家和政府的安排，还要满足高校教职工需求，应通过有效途径为全体教职工谋取福利。

3.宏观调控、微观搞活原则

宏观调控、微观搞活原则应当有两层含义。

1）政府对高校资金进行宏观调控原则

政府对高等教育宏观管理的主要职能是对高等教育进行宏观调控和为高校的发展提供服务，并从政策与发展方向上给予引导和调控，促进高校的建设，引导高校朝适应社会需要的方向发展。在国家的鼓励和倡导下，政府在政策和发展方向上给予高校积极的调控和引导，当高校财务运行出现瓶颈时，政府应适时合理地进行调节，为高校提供倾斜性政策，以保证高校能获得可持续发展的资金。

2）在高校内部实行微观搞活原则

高校财务管理部门应发挥"管家"的作用，通过制定财务预算管理机制、财务目标绩效考核体系，对学校内部各职能部门、二级学院进行严格考核，并将全年财务目标的完成情况定为对各部门绩效考核的重点。只有这样，才能使用经济手段从微观上调动员工积极性和主动性，从而促进学校各项工作健康发展。

4.系统性原则

系统性是高校财务管理制度设计的基本要求。它包括以下两个方面。

1）制度设计要注重整体性

马克思主义政治经济学注重人的阶级性，强调处在不同阶级的人自然谋求不同的利益。因分工和交换而形成的不同阶层的人，在组织机构的体系运转中必然因为各自的利益而影响制度的产生和实施。如果政出多门，缺乏强有力的协调，在任何体制下的制度设计都会不考量整体性而"各自为政""顾此失彼"。管理部门站在不同的立场上出台各项制度,就会造成"公说公有理,婆说婆有理"的局面。高校内部管理系统是由党政直属管理系统、教学及科研业务管理系统、附属管理系统、后勤保障系统等子系统组成的一个整体。系统的最高指挥中枢是学校党政办公会议(校常委会)。党政管理部、处、室组成党政管理系统;人事、财务、审计、国有资产管理等组成直属管理系统;教务、学生、科研、实验室管理等处、室属于业务管理系统;图书、学报、电教网络中心等属于教学附属管理系统;后勤各中心组成后勤保障系统。这是一个由分管校领导、主管部门、基层部门组成不同的纵向管理系统。而从横向的角度来看,各个系统的运行都会涉及经费支持问题,而一系列财务制度包括预算管理制度、会计核算制度、资产管理制度、成本管理制度、资金筹措制度、收入分配制度等的实施主体是财务部门。其他制度也会涉及财务问题,这就带来了一个制度实施的不同主体之间的协调问题。财务部门与其他部门的协调,其实质是财务关系的处理,必须依赖其分管的校级领导之间的协调。制度设计要站在学校的角度,从大局出发,注重整体性,避免小团体利益。

2)制度设计要注重关联性

单项制度的存在不是孤立的,而要由各项制度的配合才能有效。钱穆先生认为:"任何一项制度,绝不是孤立存在的。各项制度间,必然是相互配合,形成一整套。否则那些制度各各分裂,绝不会存在,也不能推行。"[1]马红光认为:"每一制度都扎根于其生存环境中,或者说嵌于总体结构中,任何独立的制度现象均难以存在,彼此是制约着、影响着、关联着。"[2]这就是要注重制度体系的内在关联性的原因。

高校要实现卓有成效的内部管理,必须通过一系列相互关联的规章制度来实现。当前高校仅就财务管理的制度而言也有几十种,这些制度需要"有机连接"起来,才能使高校正常运转。制度的有机连接,就像一架精密机器由各部分零部件连接而成一样。"没有连接的制度是死的制度,是没有灵魂的制度,是不能运行的制度。……可以说,有机连接是制度的灵

---

[1] 钱穆. 中国历代政治得失 [M]. 北京:三联书店,2001:4-5.
[2] 马红光. 路径依赖——从农村劳动力转移看制度变迁的方式 [J]. 社会科学辑刊,2008(04):36.

魂。"① 例如，高校学费收缴制度就必须与经费分配制度、岗位责任制度、贫困生资助制度、奖助学金评定制度、学生学籍注册管理制度等相互连接、相互协调。在强化收费管理时要考虑贫困生的资助与奖励、奖学金和助学金的评定与发放、学生缴费与学籍注册等，将这些制度关联起来、统筹考虑，才能避免部门各自为政、互相扯皮的现象。例如：将高校的经费预算管理制度与成本核算制度、经费收支审批制度、部门经济责任制度、人员奖惩考核制度等相配合，使责、权、利相统一，实现预算控制与提高办学效益的目的；人事工资管理制度必须与成本核算制度、经费绩效考核制度等相联系，才能收到实际效果。其他制度莫不如此。通过各项制度的有机连接、相互配合，才能充分发挥制度的功效，从而增强财务的持续能力，规避各种风险，取得办学效益最大化。

高校财务管理作为一项系统管理工程，必须由一个权威、专业的部门来统筹协调。应该由学校董事会（校务委员会）这样的决策中心主持各项财务制度的制定、下达、实施监督。以财务部门为主，在其他部门的配合下，以资金的运转为龙头，以经费的收支核算及预算控制为依托，将高校各方面的财务管理串联起来，建立一整套财务管理制度体系，才能保证制度的效率。

5.有效性原则

有效性是高校财务管理制度实施的目标。制度的有效性包括两个方面。

一是惩戒效应。通过适当的惩戒，促使违规者付出一定的代价，得到深刻的教训，自然在以后的交往行动中注意遵守制度规则。柯武刚、史漫飞提出："制度，要有效能，总是隐含着某种对违规的惩罚。""它抑制着可能出现的、机会主义的和怪癖的个人行为，使人们的行为更可预见并由此促进着劳动分工和财富创造。"② 因此，好的制度应当是在一定时期得以有效并稳定地发挥作用的制度，好的制度是能够顺利实施、对交易各方实施成本较低的制度。

二是适普性。适普性要求制度具备三项准则：一般性、确定性和开

---

① 王长江.有机连接是制度的灵魂[J].共产党员，2008（05）：12.
② 柯武刚，史漫飞.制度经济学—社会秩序与公共政策[M].韩朝华，译，北京：商务印书馆，2000：35.

第五章 构建基于内部控制的高校财务管理体系

放性。换言之,能够为广大公众所了解,通晓其含义。柯武刚、史漫飞认为:"确定性准则意味着,正常的公民应能清晰地看懂制度的信号,知道违规的后果,并能恰当地使自己的行为与之对号。特尔斐圣殿的隐晦神谕创造不了有效的制度。同样,秘密法令和含糊、多变的法律也违背了确定性原则。"[1]

1)制度有效性的途径是奖惩规则的落实

制度奖惩规则的落实要有坚强的组织机构。高校在财务制度的实施过程中,必须有强有力的监督落实措施,要整合党委、纪委、审计、监察等部门的职能,形成独立于学校行政系统的考核监察机构,以保证财务制度中奖惩规则的有效落实。

高校的许多政策制度之所以无法贯彻下去,造成"雷声大雨点小"的局面,一个重要原因就是不能兑现或者不能及时、完整、持续地兑现,从而失信,致使制度的实施半途而废。中国古代春秋时期著名政治家、经济思想家管仲说过:"令而不行,则令不法也;法而不行,则修令者不审也;审而不行,则赏罚轻也;重而不行,则赏罚不信也;信而不行,则不以身先之也。"(见《管子·法法》)管仲说的就是法律政令的有效实施问题。他认为,政令法律的制定只有严密谨慎,才能施行,赏罚轻重要适度并且能够兑现,上位者还必须以身作则。管仲的话可以说是切中要害。邓小平在谈到制度要落实责任制时明确提出,"打屁股"只打到部门这个级别不能解决问题,"还必须打到具体人的身上才行。同样,奖励也必须奖到具体的集体和个人才行"[2]。

首先,从人事上分清责任主体。涉及奖惩的制度实施核心是"人",就是要和人事管理相配合,因为制度总是要靠人来实施的,奖惩也是针对个人的。钱穆先生在谈到制度的生命力时特别强调"制度必须与人事相配合。"[3] 要约束高校内部发生经济关系时交换各方的违规行为,必须明确各方的权利责任,制定精确的岗位责任制度。其次,要指定监查部门来落实奖惩责任,以避免推诿责任。高校的实践证明,最醒目有效的激励和警示

---

[1] 柯武刚,史漫飞.制度经济学—社会秩序与公共政策[M].韩朝华,译.北京:商务印书馆,2000:148.
[2] 邓小平.邓小平文选(第二卷)[M].北京:人民出版社,1994:151.
[3] 钱穆.中国历代政治得失[M].北京:三联书店,2001:1.

规则，除不同层次的名誉表彰奖励或者党纪政纪处分外，是与个人经济利益挂钩的奖惩。

以学费收缴管理制度为例。某大学多年来积累了上千万元的拖欠学费，已经影响到办学资金周转，加重了财务风险。2004年他们就出台了学费收缴管理制度。对欠费的院部，学校在核定教学业务费及发放学生经费、人员经费等费用时扣减欠费学生定额。同时，对各学院全日制在校生学费按学年终了的实收款与应收款的百分比给予学院奖励，以此来提高学院对学费收缴工作的积极性。经过一个阶段的实践，效果并不明显。经调查，发现该项措施并没有真正提高院系的积极性，反而使部分教职工怨声载道，这是因为学院分管收费工作的只有党团系统的几名负责人和辅导员，工作很辛苦，但奖惩措施没有和他们的收益挂钩，他们自然没有工作积极性。为此，高校对制度进行了修订，细化了奖惩规则和奖励比例，将奖励比例一分为二，明确规定，奖励的款项要发放到院系分管收费工作的具体负责人及当事人，而且规定只奖不罚。同时，定期公布按缴费率排名的院系缴费情况统计，借助校园网的宣传效应，达到宣传激励的目的。由于制度针对性强，奖励到位，极大地促进了学校的收费工作，形成了良好的缴费环境。几年来，学生缴费率一直稳定在99%以上，实现了制度设计的预期效果。

2）制度有效性的必要条件是规则要精细化

精细化管理是起源于发达国家企业管理过程中的制度和文化、理念，指的是一种管理理念和管理技术，是通过规则的系统化和细化，运用程序化、标准化、数据化和信息化的手段，组织管理各单元精确、高效、协同和持续运行。1911年，泰勒出版了《科学管理原理》一书，是世界上第一本精细化管理的著作。日本在战后迅速地赶超了西方发达国家，与它在企业管理上实施的精细化管理是有关的。古人讲"差之毫厘，谬以千里"，体现在制度上，就是要注重制度设计的规范化、实施的程序化和规则的严密性，最终体现在制度的可操作性上，这是提升制度执行力的关键。正如诺思所言："在科层组织中，竞争越被弱化，越需要规范化的规则和考核实绩的精致的监测措施。"[1]

---

[1] 道格拉斯·C.诺思.经济史中的结构与变迁[M].上海：三联书店上海分店，1991：228.

精细化的制度设计理念是建立在制度的有效性和科学管理基础上的现代管理理念，它与粗放式的经营理念相反，要求高校的财务制度包括内部控制制度、内部预算制度、会计核算制度、经费收入管理制度、经费支出审批制度、成本效益分析制度、往来款项管理等制度都要进行精细化设计。某省属高校财务部门因为部分教职工借款不及时归还，以至于积累了上千万元的借款而难以清理。为此，学校制定了新的暂付款管理制度，其中规定，所有借款必须在完成事项后一个月内结算归还。否则，只要逾期不还，所借款项就直接从下个月开始在当事人工资中自动扣除。教职工在借款的单据上了解到清晰的制度规则后再签字认可，制度的实施大大降低了无序借款、久拖不还现象的发生，达到了资金的良性循环。

制度精细化的标志是制度涉及的责、权、利要明确到不可再分的单位。其一，凡涉及人的责任制度，规则必须明确到具体的个人，以规避"集体负责"而无人负责现象的发生。其二，凡涉及财、物管理的制度，其规则都要精细到可计算的最小基本单位，譬如高校水、电、暖、交通差旅费的成本控制，房屋资产的管理，等等。其三，凡是能量化的约束规则都要转化成量化指标，使个人可以容易地计算违约成本。当违约成本大于遵守规则的成本时，当事人自然就会遵守规则了。其四，高校人员经费分配制度是最重要的。按照"效率优先、兼顾公平"的原则，建立明确岗位及职责、以岗定薪、按岗取酬的工资分配制度，改变以往粗放的、大而化之的考核和分配办法。

制度的精细化也契合有效制度的确定性准则，精细化的规则增加了制度的可操作性，使制度的执行者和遵守者清晰明白地知道违约的成本是多少，自然减少了违约和寻租的现象。卢现祥认为制度应当尽量减少实施人的改变余地，保障制度的权威性和严肃性。[①] 要避免用含糊的词语，尽量用精确的词语表述奖励或惩罚的规则。旅美学者林达在谈到2008年3月美国纽约州州长、民主党人斯皮策丑闻事件时，针对预防腐败的问题特别指出，西方国家有民主的基础，包括与自由经济同步、与市场经济匹配的制度细节，其前提是有完善制度细节的强烈自觉意识。所以，20世纪初之后，科层制度、财务财政完善，腐败才得以锐减，腐败的问题才得以有效遏制。[②]

---

① 卢现祥.新制度经济学[M].武汉：武汉大学出版社，2004：304.
② 林达.反腐可从政治之外的制度细节入手[J].党政干部文摘，2008（04）：24.

3）制度有效性基于它的时效性

不同的时代有不同的社会需求，也就有不同的制度变革要求，讲制度离不开它的时代性。任何一项制度的生命力总是有限的，作为矛盾的对立统一体，制度的稳定与它的变迁是相对而言的，一旦我们建立了新制度，就必须同时废止旧制度，以避免在出台了新制度以后，还给旧制度的维护者们以种种借口执行旧的制度，这其中的原因是旧制度还在维护着旧的利益关系。钱穆先生讲过，制度须"跟着人事随时变动"[①]。他所指的，也就是我们今天提倡的"以人为本"的理念。

4）制度有效性基于它的地域性

中国特色社会主义昭示我们，没有放之四海而皆准的理论，即任何先进的理论、经验必须与本国实际相结合，才能生根开花结果。正是有了中国特色的社会主义初级阶段理论，才能找到发展社会主义市场经济、发展多种形式的所有制结构的理论依据，才能促进生产力的飞跃式发展。正是马克思主义中国化理论的不断创新，才创造了一种举世瞩目的"中国模式"。历史的经验证明，简单的制度移植和模仿往往不会成功。我国不同地区的生产力水平差距较大，地区发展极不平衡，高校无论规模、层次都存在着较大差距。因此，除国家统一的财务制度外，各高校在内部财务管理制度方面可以相互借鉴、参考，而不能简单移植和模仿，进行充满自身特色的制度创新才能使高校财务制度建设日臻完善。

6.效益性原则

效益性是实施财务管理制度的最终目的。制度的实施最终要落实对个人交易行为的利益调节。要保证给高校带来最大化的办学效益，就要考虑财务制度的考核和执行费用问题，降低费用，才能带来效益的增长。

1）建立以财务部门为核心的绩效考评机制

高校是永续经营的，财务就必须具备可持续能力。质量和效益是高校可持续发展的基本要求。基于高校以"市场经济中的独立法人实体"为前提，就必须把有限的经费用来维持人员经费、公用运行经费、实验设备经费、教学科研经费、后勤保障经费、校园维护及基本建设经费等开支，必

[①] 钱穆.中国历代政治得失[M].北京：三联书店，2001：5.

须用制度来保证这些经费开支的有效性。要建立以财务部门为核心的经济效益核算、控制、考核机制，成立绩效考核的常设机构，以便对各个部门进行定期的效益考核，如各项经费使用效果考核、项目发挥效益情况考核、人才引进的效益考核、投资效益考核等，定期向学校董事会报告，使各项财务制度的实施体现出量化的办学效益。

2）建立与业绩挂钩的新型分配制度

在人员经费方面，政府不应再出台针对高校的工资性文件、制度。政府可以建立一种适应"人才战略"的指导性的绩效工资制度，高校建立教学业绩、科研成果等考评制度，废除"一刀切"式的固定工资制和"齐步走"式的工资调整做法及"铁饭碗"式的聘任制度；将教师的教学业绩和科研成果与奖酬金联系起来，高校的行政管理团队要走职业化的道路，不再安排"双肩挑"岗位，教职人员聘任行政岗位要以行政业务为主，按聘任的行政层级享受工资福利待遇。同时，高校的后勤社会化要从明晰产权和人事分离开始，校办产业及人员也要按照这一思路进行改革。

3）建立与经费分配、奖励挂钩的学费收缴管理制度

近几年来，鉴于学费等占总经费的比例提高，高校普遍重视学费收缴工作。制定出将学费收缴与经费分配、奖励挂钩的管理制度，并保证有效地落实这些制度，逐渐形成制度实施的良好环境，提高学费收缴率，是提高资金利用率的有效措施。

二、构建高校财务分析与财务管理保障体系

（一）构建高校财务分析体系

在高校财务管理问题解决过程中，财务管理分析体系的建设必不可少。建立高校财务管理分析体系，将有利于财务对以往的数据进行分析整合，且对学校各部门资源的配置情况得到有效的数据信息，掌握学校资金流动整体状况，并对学校的效益、负债状况以及债务偿还能力得到有效的评估，提高学校的整体管理水平和学校的战略发展水平。

1.高校杜邦财务分析体系运用的可能性

杜邦财务分析体系，也叫作杜邦分析法，是指按照各核心财务比率指

标之间的内在关联，构建财务研究指标系统，对企业财务情况进行综合研究的方法。因为美国杜邦公司是最先使用该指标系统，所以称之为杜邦财务分析体系。其最明显的特征是将多个体现企业获利情况、运营及财务情况的比率根据其内在关联进行结合，从而产生一个完整的指标系统，并最后借助净资产结余率这个指标来体现。经过杜邦财务研究系统从上到下一步步分解，能对企业财务情况和不同财务研究指标间的关联进行了解，弄清楚各项财务指标变化的影响因素和面临的问题[①]。

高校的财务研究同样需要评估运营情况、价值及财务政策的实施效果，根据高校财务指标所构建的财务研究系统，能层层分解高校的整体情况，到最基本的资源应用、资金的组成以及有关的财务风险，提供有价值的决策信息给高校的管理人员。所以，在高校财务研究中，杜邦财务研究系统的适应性非常高。

2.高校杜邦财务分析指标的调整

杜邦财务分析体系一般运用在企业中，其有关指标计算也是针对企业设立。在研究高校财务指标期间，需要根据高校的特征，对原财务分析体系中的有关指标进行了调整，如表5-1。

表5-1 高校杜邦财务分析体系指标调整

原指标	调整后指标	调整后公式
净资产收益率	净资产结余率	收支结余÷净资产×100%
总资产净利率	总资产结余率	收支结余÷总资产×100%
销售净利率	总收支结余率	收支结余÷总收入×100%

另外，高校杜邦财务分析体系的构建还需要运用其他财务指标，公式如下：

公式1：净资产＝总资产－负债总额；

公式2：总资产周转率＝总收入÷总资产×100%；

---

① 侍卫星. 杜邦财务分析体系在高校财务分析中的应用[J]. 商业会计，2014（21）：89-91.

公式3：权益乘数 = 1 ÷（1 - 资产负债率）；

公式4：资产负债率 = 负债总额 ÷ 总资产 × 100%。

3.高校杜邦财务分析体系的构成

根据调整后的指标，构建高校杜邦财务分析体系，如图5-1。

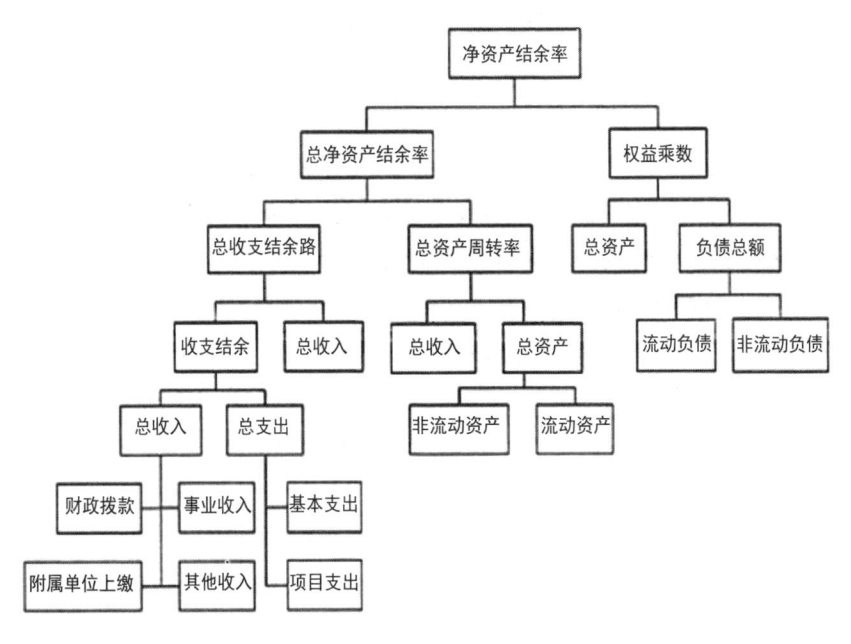

图5-1 高校杜邦财务分析体系构成分解图

高校杜邦财务分析体系属于一个多级别的财务比率分析系统。在各级别上，各项财务比率对比于本校历史或同领域的财务比率，对比后再向下一级分解，逐步涵盖高校运营业务的所有环节，从而对高校运营成果及财务情况进行全方位的评估。

4.高校杜邦财务分析体系的核心财务指标

通过研究发现，高校运营情况的评估一般源于净资产结余率，它是研究系统的核心比率。净资产能体现出高校不同运营活动的效率，综合反映出高校资产应用效率以及融资情况，体现其财务管理水平的高低。

1）净资产结余率

高校杜邦财务分析体系的主要指标之一就是净资产结余率，同时它也是全部财务指标中最具代表性的一个指标。它能体现高校各种运营活动的效率，是高校投资、集资以及资产运营等的综合展示，达成高校财务管理目标的核心保障就是提升净资产结余率。

净资产结余率 = 收支结余 ÷ 净资产 × 100%

= 收支结余/总收入 × 总收入/总资产 × 总资产/净资产

= 总收支结余率 × 总资产周转率 × 权益乘数（公式5）

= 总资产结余率 × 权益乘数（公式6）

按照上述公式能够看出，总资产结余率及权益乘数会在很大程度上影响净资产结余率，前者体现了高校运营活动的效率，后者体现了高校的集资情况。高校要想提升净资产结余率，就需要加强融资力度，从而提高资产的周转速度，同时也可以提升总收支结余率。

2）总收支结余率

高校收支结余及总收入之间的关系能通过总收支结余率体现出来，增加高校运营效益的重点是提升总收支结余率，而高校要提升总收支结余率，一定要基于总收入的提高对开支进行控制，即开源节流。

3）总资产周转率

高校总收入与总资产的比值就是总资产周转率，它展示着高校所有资产实现收入的综合水平。在支出固定条件下，高校得到的全部收入及收支结余会随着总资产周转率的提高而提高。

4）权益乘数

该指标会随着负债比例的提高而提高，在资产总额固定的基础上，进行合理的负债运营，能得到潜在的超额利益以及财务杠杆效益，进而实现提升净资产结余率的目的。所以，高校应对资金结构进行合理安排，以此获得最多的经济效益。

5.高校杜邦财务分析体系的实际运营

现以A高校2016—2018年的财务基础数据为依据，展开A高校财务管理优化效果评估。A高校优化后的财务管理实施从2017开始，作者采用A高校杜邦财务分析体系先进行2016年、2017年财务管理效果评估，再开展2017年、2018年的财务管理效果评估。2016—2018年A高校财务基础数据如表5-2。

表5-2 A高校2016—2018年财务数据表（单位：万元）

	2016年	2017年	2018年
总收入	37 232.09	33 977.58	36 322.04
总支出	31 829.10	29 345.43	30 847.82
结余	5 402.99	4 632.15	5 474.22
总资产	150 395.57	112 708.24	117 804.1
负债总额	5 989.78	4 898.46	11 804.86

根据公式1、公式2、公式3、公式4，可得出表5-3。

表5-3 A高校杜邦财务分析体系2016—2017年财务指标计算

	总收支结余率	总资产周转率	权益乘数
2016年	14.51%	24.76%	1.04
2017年	13.63%	30.15%	1.05

根据公式5，可得出以下数据。

2016年净资产结余率为 14.51%×24.76%×1.04=3.74%。

2017年净资产结余率为 13.63%×30.15×1.05=4.31%。

与2016年相比，2017年的净资产结余率提高了，高校整体业绩优于上一年。影响净资产结余率变动的不利因素是总收支结余率的小幅下降，有利因素是总资产周转率的提高，由24.76%增长至30.15%。

下面运用连环替代法分析2017年净资产结余率变动原因。

1）总收支结余率变动的影响

按2017年总收支结余率计算2013年的净资产结余率为 13.63%×24.76%×1.04=3.51%；总收支结余率变动的影响为 3.51%－3.74%＝－0.23%。

2）总资产周转率变动的影响

按2017年总收支结余率、总资产周转率计算2014年的净资产结余率为 13.63％×30.15％×1.04=4.27％；总资产周转率变动的影响为 4.27％-3.51％=0.76％。

3）财务杠杆变动的影响

财务杠杆变动的影响为 4.31％-4.27％=0.04％。

通过以上数据分析可知，最有利的因素是 2017 年总资产周转率的提高，使净资产结余率增加了 0.76％，说明 A 高校 2017 年度资产使用效率有所提高；其次是总收支结余率的下降，使净资产结余率下降了 0.23％，其原因可能是收入减少或是支出控制不力。有利因素影响超过不利因素，致使 2017 年净资产结余率增加了 0.57％。

A 高校财务管理优化从 2017 年起实施，2018 年度 A 高校进一步加强收入管理，努力实现预算总收入，严格控制经费开支，同时向银行贷款，负债总额增加。根据公式1、公式2、公式3、公式4，可得出表5-4。

表5-4 A 高校杜邦财务分析体系 2017—2018 年财务指标计算

	总收支结余率	总资产周转率	权益乘数
2017 年	13.63％	30.15％	1.05
2018 年	15.07％	30.83％	1.11

2017 年净资产结余率为 13.63％×30.15％×1.05=4.31％；2018 年净资产结余率为 15.07％×30.83％×1.11=5.16％。与 2017 年相比，2018 年的净资产结余率进一步提高，由 2017 年的 4.31％上升到 5.16％，各相关因素都起到了积极作用。下面运用连环替代法分析 2018 年净资产结余率变动原因。

1）总收支结余率变动的影响

按 2018 年总收支结余率计算 2017 年的净资产结余率为 15.07％×30.15％×1.05=4.77％；总收支结余率变动的影响为 4.77％-4.31％=0.46％。

2）总资产周转率变动的影响

按 2018 年总收支结余率、总资产周转率计算 2014 年的净资产结余率为 15.07 %×30.83 %×1.05=4.88 %；总资产周转率变动的影响为 4.88 %-4.77 %=0.11 %。

3）财务杠杆变动的影响

财务杠杆变动的影响为 5.16 %-4.88 %=0.28 %。

通过以上数据分析可知，最有利的因素是 2018 年度收入增加，总收支结余率有所提高，使净资产结余率增加了 0.46 %；其次是财务杠杆的变动，该年度 A 高校向银行贷款，导致负债总额增加，带来了更多的杠杆利益，影响因素达到 0.28 %，但也增大了财务风险；最后，总资产周转率在 2017 年的基础上进一步提高，资产使用效率不断加强，使净资产结余率增加了 0.11 %。

通过 A 高校财务杜邦分析体系针对该校 2016—2018 年财务管理优化效果，可以看出在高校的财务分析中引入杜邦财务分析体系，将高校某一时期的运营状况和财务状况联系起来，层层分解，逐步深入，就构成了一个完整的分析体系，该体系的意义并非局限于净资产结余率这样一个静态指标，而是通过该指标自上而下的不断分解，动态性地回顾和展示了高校资本运营的整个过程，清晰地呈现出高校收入、支出、资产、负债各个核心指标的相互关系[1]。通过对各个指标的动态趋势分析，可以探究影响高校净资产结余率变动的关键因素与环节，从而有针对性地提供相应的控制和改进措施，有助于提高高校的资金运营效率，从而进一步引导高校的健康发展，达到社会效益和净资产结余率的最大化。同时，作为一种综合的财务分析方法，高校杜邦财务分析体系并不排斥其他的财务分析方法，以杜邦分析法为基础，结合专项分析、比较分析、趋势分析或者风险分析等分析方法，可以为高校管理者的宏观决策提供更全面可靠的财务信息。

（二）构建财务管理保障体系

1. 制度管理体系

制度本身是一种规范和约束，发挥提高组织效率，保障组织正常运营的重要作用。财务管理信息化的构建对于高校来说是一场重要的变革，财务处的组织结构、业务流程都会发生根本性改变。所以，优化制度管理体

---

[1] 侍卫星. 杜邦财务分析体系在高校财务分析中的应用[J]. 商业会计，2014（21）：89-91.

系是保障这种改变顺利进行的基本要求。首先，要梳理高校现有制度规范，取长补短，制定出合理有效的新制度体系；其次，制度管理体系还需要不断更新、检查，保证其时刻满足国家会计准则和财税制度及当前高校财务管理的需求。除上级部门有比较完善的财务管理制度外，高校还应当制定、完善自身的具体的管理制度。一切都以标准化的流程为基础，高校可以将制度管理体系以总体的业务流程来进行划分，将制度管理流程大致分为业务管理制度、财务管理制度、会计核算制度、内部审计制度与绩效考核制度，还应包括一些必须要遵循的国家政策法规和信息化平台安全管理制度等。业务管理制度更多是指引性的制度文件，如网上报销流程须知、物资采购流程须知等，主要是为了规范教职工、学生等人员使用信息化平台办理业务而制定的。财务管理制度主要为了规范高校财务工作，把预算、收支、资金、资产等进行详细管理，甚至具体到某一项费用都有管理办法遵循，使高校财务工作最大限度地标准化。内部审计和考核制度的制定主要起到监督的作用，做到责任到人、奖惩分明，以保障财务工作顺利进行。政策类管理制度是关于国家会计准则、预算法则等具有方向指引的文件；信息化平台安全制度是为了维护网络安全，保障信息化平台平稳运行而制定的，及时化解网络安全带来的风险。具体制度管理体系如图5-2所示。

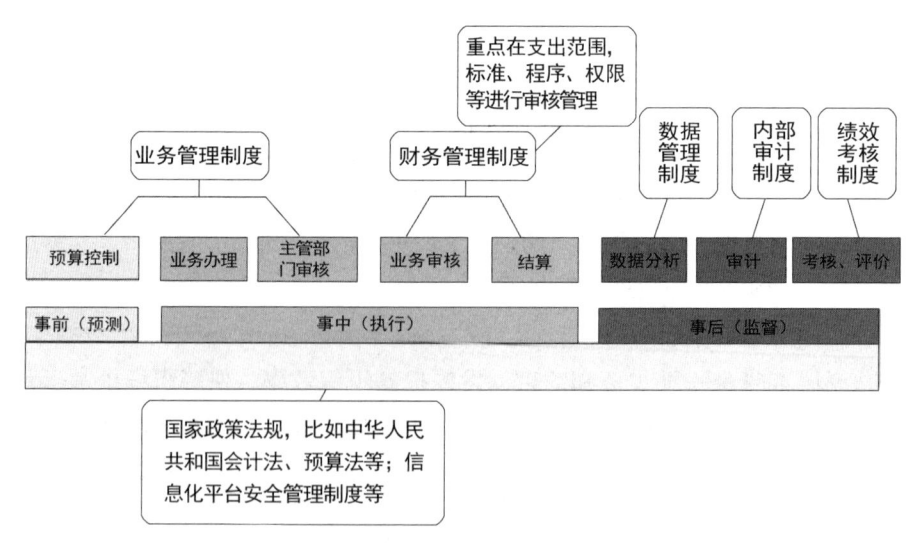

图5-2 高校制度管理体系

2. 质量管理体系

1）质量管理科学方法——PDCA 循环

随着高校财务管理信息化平台的实施，会计质量也是我们关心的重要话题，所以应该建立和实施质量管理体系，有效控制业务质量风险，提升业务处理过程的可靠性和时效性。全面质量管理是以质量为中心，所有人参与，试图通过管理方法让组织所有成员满意，进而促使工作长期成功。"PDCA 循环"工作法是通过计划、执行、检查、纠正四阶段持续改进工作中的质量问题。

（1）计划阶段

在此阶段我们应该信息化构建的现状，运用实地调研、头脑风暴法等多种方式可能出现的各种问题，找出影响质量的关键因素，最重要的是确立质量目标，明确应该达到的标准，如审核工作标准等，并给出有效对策，形成质量管理计划表。

（2）执行阶段

此阶段强调采取科学、具体的实施方法完成计划、达到质量管理标准，更注重制度、流程是否贯彻落实。执行阶段不仅需要制度约束，更需要运用绩效管理等手段增强人员工作责任感，推动人员按照之前制定的计划和目标完成各自的工作。

（3）检查阶段

此阶段应对执行效果进行检查，找出执行过程中存在的问题，对计划执行结果进行总结。这是"全面质量管理"最重要环节。就业务层面而言，既可以检查会计核算工作中的凭证、账表等，还可以定期查找工作短板，不断改进；就整体财务管理工作而言，可以检查流程制度的规范性、人员效率情况及信息安全性。

（4）纠正阶段

此阶段应处理上一阶段总结出来的问题。对照最初指定的计划解决出现的问题，梳理达成目标情况。质量问题并不容易在一个管理循环中完全解决，对于遗留问题就会转入下一个工作循环。信息化构建不是"一步到位"的工作，而是需要在实践中不断发现问题、解决问题，并逐步提升质量。

2）服务水平协议

高校财务工作者要时刻把握财务服务性的特点，把财务管理核心平台看作财务工厂，职能是为教职工等广大用户提供高质量的服务。对于服务质量的保证，可以借鉴集团企业财务共享服务中心的做法，与各业务部门签订服务水平协议，最大限度地满足客户的需求和期望。

服务水平协议是为了保障服务性和可靠性，服务提供商与用户间签订的双向认可协定。主要是为了明确服务提供商与用户之间的权利及承诺，使所有职责落实到每个责任人。

服务水平协议是服务关系管理中的重要组成部分，为信息化平台的运作奠定逻辑基础。在平台运行之前，首先应该明确用户的期望值，了解用户需求，确保信息化平台提供的服务与期望值是一样的。服务水平协议可以对服务内容、水平、质量、成本及双方权利义务等内容进行规定。比如，某高校教职工一直对学校报销怨声不断，通过调研发现教职工一致认为学校报销难，时间持续太久，希望财务处可以提高工作效率。那么我们就可以与教职工签订服务水平协议，保证报销时间和质量，同时教职工也应该了解报销流程，减少不必要的错误，提高报销工作效率和质量。

3. 人员管理体系

人员管理是成功构建、实施高校财务管理信息化平台的重要保障。员工培训是员工管理的核心范畴，是提高员工素质的重要方法。采用差异化培训的方式，将员工培训分为共同性培训和岗位培训。共同性培训主要是提高工作人员的工作技和激发工作热情，培养既懂财务又懂信息技术的人才。岗位性培训是针对每一个业务岗位进行的，主要是将信息化平台的操作应用知识通过培训的方式教给大家。在培训之前，应该先对培训需求进行调研，了解人员业务处理的难点，根据调研结果确定针对性强的培训方案，目的是更迅速、更准确地提高全体财务人员业务操作能力，为工作顺利进行提供保障。

4. 绩效管理体系

绩效管理是用于监控和管理组织绩效的方法、准则、过程和评价体系，涉及组织运营管理的各个方面。高校进行财务管理信息化构建，组织结构与人员安排均发生了很大的变化，再加上目前高校财务部门并没有有效的绩效管理体系，工作人员缺乏工作热情，所以应该借此机会，建立起一套完成、配套的绩效管理体系。绩效管理体系不仅包括员工工作绩效，还包括组织绩效。将二者进行结合，对组织运营以及员工进行评估、激励，进而引导个体目标朝着组织共同目标发展，保障信息化构建方案的顺利实施。

1) 组织绩效管理体系

组织绩效管理侧重于整体运营能力，而不局限于运营管理的某一方面。借助"平衡计分卡"从四个维度对高校优化后的组织进行绩效指标评价。如表5-5所示。

表5-5 整体组织绩效考核指标

指标维度	指标	计算方法
财务管理	成人费用降低率	（当期成本费用－历史同期成本费用）/历史同期成本费用
	费用预算增减率	（预算费用－实际费用）/预算费用
	员工成本率	员工成本/总成本
内部流程	扫描效率	及时扫描数量/扫描总数量
	付款处理效率	及时付款处理数量/付款总数量
	入账处理效率	及时入账处理数量/入账总数量
	审核处理效率	及时审核处理数量/审核总数量
	扫描错误率	扫描错误数量/扫描总数量
	审核处理错误率	审核处理错误数量/审核总数量
	财务处理错误率	账务处理错误数量/账务处理总数量
	付款处理错误率	付款处理错误数量/付款处理总数量
	财务报告错误率	财务报告错误数量/财务报告总数量
	资料保管丢失率	丢失资料数量/资料保管数量

续表

指标维度	指标	计算方法
客户维度	客户投诉率	有效客户投诉数量/业务处理总数量
	咨询答复错误率	咨询答复错误数量/咨询答复总数量
	投诉处理及时率	及时处理投诉数量/投诉总数量
学习与成长维度	考勤登记率	员工考勤次数/员工应考勤次数
	培训学习参与率	培训学习员工参与人数/应参与员工人数
	培训考试不及格率	培训考试不及格员工人数/培训考试员工总人数
	创新观点实施率	实施的创新观点数量/有效创新观点总数量
	员工适应性	时期灵活使用信息化平台处理业务人数/时期使用信息化平台总人数

根据组织绩效指标内容，设置绩效评分表，定期进行统计、分析与考核，组织绩效评价标准与考核结果如表5-6所示。

表5-6 组织绩效评价标准与考核结果

分数段	组织绩效考核结果	建议
0~60分	组织绩效较差	无法正常满足财务管理需求，包括业务处理和会计核算等，需要改进
61~80分	组织绩效一般	能满足基本业务需求，但需要逐项分析，提出可行方案
81~95分	组织绩效良好	基本满足业务需求，运营较为顺畅，遇到复杂业务处理，还需谨慎
96~100分	组织绩效优秀	组织绩效理想，通过信息化平台处理业务顺畅，各岗位业务熟练

需要注意的是，高校的财务管理信息化构建过程也会经历不同的发展

阶段,每个阶段的目标和运营情况都不相同,所以要分别设计绩效考核指标。构建初期,由于平台可能不够完善,需要时间进行优化,组织绩效考核指标可以适当放宽;运行成熟之后,应该有严格的组织绩效考核,更加绅士地反映组织绩效的真实水平。

2)人员绩效管理体系

目前,高校财务处并没有完整的绩效管理体系,财务人员上下班甚至不需要打卡考勤,整体工作氛围较懒散,对个人业绩没有标准的可实施的考核标准。而如今搭建的信息化平台好比一个"财务工厂",进行标准化的流程工作,不能没有一套完整的绩效管理体系来激励、约束员工,所以,高校应该构建人员绩效管理体系,这也是保障信息化平台顺利运行的重要保障体系。

可以把高校财务处分为财务管理组与平台维护组,由于岗位、工作内容不同,所以绩效考核指标也不一样,要根据岗位特点确定相关指标。财务管理组岗位归纳4大类业务处理岗位:财务审核岗初审、复审,具体财务工作的资产管理岗和款项审核岗。同时,平台维护组的平台维护岗也属于业务处理岗,一起纳入绩效管理体系。所有岗位都需要打卡考勤。当然,除此之外,还需要通过各项指标多角度对员工进行考核。业务处理岗绩效考核指标见表5-7。

预算管理组、账务处理组、除了平台维护岗的平台组其他岗位工作及高校领导层,由于没有显著的工作成果输出,所以工作量不好计算,绩效评价相对困难。针对此类岗位应综合利用多种评价手段,如管理者绩效、360度评估、个案评估等方式,这需要在高校财务管理信息化平台运行之后根据实际情况进行调整,以保证最大限度地建立公平、公正、合理的评价体系。

表 5-7 业务处理岗绩效考核指标

岗位	角度	绩效考核指标	计算方法
初审岗	工作量	日均单据审核量	月单据审核量/月工作日天数
	工作效率	平均审核周期	单据派发时间至审核完成时间/单据流转时间
	工作质量	审核差错率	月原始单据审核错误数量/月原始单据审核数量
		凭证差错率	月凭证错误数量/月生成凭证数量
	服务	表扬次数	月表扬次数
		投诉次数	月投诉次数
复审岗	工作量	日均单据复核量	月单据复核量/月工作日天数
	工作效率	平均审核周期	单据审核时间至复核完成时间/单据流转时间
	工作质量	复核差错率	月原始单据复核错误数量/月原始单据复核数量
		凭证差错率	月凭证错误数量/月凭证复核数量
	服务	表扬次数	月表扬次数
		投诉次数	月投诉次数
资产管理岗	工作质量	日均资产入（出）库量	月资产入（出）库量/月工作日天数
	工作效率	出入库处理周期	单据到达时间至出入库登记完成时间
	工作质量	出入库登记差错率	月出入库登记错误数量/月出入库登记数量
	服务	表扬次数	月表扬次数
		投诉次数	月投诉次数

续表

岗位	角度	绩效考核指标	计算方法
款项审核岗	工作量	日均款项审核量	月款项审核量/月工作日天数
	工作效率	款项审核处理周期	审核复核至款项收支完成时间/单据流转时间
	工作质量	款项审核差错率	月错误数量/月支付数量
		凭证差错率	月凭证错误数量/月生成凭证数量
	服务	表扬次数	月表扬次数
		投诉次数	月投诉次数
平台维护岗	工作量	日均问题处理量	月平台问题处理数量/月工作日天数
	工作效率	问题解决时间	平台问题发现时间至问题解决时间
	工作质量	问题复发率	月平台问题复发次数/月平台问题解决次数
	服务	表扬次数	月表扬次数
		投诉次数	月投诉次数

5.风险管理体系

风险是影响目标达成的不确定性。将财务共享服务理念引入到高校财务管理信息化工作的确改变了传统财务管理的很多弊端，提高了整体的管控能力。但是这毕竟是一种大胆的尝试和变革，涉及组织结构调整、人员转型及流程改造等问题，而这种尝试和变革在优化高校财务管理工作的同时，也催生了风险。

1）组织结构调整风险

在搭建信息化平台之前，首先对高校财务处的组织结构进行了调整，面临的风险主要有组织结构调整不当、业务内容变更不适应及制度制定不合理等，应对此类风险的主要措施有：

要争取学校领导层的支持和重视，需要根据财务工作的战略定位及财务工作面临的问题，对部门协作、组织架构进行优化。领导层的支持和要求是信息化构建顺利进行的强大执行力。还要重新定义新组织结构中的角色和职责，明确端到端的流程负责人，明确相应的人员职责，建立完善的组织管理标准。

2）人员转型风险

由于组织结构的变化会使岗位安排发生重大变化，人员很容易产生抵触情绪，人员沟通难度大，同时工作内容的变化会给财务人员带来压力。若员工不能快速适应工作内容的变化，可能出现错误操作，带来操作风险，这样非但没有提高工作效率，反而会降低，影响信息化平台上业务的正常运转。应对此类风险的主要措施有：

（1）基于新的组织结构和流程，应该制定新的岗位和职责，找出人员原来工作和新工作内容的差异，为适应新的工作内容组织学习和培训，规范人员操作，使工作人员快速融入新的工作中。

（2）频繁而密切的沟通。应主动组织管理人员与一般员工之间的沟通，了解员工工作上的困难和忧虑，确保员工对未来的财务管理工作模式有清晰认知。

（3）承诺与兑现。可以适当对员工做出合理的承诺，激发员工的工作热情，同时在员工达到预定的工作要求时，要进行承诺兑现，如果只承诺不兑现，会打击员工对于组织的信任及工作积极性。

3）流程再造风险

基于财务共享服务的一大特点就是业务流程必须标准化、规范化，所以对高校现有的流程进行改造。流程再造是否合理会直接影响运作效率与效果。如果流程再造不合理，新流程执行不力及应变力不足等风险都会影响财务工作效率，造成运营成本高。应对此类风险的主要措施如下。

（1）获得校领导支持。从流程再造可以看出，改造流程不仅改变了现有业务流程处理的思路，还增加了诸多审核控制点，在流程再造前期很容易导致财务人员产生严重的抵触情绪。此时如果校领导支持流程再造工作，工作人员便会有强大的执行能力，工作更易开展。

（2）进行可行性评估。在财务管理信息化构建之前，要对现有业务流程展开调研工作，将同质业务环节进行统一、集中处理，并结合业务流程再造方案进行可行性评估，确保再造后业务流程可以顺利开展。

（3）循序渐进。可以先对高校重要流程，如预算管理、报销管理及收费管理流程进行优化再造,成功运转之后,再进行其他流程再造,切不可操之过急,适得其反。

4)技术风险

进行财务管理信息化构建还面对的重大风险就是技术风险。这也就是指信息化平台构建风险。财务管理信息化平台是多个业务系统的有机集成。可能存在系统集成与整合能力不足、平台设计不合理、平台支撑力薄弱、系统安全性不足以及数据共享的风险。要应对此类风险,可以从以下两方面进行防范。

(1)提升信息化平台的开发水平。信息化平台的构建仅仅依靠高校技术人员是不可能实现的,所以可以采用外包或者雇佣有经验的IT工程师等方式保证平台的构建水平,彻底解决信息共享性差和财务工作方式落后等问题。

(2)建立完整的数据管理制度。基于财务共享服务的管控也是对数据的管控,全部网络化之后,数据的建设和保护尤为重要。通过规范的数据管理制度来明确对数据分析质量要求及安全规范等内容。同时,在进行平台建设时就应该明确数据保护的方法,如建立数据信息的访问日志、备份机制和预警机制,防止因突发情况或人为蓄意而造成数据冲突、丢失、毁损等风险,增强数据的安全性。

三、构建高校财务管理内部控制体系

(一)高校财务内部控制指标分析体系设计

高校财务内部控制指标分析是指高校根据其财务会计资料,如财务报表、年度预算、其他相关统计数据等,对其具体的财务活动情况进行量化研究、科学分析问题的影响因素及有针对性地提出改进措施的过程。高校财务内部控制指标分析和高校财务内部控制的关系可以理解为:一方面,健全的高校财务内部控制是其财务内部控制指标分析中财务会计信息来源真实可靠的保障;另一方面,设计合理的高校财务内部控制指标分析体系对建立健全其财务内部控制也有着至关重要的作用。

1. 高校财务内部控制指标分析在高校财务内部控制中的作用

1）编制高校发展规划的依据

高校通过对财务内部控制指标的分析，可以为其未来的整体发展规划、下一年预算的编制、融资的计划、基建项目的安排及资产的管理等提供数据依据。

2）经费使用绩效评价的依据

高校财务内部控制指标分析不仅是一种事后评价，也可以发挥事中监督的作用，它可以从不同角度，如执行与计划、同期与历史等，对高校经费的使用情况进行绩效评价。

3）提高高校风控能力的依据

对融资财务内部控制指标和基建项目财务内部控制指标等的分析，可以加强高校对风险的监控、降低高校的财务风险。

4）判断高校财务内部控制是否有效的依据

从高校的预算控制情况、资产控制情况、成本控制情况、风险评估情况、专项经费控制情况等方面进行财务内部控制指标的分析，可以为判断高校财务内部控制是否有效提供依据。

2. 高校财务内部控制指标分析体系设计的原则

在设计财务内部控制指标分析体系时，高校应遵循下列原则：

1）科学性原则

高校财务内部控制指标体系设计的科学性主要包括：指标使用的数据容易搜集，并且能与现行的财务会计制度相结合；指标的设定在涵盖的内容上不能重复，且各指标之间又能够相互补充；指标的计算简明、含义准确。

2）全面性原则

高校财务内部控制指标体系设计的全面性是指指标的设计应考虑高校财务活动的各个方面：如分析预算执行情况的指标、分析资产保值及增长情况的指标、分析支出情况的指标、分析筹资能力和偿债能力的指标等。另外，除了设计独立的各类指标，还应适当加入财务内部控制指标的比较分析方法。

3）可操作性原则

高校财务内部控制指标体系设计的可操作性要求指标的设计除了符合

理论上的意义,还要考虑现实中的可执行性和实用性。

4)可比性原则

高校财务内部控制指标体系设计的可比性要注意设计的指标可以将执行与计划比较、将同期与历史比较、将本校与其他同类院校比较等。

5)动态性原则

高校财务内部控制指标体系设计的动态性是考虑静态的指标容易受到偶然性影响,而持续动态的指标则能更客观地反映经济事实。

3.高校财务内部控制指标分析体系设计的依据

在对财务内部控制指标分析体系进行设计时,本书的主要依据是:中华人民共和国第九届全国人民代表大会常务委员会第十二次会议于1999年修订通过的《中华人民共和国会计法》;中华人民共和国第十二届全国人民代表大会常务委员会第十次会议于2014年通过的《中华人民共和国预算法》;财政部、教育部2012年发布的《高等学校财务制度》;财政部2013年发布的《高等学校会计制度(修订)》;财政部2012年发布的《行政事业单位内部控制规范(试行)》等。

4.高校财务内部控制指标分析体系设计的具体内容

要使财务评价的结果能切实反映高校财务内部控制的效果,并被指标分析的使用者所用,对财务内部控制指标分析的分析指标的选取十分重要。下面本文将以高校财务内部控制的内容为框架,给出高校财务内部控制指标分析体系设计的具体内容:

1)预算控制指标

(1)预算收入执行率

预算收入执行率反映的是在预算执行中,高校实现预算规定收入的程度。

公式7:

预算收入执行率 = 本期实际收入总额 ÷ 本期预算收入总额 × 100%

通过对该指标的分析,能够掌握高校的预算管理水平和收入水平。一般百分比愈高,显示计划执行率越佳;反之,则越差。

(2)预算支出执行率

预算支出执行率反映的是在预算执行中,高校实现预算规定支出的程度。

公式 8：

预算支出执行率 = 本期实际支出总额 ÷ 本期预算支出总额 ×100%

该指标是对预算执行情况的考核依据，也是反映高校预算管理水平的指标之一。同上，百分比愈高，显示计划执行率越佳；反之，则越差。

2）风险评估指标

（1）资产负债率

资产负债率反映的是高校的全部资产中债权人所提供的资金的占比。

公式 9：

资产负债率 = 负债总额 ÷ 资产总额 ×100%

该指标是评价高校负债水平的综合指标，也是一项衡量高校利用债权人资金进行经营活动能力的指标，也能够反映出高校保护债权人利益的程度。从债权人的角度来看，资产负债率越低越好，这样高校偿债有保证，融给高校的资金也不会有太大的风险；从高校的角度来看，虽然资产负债率较高可以增强高校经营活动的能力，但是鉴于高校属于事业单位性质的特点，将该比率维持在一个更低的水平时，高校的偿债能力越强，财务风险越小。

（2）收入增长率

收入增长率是反映高校当期收入比上期收入增长的比率。

公式 10：

收入增长率 =（本期全部收入 ÷ 上期全部收入 −1）×100%

该指标是评价高校收入情况的重要指标。一般该指标大于 0，则说明高校本期收入有所增长，且指标值越大，说明收入增长的速度越快，对高校来说于财务风险的防范和应对有利。

（3）经费自给率

经费自给率是衡量高校获取收入的能力以及收入满足经常性支出程度的指标。

公式 11：

经费自给率 =（事业收入 + 经营收入 + 附属单位上缴收入 + 其他收入）÷（事业支出 + 经营支出）×100%

该指标是综合反映高校财务收支状况的重要财务内部控制分析指标之

一。它既是国家或政府有关部门对高校制定相关政策的一个重要指标,也是财政部门确定财政补助数额的依据,还是财政部门和上级主管部门确定高校收支结余提取职工福利基金比例的重要依据。一般比率越高说明高校可支配的自有资金越多,有利于降低高校面临财务风险的可能。

3)成本控制指标

(1)人员支出比率

人员支出比率是指高校事业支出中用于包括工资、其他工资福利支出、社会保障费及其他对个人和家庭的补助支出等在内的人员支出部分。

公式12:

人员支出比率 = 人员支出 ÷ 事业支出 ×100%

(2)公用支出比率

公用支出比率是指高校事业支出中用于行政、教学及科研等公用支出的部分。

公式13:

公用支出比率 = 公用支出 ÷ 事业支出 ×100%

人员支出比率和公用支出比率是反映高校支出结构是否合理的指标。一般由于高校是知识密集型的组织,在其支出结构中,人员支出比例较大;但是,如果高校正处于基础建设扩建期或专项实验室建设的设备投入期,则公用支出的比例会有所增加。若剔除这两个因素的影响,那么在连续年度内的同比率之间将更具可比性。另外,高校财务内部控制的有效性可以通过对人员支出比率和公用支出比率的分析,并有针对性的合理压缩办学成本来体现。

(3)支出增长率

支出增长率反映的是高校当期支出比上期增长的百分比。

公式14:

支出增长率 = (本期支出总额 ÷ 上期支出总额 −1)×100%

该指标主要是用来衡量高校支出增长的幅度。一般指标越高表明高校用于教学和科研的支出越多,但是较高的指标也可能是支出控制不严的表现。

4）资产控制指标

（1）净资产增长率

净资产增长率是反映高校当期净资产的增加数额与期初净资产数额的比率。

公式15：

净资产增长率＝（期末净资产－期初净资产）÷期初净资产×100%

该指标反映的是高校支出效益和净资产的增值的情况和发展潜力。一般指标越大高校的支出效益越高，资产增值能力越强。

（2）固定资产增长率

固定资产增长率是指本期增加的固定资产原值与期初固定资产数额的比率。

公式16：

固定资产增长率＝本期固定资产增长额÷期初固定资产×100%

该指标反映的是高校当期固定资产的增长状况。一般认为，指标越大，高校当期对固定资产的投入越大，而对固定资产投入的增长对办学效果的改善有促进作用。

（二）高校财务内部控制体系框架与运行设计

1.高校内部会计控制系统的理论框架设计

高校内部会计控制是高等学校开展内部控制管理的一个重要方法和环节，当然，高校的内部会计控制要结合高等学校的特点，即深入契合高校教学科研及与之相关的行政管理。高校的内部会计控制系统框架的设计应该遵守或者实现以下五个目标：一是严格遵守国家的法律法规，内部会计控制应该在法律的制度框架内；二是基本满足风险控制的目标，尤其是高校中有关重大事项的决策风险；三是确保高校财务资产的安全，严防资产的流失和浪费；四是规范高校的财务信息的真实性，经得起考验；五是优化高校的资金等相关资源的配置，提高资源的利用效率。

1）以组织职能集成构建治理结构

在市场经济条件下，高等学校作为承担公共教育的事业单位属性不变，在高校的外部治理结构上应该重新定位高等学校与主管政府部门之间的关系，明确高校在教学、科研及行政管理上的主体地位。对内而言，应该充分发挥高校与不同利益相关者之间的相互作用关系。

（1）坚持和完善党委领导下的校长负责制

高校必须坚持党委领导下的校长负责制，而完善党委领导下的校长负责制是在保持该治理结构不变的基础上，推进利益相关者的决策参与，决策群体多元化、决策专业化，充分发挥多元化代表在高校发展决策中提出意见和建议。利益相关者可以包括：政府主管部门的代表、高校职工代表尤其不能缺少管理或者经济相关背景的专业教师、学生代表、校友代表、校友企业代表尤其是金融机构的代表等。

（2）重大决策，项目化运作

高校在坚持和完善党委领导下的校长负责制的同时，在决策论证方面，可以建立项目化运作机制，由校长负责，主管副校长和总会计师协助管理，组织中应该积极吸纳财经管理相关专业的教师及其他教师代表、财务和审计等相关的职能部门、各院系院长或者主管财务院长，在高校的战略预算和决算、财务监督和审计，高校发展过程中重大决策方面提供科研报告和财务分析决策等。

（3）优化高校的内部控制部门的职能

在职能优化模式下，高校的管理层到各个监督管理部门层再到学院或附属单位层，实现高校内部控制自上而下的全方位落实管理。

管理层是指学校的发展决策层，主要负责制定管理目标与管理类计划，结合上级主管部门政策制度高校发展战略。

部门层是指学校的各个部门，部门层主要负责计划分解、制定部门计划，保持部门目标与学校管理层目标协同，如进一步明确高校财务处和审计部门的职能，建立一个相对独立的审计流程，财务和审计的职能更加明确，契合学校管理层的目标，又能对学院或附属单位进行指导，加强审计处对财务处和各个院系财务支出和财务管理的监督和制约，真正发挥制度约束作用。

学院层则是对高校内部会计控制的细节的落实，符合学校职能部门监督和管理。

职能优化导向下高校内部控制组织模式如图5-3所示。

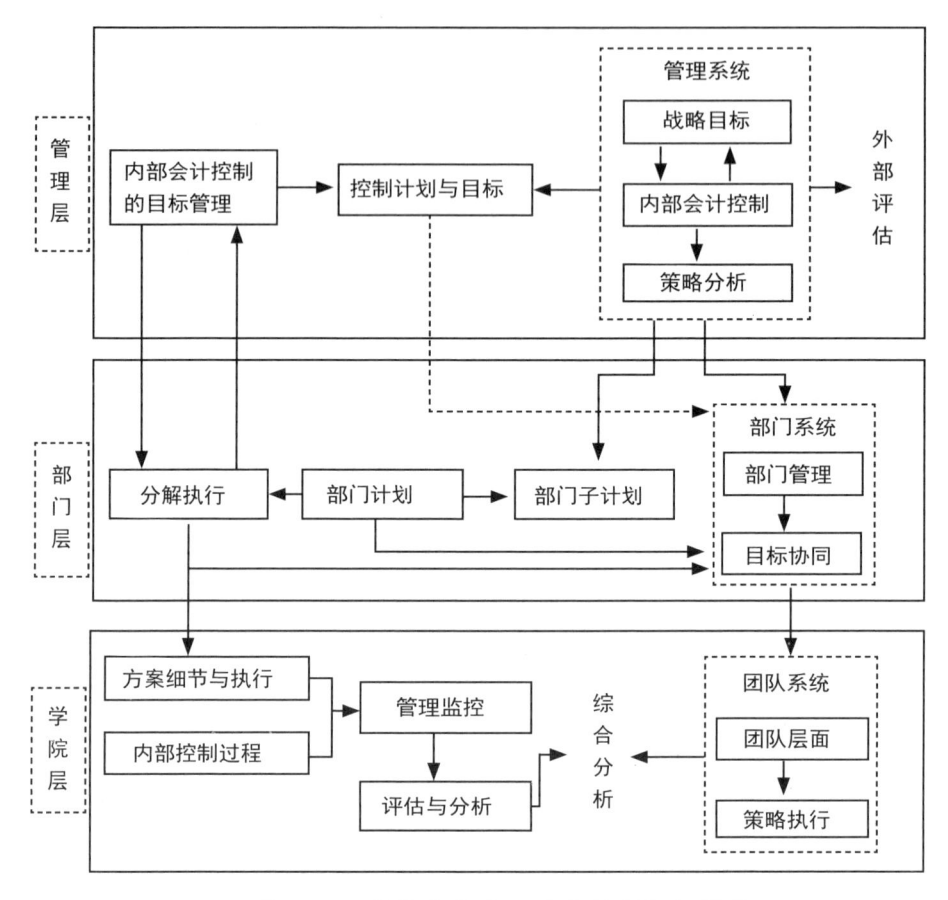

图 5-3 职能优化导向下内部控制组织模式

（4）集中学校对各个学院单位的财务管理，财务处下派财务工作组

按照目前高校财务管理的现状，各个学院都存在相对自主和独立的财务管理账户和权限，学校对各个学院财务管理的综合调度和管理的难度较大。实行财务工作组计划就是打破财务的分级管理，实现高校财务统筹和财务集中管理的工作安排。

财务工作组是指由高校的财务处统一管理高校的所有财务管理人员，财务处根据各个学院或者下属单位的具体情况为各个学院或单位配置财务专业人员，这些财务专业人员由财务处统一安排和调度，并且由财务处统一进行任免、考核、激励及相关福利计划的安排，各个学院和下属单位对这些财务人员的任免可以提出建议，但是没有直接任免权限。下派到各学院的财务工作组在派遣期间应该积极配合学院完成相关工作，及时监控风险。同时，对这些财务工作组安排合理的下派周期，并对财务工作组在规定时间内进行调整，避免一个工作组长时间在同一个学院工作。

在高校学科优化的建设中，各个学院快速发展的同时，积极推进财务工作组制度有着非常重要的意义，综合运用互联网等信息化技术支撑作用，完全可以满足工作需要，同时也契合国家改革的主方向。更加重要的是，实施财务工作组派遣可以发挥专业财务人员的专业化和财务的集中管理，保证了财务管理的规范化，既能够保证财务决策和财务信息的真实性也能够提高资源的优化配置。

（5）构建高校内部经济责任制度，责任驱动风险监控

在高校内部构建明确的经济责任制度，是实现高校财务管理权责明晰的最为典型和有效的方法。在经济责任区间内，校长是高校第一经济责任人，在此基础上再实行分级管理策略，院长是各个学院的经济责任人，财务处长和审计处长是对应的相关责任人。责任落实到人，责任主抓到人。目标是要将高校的经济责任层层分解到个人。将学校经济管理组织的财务预算和决算、重大事项的关键决策权、日常财务管理权限及固定资产等相关管理权限和责任逐步分批落实，出现风险，由对应的责任人负责。在此基础上还应该建立和完善以下三个制度。

第一，建立高校的授权和审批制度，针对高校不同单位或部门处理相关财务和经济的范围和责任区别进行明确划分，在划分的基础上充分授权。如果在某些重大事项上需要特别授权，则需要指定专人进行特殊授权。

第二，完全组织机构与职权和责任划分。合理控制学校组织机构设置和相关负责人的权限划分。首先要做好权责分离，决策岗位和审批岗位分离、审批岗位和执行岗位分离、执行岗位和审查批复岗位分离；其次是构建学校财务各个部门的内在制约和监督机制。

第三，建立相对独立的内部审计制度。目前，高校审计处对财务处的审计缺乏一定的独立性，当审计的独立性缺失后，高校的内部审计工作就会缺乏客观性和科学性。建立相对独立的内部审计制度是对高校组织结构进行优化、提高内部控制的独立性和科学性。内部审计组织可在现有的基础上，引入校外的第三方审计和评估，其工作职能应该得到进一步拓展，

发挥和完善审计和监督职能。内部审计的组织应该在校务发展委员会的领导下工作，直接对学校最高战略决策层负责，有助于帮助企高校实现内部控制的目的，提高高校的审计质量和审计的客观公正。

2）制度体系完善内部控制

学校内部会计控制必须要将内部会计控制的方法与原则、风险识别、风险评估及其他相关管理要素以制度文件的方式下发执行。内部控制的相关制度文件是高校各级管理人员进行内部控制的行动纲领和原则，可以使内部控制有据可查。

具体而言，建立高校内部控制制度体系是高校在行政管理过程中，将各项管理目标、风险管理中的各项注意事项及相关流程要素等统合，形成具有针对性、完整的制度性文件，并在工作实践中逐步将各项制度文件形成刚性管理方法和指导原则，最终形成高校内部控制相关岗位的教职员工的行为规范和操作流程。高校内部控制相关制度文件的形成需要高校管理发展委员会的审核完成，审核通过后下发到学校的各个职能部门和二级学院以及相关附属单位。建议具体操作如下：

（1）高校校务管理委员会成立内部控制的专项工作领导小组，小组的成员尽量保证多元化，制定和完善内部控制的制度文件，可以制定总的方针和框架，在总的框架下再制定针对差异性的部门和二级学院或者相关附属单位具体的操作规范和流程，并报校务管理委员审核。

（2）校务管理委员会审核通过的内部会计控制相关规章制度和流程下发到不同的单位和部门，制作成操作规范，在工作中严格执行。校务管理委员会在制度和流程规范化操作的前期要及时开展相关培训讲座，确保各级参与人员都能熟悉操作方法。

（3）责任落实到人，推出相关激励和惩罚措施，在执行过程中可以进行评比，评出优秀单位和个人，达到激励和推进的作用。出现问题的单位和个人，予以通报批评，并追究第一负责人和相关岗位责任人的责任。

（4）反馈、修改和完善。根据各个单位的执行情况对内部控制操作过程中反馈的问题进行完善。

3）以效率共享促进信息沟通改进

高校内部控制应当透明的信息系统，该信息系统的建立要效率共享为原则，促进高校各个部门之间信息共享，同时新系统应该满足学校各利益相关者的要求。

（1）遵循权责发生制的基本会计准则，反映高校内部会计控制中相关财务决策和财务报表等相关信息，同时应该确保信息的真实和完善。

（2）完善高校学科建设经费和高校基本科研业务专项经费及其他相关经费预算支出，预算与决算相契合，完善高校财务信息的真实性管理，确保高校财务管理职称高校的发展战略。

（3）部分高校在固定资产管理中没有完善相关科学性管理方法，如固定资产折旧管理。因此，在实践操作中，可以成立固定资产成本管理中心，对高校的固定资产进行集中管理。

（4）完善高校会计报告体系。高等学校一直实行的是满足教育主管部门和财务管理部门的需求而制定会计报告制度，实施高校财务内部控制在满足各级利益相关者的利益基础上，财务透明度、公开性为导向，建立全新的高校会计报告体系。

4）以预算控制体系提升内部控制的合理性

目前，高校的预算管理需要经过两次预算：第一次为部门预算，即财政主管部门布置的学校综合预算，该预算需要由人民代表大会审议通过，预算内容包括学校的经费收入和支出、附属单位收入和支出、高校科研专项经费支出及其他相关收入等；第二次预算会议为高校内部的综合预算，该预算需要报高校党委会审核，预算内容基本经费收入支出，主要供高校内部决策参考。

高校财务内部控制需要加强对高校财务相关信息控制和管理，具体控制管理流程如下。

（1）整合部门预算和校内综合预算，统一为高校实际执行的预算。整合后的预算方案既能够符合教育主管部门和财务管理部门的要求，也能够为高校管理决策提供依据。

（2）推进高校预算编制的科学化和规范化。高校预算编制要合理有据，统一标准，预算编制精确化。对高校经费支出进行分类，专项经费按项目专项编制，如高校基本科研业务专项支出、本科生（研究生）教学质量改善支出、教学基础设施改善支出、教学辅助服务设施改善支出、教师福利计划支出等。科学管理、滚动编制，提高资源的利用效率。

（3）强化预算执行，确保预算和决算的契合。通过审核的高校预算方案，必须严格执行，避免预算执行不力的情况。高校的审计处要发挥独立审计的作用，防止预算资金的挪用和他用。

（4）构建预算监督、反馈机制。高校财务预算的制定完成后，还需要对高校预算执行情况进行追踪管理，确俱高校预算执行到位，专款专用。对预算执行情况进行评价和反馈，发现问题并及时纠正。

5）以监督机制促进内部控制的管理落实

高校财务内部控制的落实必须配合完善的监督化制，否则高校财务内部控制的落实很难实现理想效果。

首先，高校财务内部控制的监督应该充分发挥高校纪委监察室和审计处等内部机构的监督职能，高校内部监督是内部会计控制落实的最重要保障。一是纪委和审计处明确工作分工，定期开展以解决问题为核心的专项巡视；二是承担高校内部监督职能的部门在日常工作中应该以优化工作流程和内容为目标，积极落实监督职能。

其次，高校财务内部控制的监督不能只依靠高校内部监督，还应该鼓励第三方机构的参与，正如习近平所言"打铁还需自身硬"。主管部门或者中央巡视组的监督水平更高、更加专业，应该抱着"提升与发展"的思路对待外部监督，外部监督（如图5-4）可以更好地帮助高校解决问题，促进高校发展与提升。

高校财务内部控制监督机制如图5-4所示。

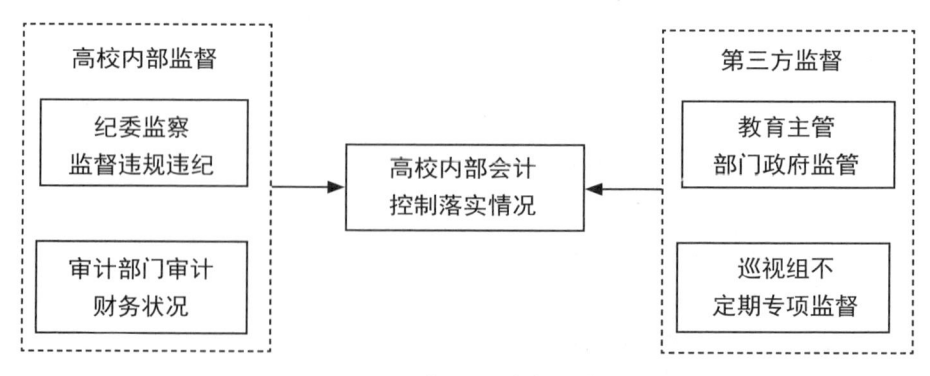

图5-4 高校内外部监督机制

2.高校内部会计控制业务的运行设计

1) 经费内部控制设计

(1) 总体目标

高校的经费主要指高校的科研经费专项资金、学科建设资金、基础设施改造资金及教师福利计划资金。除此之外，还包括高校为法人的银行存款和投资等。高校经费控制的目标应该遵循下三点原则。

首先，经费的使用要合法合规，符合法律法规规定的原则；其次，经费的使用要优化合理，本着资金效率利用最大化的原则，专项资金专项使用；最后，经费的使用要透明公开、准确记录、收支平衡。

(2) 经费控制的相关内容

高校的经费控制流程的主脉络应是"申请人的用款申请—有权人的用款审批—财务部门出账与账务处理阶段"。申请与审批流程严格按照流程执行，申请人的用款申请需要根据用款的金额大小报送不同的权限审批，金额较大需要经过多级审批，有权人审批通过后申请人方可报送财务部门审批，财务部门审批通过方可进行款项操作，而财务部的账务管理中也具有监督责任。而用款的申请与审批的最优方案是在传统纸质签字方式基础上，添加系统操作。纸质签字是有权人在报销申请单的签字，而系统操作则是开发相应的报销系统，用款申请人系统中申请，有权审批人系统签批，财务部门审核。系统操作可以加强科研资金的规范管理，同时方便财务部门进行账务管理。

在高等学校的经费控制流程图中关键点依次为审查、岗位复核、印鉴管理、授权支付等。依据控制内容，应该遵循以下五个原则。

第一，明确岗位职责，岗位之间相互监督、相互制约。例如，出纳人员只负责经费的收支入账和记账工作，不得兼任账目、费用和档案管理等其他工作；会计负责财务中现金登记，而不参与和银行存款相关的工作。同时，还应该积极完善相关绩效管理和绩效考核管理工作，实行轮岗制。

第二，严格管理经费授权支付环节，权责明确，重大事项经费支出集体决策。

第三，现金管理要合理优化，专项资金专项管理，以制度文件方式明确现金支付的范围，现金定期盘点清查。

第四，对高校的基本存款账户和一般结算账户资金变化情况进行监督管理，定期核对账单。

第五，高校印鉴要专人专管，明确责任和使用权限，定期检查，严控风险。

（3）高校经费的控制流程

高校经费的审批使用应该改变传统中"一人独大"的授权管理模式，适当授权，院系负责人、财务处长、主管的校长和校长都具有不同程度的审批权限，权责分明。高校经费的使用审批和控制流程的关键环节如图5-5所示。

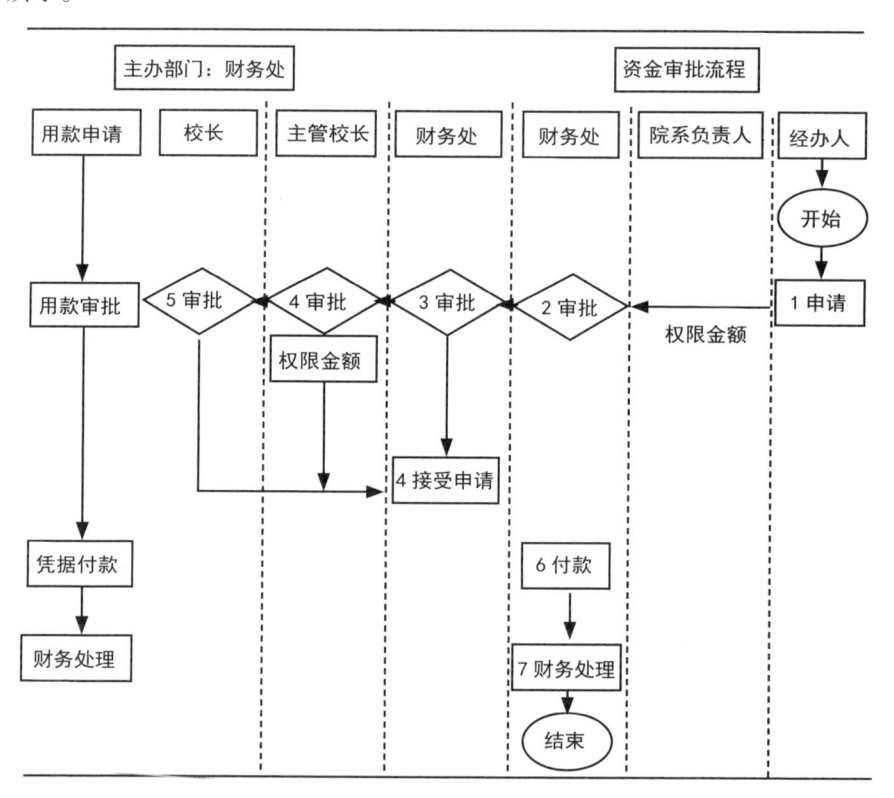

图5-5 高校经费资金使用控制审批流程

2）固定资产内部控制设计

（1）总体目标

固定资产管理是指价值达到规定标准且使用年限超过一年的资产，固定资产管理是高校财务内部控制非常重要的环节，但是从调研的情况来看，

168

固定资产管理比较薄弱,因此需要加强固定资产内部控制。而固定资产内部控制主要围绕采购、使用和处理动态环节设定,总体目标有三点:一是高校固定资产采购合规合理,避免采购过程中的暗箱操作;二是高校固定资产平稳合理使用,避免固定资产挪为他用;三是固定资产折旧提完之后的合理处置,避免固定资产不合理折旧后沦为他用。

(2)固定资产内部会计控制的内容

依据固定资产"采购—使用—处理"过程中的闭环中的关键节点进行合理管理和控制。在采购环节要遵循高校预算管理、采购、使用与维护的权责分离管理;在使用环节是落实固定资产使用部门的固定资产管理;最后则是固定资产的清查管理,防止固定资产被挪用和他用。具体内容如表5-8所示。

表5-8 固定资产内部会计控制的内容

控制内容分类	控制内容释义
预算控制	固定资产的采购和处理要控制在预算范围内
权责分离管理	实行采购、使用、维护的分级管理,定期维护、核查监管
采购管理	高校固定资产采购合规合理,避免采购过程中的暗箱操作
固定资产入账管理	固定资产的入账管理要严格按照预算和相关会计准则入账
固定资产的使用	固定资产在使用过程要保证运行安全,定期检修
固定资产清查管理	定期对固定资产进行清查,防止固定资产被挪用、他用

(3)固定资产内部会计控制管理流程

高校固定资产的内部控制流程在遵循采购、使用和处理三个阶段管理流程,固定资产管理的内部控制管理流程中涉及不同的资产使用部门、采购部门、审查审批部门、财务处等众多部门和环节,其中最为关键的是在不同的环节严格按流程执行,遵循制度文件管理,固定资产管理的内部会计控制相关流程如图5-6所示。

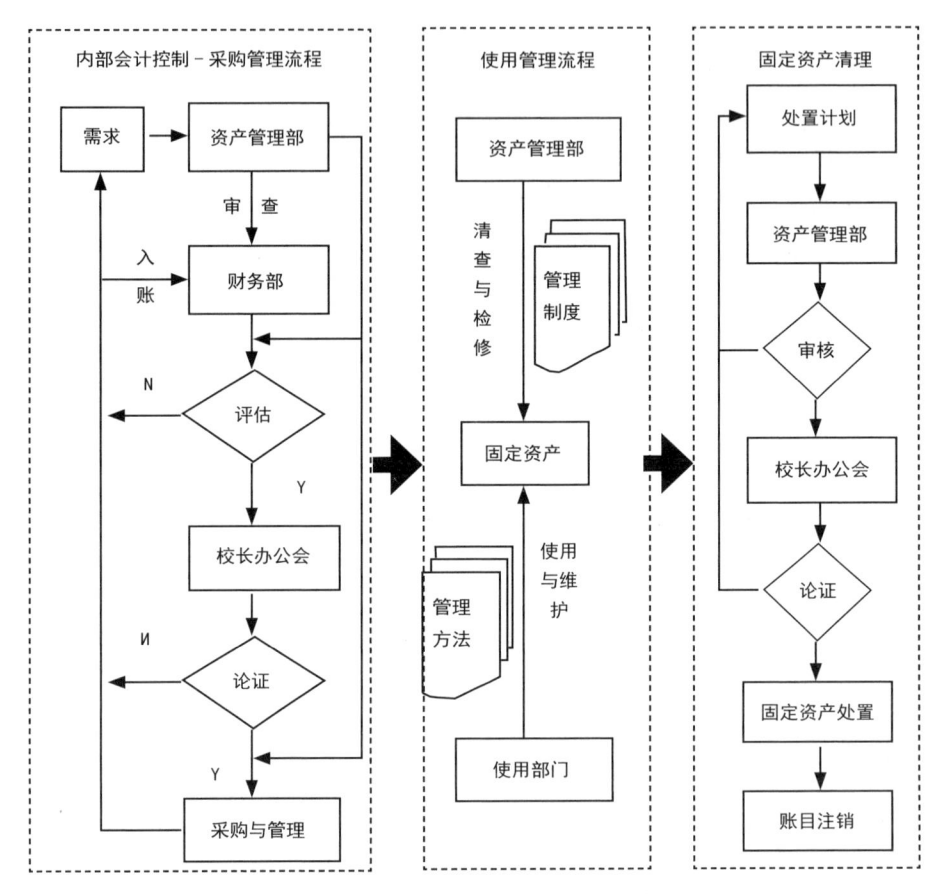

图 5-6 校固定资产内部控制的管理流程

在采用管理流程，由实际需求人向资产管理部门发出申请，资产管理部门进行审查，审查后报送财务部门进行评估并报校长办公会论证与审批，审批通过后进行采购。在使用管理流程中，资产管理部门主导制定固定资产管理、清查与检修的管理制度，使用部门负责固定资产的实际使用过程中的管理与维护。资产管理部门与固定资产的使用部门要权责明确，保证固定资产正常使用与管理。

在固定资产折旧完毕进入清理阶段后，固定资产的实际使用部门向资产管理部门报送处置计划，资产管理部门进行审核并报送校长办公会论证与审批，审批通过后方可进行固定资产处置与清理。

3）工程项目内部会计控制设计

（1）总体目标

高校的工程项目领域是内部控制焦点领域，高校的工程项目建设的覆盖面广，工程耗资大。同时，高校的工程项目也是问题频发的领域，招投标容易暗箱操作，监管难度大，后期补修率高。因此，高校工程项目领域是实施内部控制不可缺少的内容和环节。而高校工程项目领域的内部控制的目标是：一是完成对工程项目的论证和可行性研究，形成工程项目建设的实施计划、建设流程和预期建成目标；二是对工程项目建设过程进行实时监督和评估，发现问题及时纠偏；三是确保工程项目建设全流程的公开、透明和合法，确保工程项目建设过程不出现违法违纪行为。

（2）工程项目内部会计控制的内容

高校工程项目建设的内部控制内容的关键环节包含：工程项目建设造价预算、工程项目招标的公开公正、工程项目建设进度监控、工程项目的验收和项目造价的财务决算。具体细分如表5-9所示。

表5-9 工程项目内部控制的内容

控制内容分类	控制内容释义
工程项目的可行性分析	成立专家组对工程项目建设的投入—产出—效益进行综合分析，撰写工程项目建设的可行性分析报告。工程项目建设的造价，工程造价预算，编制预算报告
工程项目的设计	对工程项目进行实地勘察，形成合理设计方案，在设计方案的指导下安排施工
工程项目招标管理	确保工程项目招投标的公正、透明
工程项目建设的监控	对工程项目建设的全流程进行监督，实现设计单位、施工单位、监管单位的权责分离管理
工程项目建设的施工管理	确保施工严格遵循设计方案，施工中存在问题及时纠偏
工程项目建设的验收	工程项目建设完成后的，要组织专家组对完工的项目进行验收

（3）工程项目内部会计控制流程

工程项目内部控制主要包括工程项目评估与决策、工程项目评估与执行两个主要流程。

首先，在工程项目评估与决策中，第一步是进行项目方案设计，主要指在项目报送之前在成立专项项目小组，对项目的使用工程、外形构造、技术实现等进行设计。第二步是项目可行性研究则是专家组对设计的项目方案、项目建设的必要性和预期产生效益进行评估分析，形成可行性研究报告，供校长办公会决策参考。第三步项目预算评估是对工程项目的造价等资金投入进行评估和测算。第四步是专家组论证和校长办公会的决策都是项目的可行性、项目预算和项目预期产生效果进行分析，根据分析结果决定最终该工程项目是否应该实施。

其次，在工程项目评估与执行中，第一步要做的是工程项目的质量监控和工程项目的成本造价进行监督管理，一是要确保工程项目建设的质量，二是要控制项目建设成本，实现资金效益优化。第二步的工程建设完成后，要进行工程验收和工程使用的反馈。验收评估是为了确保工程项目保质保量交付，交付之后完成工程项目决算审计工作。第三步是工程使用效果的反馈，是指通过教师和学生等群体在使用过程中的感知体验，对项目进行优化或在下一次项目建设中进行修改完善。

高校工程项目的内部控制流程主要从决策层面和执行层面进行流程设计，流程如图5-7所示。

```
┌─────────────────────────────┐   ┌─────────────────────────────┐
│      工程项目评估与决策      │   │      工程项目控制与执行      │
│       ┌──────────┐          │   │      ┌──────────────┐       │
│       │项目方案设计│          │──▶│      │项目施工招标管理│       │
│       └──────────┘          │   │      └──────────────┘       │
│            │                │   │            │                │
│       ┌──────────┐          │   │   ┌────────────────┐        │
│       │投资可行性研究│        │   │   │  项目建设的监控  │        │
│       └──────────┘          │   │   │  ┌──────────┐  │        │
│            │                │   │   │  │ 工程监理 │  │        │
│       ┌──────────┐          │   │   │  └──────────┘  │        │
│       │项目预算评估│          │   │   │  ┌──────────┐  │        │
│       └──────────┘          │   │   │  │ 成本监控 │  │        │
│            │                │   │   │  └──────────┘  │        │
│       ┌──────────┐          │   │   └────────────────┘        │
│       │项目专家组论证│        │   │            │                │
│       └──────────┘          │   │      ┌──────────────┐       │
│            │                │   │      │ 工程验收与评估 │       │
│       ┌──────────┐          │   │      └──────────────┘       │
│       │校长办公会讨论│        │   │            │                │
│       └──────────┘          │   │      ┌──────────────┐       │
│            │                │   │      │  工程项目审计 │       │
│          ◇决策◇             │   │      └──────────────┘       │
└─────────────────────────────┘   │            │                │
                                  │      ┌──────────────┐       │
                                  │      │工程项目使用反馈│       │
                                  │      └──────────────┘       │
                                  └─────────────────────────────┘
```

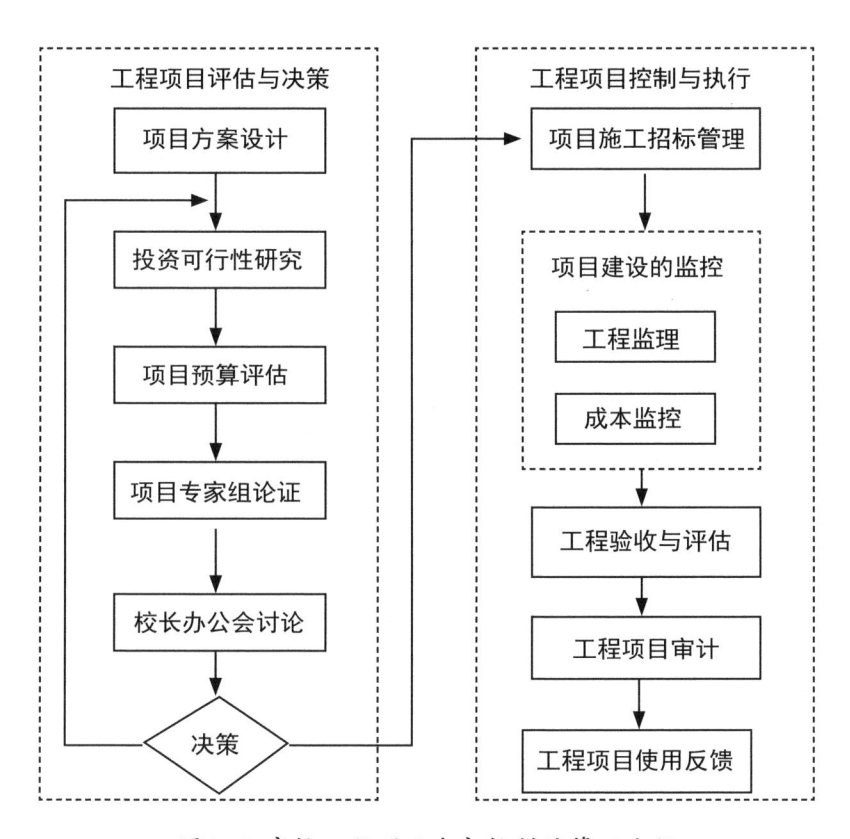

图5-7 高校工程项目内部控制的管理流程

4）高校投资和筹资内部控制设计

随着高校在基础设施建设、工程项目建设、教学楼和办公楼改造等方面的资金需求的增加，高校内部涉及的投资和筹资活动也在逐年增加。所以，高校的投资活动和筹资活动带来的资金活动自然成了高校内部控制的重要组成部分。目前，高校的主要的收入来源为国家财政拨款和收取学生学费两个方面，但是财政拨款和学生的学费收入已经不能满足高校发展过程中的资金需求，每一所高校都在积极拓展投资和筹资渠道，如校友捐款、银行贷款等。高校筹资活动存在着一定的风险，因此高校要进行充分的风险评估和分析，高校目前的投资活动主要涵盖了以下方面：一是利用有形资产或无形资产，积极创办校企或与第三方企业筹建合资企业、股份制企业；二是银行存款。为了减少高校投资和筹资活动的风险，高校内部控制应该关注相关决策的流程和机制是否符合科学决策的标准。高校教职员工要对投资和筹资活动的各项环节进行严格把控,确保各个环节信息的真实有效。

(1)投资活动的内部会计控制

高校的投资活动主要包括五个方面:一是利用高校现有的资产创办高校附属企业;二是与第三方企业创办合资企业;三是参股其他企业;四是进行证券或股权投资;五是银行存款。高校的投资普遍倾向于稳健型投资,也有部分高校在投资过程中追求高收益回报,容易造成集体财产的损失。

高校投资活动的内部控制从预算、投资论证、权限审批、投资管理等方面进行控制,具体见表5-10。

表5-10 高校投资的内部控制内容

控制项目内容	控制内容释义
投资预算报告	高校财务处应该编制具体的投资预算报告
投资项目科学论证	对投资项目进行可行性研究论证,平衡投资的风险与受益
授权审批	划分审批权限,对不同类别的审批权限指定专人专权审批,重大事项报请校长办公会集体决策讨论决定
投资核算	高校财务处应该对对外投资的增减进行实时记录
投资管理与监控	除按照教育部和财政部发布的高校投资管理具体指导意见外,高校还应该制定具体的投资管理制度和意见,符合高校的集体利益
投资清算	高校投资的内部会计控制要严格遵循会计制度,定期清理核查

(2)筹资活动的内部会计控制

校筹资活动的内部控制主要是针对高校筹资活动的渠道进行监管。目前,除政府财政拨款外,高校筹资的渠道主要集中于银行贷款和校友捐款等。主要用于高校工程项目改造建设、基础设施建设及学科建设。对高校筹集的资金要严格管控,严防资金挪用、他用。筹资活动的内部控制内容如表5-11所示,高校筹资内部控制流程如图5-8所示。

表 5-11 高校筹资活动的内部控制

筹资活动控制内容	控制内容释义
不相容职务分离	对涉及筹资活动的不相容职务分离管理，涉及申请人与审批人、会计与出纳、业务人员与账务管理人员等
建立授权审批制度	筹资活动要平衡高校短期偿债能力，授予专人审批专权
监督核查管理	高校的筹资活动审批通过后，定期对筹资项目进行核查，发现问题，及时解决

图 5-8 描述了高校筹资活动内部会计控制的流程。首先，要对筹资申请项目进行可行性分析和研究，经过初步审核出具审核意见；其次，要对筹资项目进行科学论证，在论证阶段要进行专家审议和评议，专家对审议结果负责；最后，项目签批后的投资与执行要严格按照计划执行、合规操作，监督核查组要做好监督核查工作。

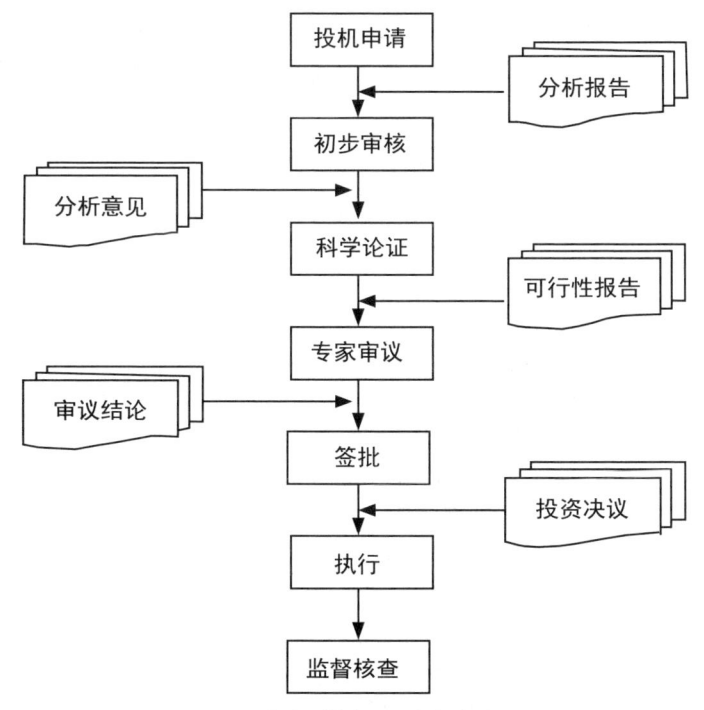

图 5-8 高校筹资活动内部控制流程

5）经费支出内部控制设计

可以说，高校财务部门每天都是门庭若市，在月底和季度末还经常出现排队情况。通常在年底，都会出现财务部门尚未办公，就已经出现排长龙的情况。财务部门这种现象的产生，是因为财务部门在处理高校内部各单位的科研经费、差旅费及科研劳务费等一系列报销事项。在对有关高校财务部门工作流程的研究进行分析发现，高校财务部门报销事项已经成为全国大部分高校的主要事项之一。而现在很多高校都在运行网上财务报销预约管理系统，这解决了高校报销事项扎堆儿的现象。

从上述的描述分析可以发现，高校财务部门的日常工作就是处理各个部门、学院和研究所的经费报销事项。为了优化高校经费支出效果，高校的经费支出必须遵循以下五个原则：一是校长负责，集中管理；二是强化预算管理，经费合理支出，经费科目合理配置；三是严守国家法律法规的规定；四是经费报销的审核和复核分离；五是严守经费实际支出，经费报销合理有据。

财务部门审核经费支出的关键点是：一是确保经费符合相关规定；二是经费支出符合预算和高校对经费资金的管理要求；三是经费支出符合审计制度。

高校经费支出的内部控制内容如表5-12所示。

5-12 高校经费支出的内部控制

经费支出控制内容	控制内容释义
预算管理	经费支出应该依托高校的预算体系，并严格执行
经费支出的审批	高校经费支出应该建立普通授权和特殊授权两种方式，普通授权执行院系或部门主管领导签字授权；大额经费支出执行特殊签字审批
经费支出透明化	高校经费支出要可以接受公开监督
审计审查制	经费支出的合法化必须依靠制度监督，建立经费支出的审计审查制度，定期对经费支出状况进行审计审查
落实经济责任制	对审计出问题的经费支出严格追究相关教职人员责任

第六章 优化高校财务管理信息化建设

近年来,高校的资金投入、资产规模都在不断增加,学校财务的管理难度越来越大。同时,大数据时代的到来使会计信息化取得了跨越式的发展,改变传统的会计工作,高校财务软件由以往单一的核算功能向管理功能的会计信息系统发展,财务的主要职能也由核算转向核算、管理和监督职能并重。信息系统的应用为高校的财务工作带来了新的机遇,同时也使财务风险控制面临新挑战。加强财务信息平台建设与风险控制,优化高校财务管理信息化建设,是各大高校的必然选择,也是高校财务高效、稳定运转的前提和保证。

本章从财务管息化概述着手,阐述高校财务信息化发展历程及特点;分析高校财务管理信息化建设现状、高校财务管理信息系统的主要风险及财务管理信息系统对风险控制的影响;提出高校财务管理信息化建设规划目标与优化策略。

一、高校财务管理信息化概述

(一)财务管理信息化相关概述

1.财务管理信息化含义

财务管理信息化可以理解为百分之三十靠技术,百分之七十靠管理,不是简单运用计算机进行计算的过程,更多是财务人员潜能的激发与展现,企业流程重组的一个过程。会计信息化孕育出财务管理信息化,财务管理信息化并不是想象中多引入几台电脑设备,架设几条网线就可以做到的,而是需要把信息技术充分融合传统的财务管理的模式中。根据之前学者的研究,本书将财务管理信息化定义为:为达到实现企业财务目标的实际目的而充分利用财务人力资源整合信息资源，运用互联网技术将企业的财务流程重新定义与组合更好地为企业财务活动服务，更好地处理企业的财务关系。

经济环境的改变与日益激烈的市场竞争促使企业需要采用先进的管理思想进行科学的管理，目前一些企业管理宽松，内部控制不完善，甚至财务数据不准确，粉饰报表的情况在我国部分企业中发生，这更加凸显了科学、规范、高效的管理的重要。

2.财务管理信息化的发展阶段

第一阶段，手工会计阶段。手工会计以会计恒等式、会计循环、会计科目、会计分录和会计凭证为中心。这个阶段起源于十三四世纪威尼斯商人的借贷记账法，之后经过意大利数学家、近代会计之父卢卡·帕乔利（Luca Pacioli）6年的调查研究和归纳整理，并在1494年出版的《数学大全》一书中详细介绍。手工会计至今仍在使用，其特点是主要依靠人工进行会计数据的收集、加工和传递。该模式的最大长处在于手工作业具有良好的适应性、灵活性和可靠性。另外，会计作业不会因为停电等硬件故障受到影响。但是，人工作业的劣势也是明显的，具体体现在效率低下及错误率高。

第二阶段，会计电算化阶段。会计电算化，简单地说就是部分手工会计操作开始利用电子计算机处理，该模式已经渐渐地取代传统手工会计。

第三阶段，准现代财务信息化阶段。在此期间，信息技术发展经历了从人工处理到文件系统再到数据库系统三个过程。在建立数据模型时，仍然依据传统会计模式并结合数据库技术对数据进行更多的分类操作，还无法使用高级的数据结构来对会计处理的对象进行描述。

第四阶段，现代财务信息化阶段。随着大数据和"互联网+"的发展，人类社会开始进入现代财务信息化阶段。

3.财务管理信息化平台模块与职能

财务管理信息化成功的表现指的是建立起拥有安全环境、信息传输通道平稳及包含处理会计信息等事务的具有密切关系的组织互联信息系统。可运用计算机技术与财务管理相关知识，能够使企业的财务管理信息化的准确性与时效性得到提升。

1）会计事务处理信息系统

会计事务处理信息系统的根本在于减轻会计人员烦琐的工作流程，改善传统的手工记账方式。日常会计事务处理、财务处理和报表核算等构成了有会计核算功能和会计管理功能的财务管理系统及子系统，这可以充分满足企业财务部门的会计核算工作。

2）财务管理信息系统

会计信息系统与其他系统提供的数据信息是其运行的支撑，运用现代化的计算机技术和信息化处理技术对企业财务管理中较为机械重复的问题进行自动或半自动的处理，最终达到控制相关业务活动的目的，即财务管理提供的基本模型，系统可以自动显示预算情况，并且可以及时找出纰漏提醒财务人员调整或者终止事项。

3）财务决策支持系统

财务决策支持系统属于交互的信息化系统，主要处理在事前无法预测或随机出现的状况。财务工作人员可以使用财务决策支持系统实施"what—if"分析，再采用几种不一样的模型列举可能的解决途径，对问题进行辅助性分析、预测各种可能出现的结果及未来的趋势等，为企业决策者提供相关的信息与辅助。

4）财务经理信息系统

该系统是一种交互式的信息系统它将其他几个系统进行结合。帮助企业挖掘数据，找出数据的特征，预测企业的资源变化趋势，使企业可以从更多角度知道资金的分配与绩效效率的状况。

5）组织互联系统

组织互联系统能够使企业的财务部门、其他部门及分公司之间财务信息自动流通，能够在财务管理的计划、组织、控制、分析、预测、决策等阶段辅助企业，提高企业资金分配利用的合理性。

（二）高校财务管理信息化的内涵

1.高校财务管理信息化概念

高校财务管理信息化本质上就是为了提高财务信息时效性和准确性，运用财务管理、计算机技术等知识，构建一个安全的环境，架立起平稳的信息传输通道，对高校各种财务信息进行采集、分类、整理、保存，并及时提供给信息需求方的活动。

高校财务管理信息化系统主要由四个部分组成，他们分别是会计账务系统、审批控制系统、决策评估系统、信息传递系统。其中，会计账务系统是整个体系的基础，其作用记录每一笔业务发生的资金流动情况，按时准确地提供各个时点或时段的财务信息；审批控制系统是重要的检验关卡，做到每笔资金的流动都有依有据；决策评估系统则是财务管理信息化的功能的拓展，其作用是从各个角度来分析、评价财务管理中的计划、提议及决定等问题；信息传递系统是用于高校内外部之间的信息往来输送。这些系统紧密结合、相互衔接是财务管理信息化成功的体现，能有力推动高校财务信息化管理的发展。

高校财务管理信息化能够在实现业务处理、会计核算的基础上，加强职能管理、审计监管，以各个项目资金之间的和谐关联度为衡量准则，运用预测、评估、控制等手段，实现多种方式资金方案分析，优化资源配置，实现办学效益最大化的目标。

2. 高校财务管理信息化的特征

高校的财务管理紧随着社会发展的脚步，与社会中其他行业利用互联网技术与自身特点结合一样，高校财务管理也充分利用互联网技术，不断提升财务管理信息化水平。

1）云端化

云计算的迅猛发展加快了高校财务管理信息云端化的发展进程，使高校能够有机会通过在网络上建立财务管理工作平台处理财务管理信息，充分展示了其在高校财务管理中的优势。

2）管理结构扁平化

高校财务管理结构扁平化主要表现在传统的高校财务管理的一些劣势，可以在管理高校财务工作的时候把信息技术的思维应用进来，从而得到解决。此外，还可以使财务管理部门与其他部门的联系更加紧密，使得系统一体化，可以让高校建立新的管理结构，新管理结构的建立也使财务部门逐渐变成学校的核心部门。

3）管理职能的网络化和分散化

高校财务管理工作重要的一项内容就是处理学校的财务信息。结合当下的时代和社会文明的发展进程，互联网技术已经在多个行业中运用的十分熟练。目前，高校同样是受网络技术发展的推动，高校财务管理人员可以很好地利用网络来管理财务信息，记录财务信息，使财务信息形成一种网络网格似的管理系统，这样不仅可以提高效率，还能够使数据更加准确。将信息技术运用到高校财务管理中，推动高校管理向更高层次发展，财务职能的范围因为其分散化、网络化的特征得到了一定程度的扩展。现在很多高校都在采用管理会计的模式进行财务管理，不仅可以使学校的管理与决策变得高效、合理，还可以提升管理的质量，有利于高校财务管理的转型升级。

4）准确性和及时性

目前，各大高校依托先进的信息技术的支持，和软件公司联合开发财务信息系统，重新构架高校财务工作模式，改进财务管理手段，能够为学校提供更加及时、准确、综合的财务数据，给高校的管理、决策提供重要支持。实现财务信息化后，财务数据经历了输入、处理、输出三个环节。数据输入是数据处理和输出的前提和基础，数据在输入环节的准确性是计算机自动进行账务核算以及报表编制、数据分析等工作的前提保证。高校要加强对数据输入、数据处理的风险的控制，才能保障数据输出的准确性。

5）集中化与自动化

在财务信息化的环境下，财务数据的处理速度和准确性都发生了很大的变化，财务数据信息的处理、存储实现了集中化和自动化，账务处理程序也日趋简单。现在只需要登录网页就可以实现网上账务的报销工作、签批工作，不再需要多处往返跑。财务人员在核算过程中，计算机自动生成会计凭证、记账、结账，生成财务报表。固定资产计提折旧，无形资产摊销，存货的成本计算等辅助的核算工作都可以自动化完成。计算机告全过程的信息处理，减少了手工账务处理方式的诸多流程，提高了财务人员的工作效率。

3.高校财务管理信息化的发展历程

我国高校财务信息化经历了以下四个阶段。

第一阶段，简单的会计电算化管理阶段。从 20 世纪 90 年代中后期，高校财务开始使用单机版会计电算化软件，作为高校财务信息化的起始阶段，该时期主要是手工账的复制，将传统的手工账录入单机版财务软件中；

第二阶段，局域网管理财务软件阶段。从21世纪初开始，基于C/S架构的财务软件在高校财务管理开始应用，将大量的高校财务人员从手工记账当中解放出来。

第三阶段，局域网+互联网管理阶段。从2010年开始，在原有C/S架构的基础上，高校财务开始引入B/S架构的应用，开始了诸如网上查询、网上预约等功能的应用。

第四阶段，"互联网+"阶段。近几年，随着互联网技术的迅速普及，高校财务信息系统也得以飞快地发展，大量新的理念和管理模式得到尝试和应用。如物流管理模式、财务移动办公模式等。

二、高校财务管理信息化建设现状及风险

（一）高校财务管理信息化建设现状

现阶段各高校在信息化社会的发展背景下，都在积极地推动教育信息化的发展，如推动校园信息化建设、校园数字化建设等。在推动高校信息化发展的过程中，首先为了把校园信息化管理水平提升到最大值，不仅要把原有的工作模式进行一定程度的变革，还要把每一个原有的管理系统利用起来，利用现代信息化技术搭建财务管理平台，最终使高校的各种财务信息实现汇总，如此就实现了优化校内资源配置与提升高校整体管理水平的目的。校园信息化建设过程中，财务管理信息化的提升是必不可少的。目前，校内的场所如餐厅、图书馆、体育场等都需要使用学生卡，即智能卡片，这种卡片不仅是学生身份的一种象征，还是学生便捷生活的一种方式，同时也提高了学校管理工作的效率，是一种推动高校财务管理信息化形成的方式。并且国内部分排名靠前的院校均搭建了一站式网上服务平台，包括发放工资、申报预算、查询财务、缴纳学费和在网上报销等的综合财务服务平台，但平台中依然存在很多问题。

1.财务信息化水平有待提升

高校财务信息化的搭建和信息技术的发展较为同步，高校的财务工作已由传统的手工记账向信息化变革了，但信息化的程度依然相对较低。目

前，很多高校的财务信息系统仍是由具体独立的业务单元构成，还没有搭建统一的信息平台。线上报销、线上收入申报、线上经费查询、凭证影像化、网上审批等功能并不健全，手机端的相关应用还有待进一步开发。财务管理系统和其他部门信息系统的信息互连仍需研究和完善。

2.对待财务管理信息化的重视度不够

财务信息化是高校提升财务管理水平工作中至关重要的一部分，是提高高校管理水平的关键点，但目前高校对财务信息化的重视度不够。很多高校都在发展数字校园，只将教学管理信息化作为发展重点，缺少对财务信息化的重视，并没有意识到财务信息化所具有的重要意义，如一些高校的信息化只在账务系统、薪酬系统与缴费系统中实现，而预算管理、资金管理、资产管理等并没有实现全面信息化，财务信息化水平比较低。

3.财务信息风险防范意识差

目前，大部分高校的财务信息化都直接利用互联网，而这对信息安全性有较高的要求，如预约报销、交费平台、信息查询等，在使用过程中利用信息技术与互联网相连，是无法保证财务数据安全性的，一旦系统崩溃，就会出现丢失数据的可能，出现的故障也会造成财务信息的永久性丢失。高校信息技术不成熟、信息安全意识不够警觉，均增加了财务管理信息化的风险。

4.缺乏财务管理信息化专业人才

高校的财务管理需要专业的人才来实现财务信息化，但许多高校专门用来管理财务信息化的信息管理科，仍以会计、财务管理专业的人才居多，虽然其财务专业知识技能较高，但对信息技术相关知识不了解，财务软件中与技术相关的问题不能处理，也不能为财务信息化的建设提出科学合理的建议。缺少既精通财务专业，又精通信息技术的新型人才，制约了高校财务信息化的发展。

（二）高校财务信息系统的主要风险

高校财务信息系统的建立使得会计数据网络化、标准化、规范化，财务数据透明度高，数据可以依托于互联网分散输入。我们在享受信息系统带来便捷，效率的同时，也不能忽略其带来的财务信息系统风险。尽管各大高等院校使用的财务系统不一样，财务信息化程度也不一致，但在信息系统的使用过程中都伴随着风险：

1. 系统故障风险

财务信息系统设备分为硬件设备和软件两部分。硬件设备的完好是软件能够正常性能的基础，硬件的性能决定了软件的使用效果。质量低劣，性能落后，安装不规范的硬件会影响软件的正常运行，使信息系统不能充分发挥作用。例如，硬盘的内存不足，潮湿、磁化等物理损伤，CPU和主板的损坏导致工作不畅和信息系统的数据损坏；硬件安装不规范，线路不畅通等都会影响软件运行的稳定，让财务相关工作受到严重的影响。

软件是系统运行的灵魂，一般来说，与应用软件相比系统软件运行相对稳定，故障不多，一般不会破坏系统信息，问题主要来自软件客户端或者软件系统等应用软件。会计软件是新时期财务信息系统的核心，是信息系统得以正常、安全运行的重要条件，软件开发过程中技术不成熟会导致"差错级联"的现象，就是某一差错会应为扩散效应而被逐级放大。当前市场上会计软件五花八门，如在湖北省高校大多使用的是天大天财、用友、金蝶等比较成熟的财务软件，尤其是天财软件，基本覆盖了武汉80%的高校。但在会计软件在设计开发的过程中，用户提出的安全需求少，所以普遍存在重功能轻安全的现象，数据库考虑安全性能少。有些会计软件的后台数据库能通过数据库管理系统直接打开读写，并进行修改，为财务信息系统的管理和财务核算埋下重大的安全隐患。

2. 业务操作风险

高校财务信息系统是一个庞大的数据系统，涵盖了各种软件系统，除了预算管理系统、会计核算软件、资产管理系统、科研经费管理系统、收费系统，还能通过接口直接获取教务处学生学籍信息，人事处工资数据，后勤处校园一卡通相关数据。数据的输入者和管理工作人员范围广，工作能力和素质也参差不齐，财务相关人员职业判断失误、数据输入错误或操作失误都会导致数据出错、计算机死机甚至数据丢失或泄密。如果单位管理不科学，缺乏完善的内部控制制度，信息系统日常维护不及时，未做好数据的备份工作，易导致数据无法恢复。还有些会计人员为了规避审计，利用会计软件的逆向操作功能，篡改会计数据。

3.数据安全风险

信息技术的特点决定了财务信息系统被攻击的风险,信息系统的一体化使其被破坏时的损失变得不可估量。虽然财务信息系统对传输数据进行加密,并设置防火墙,加强了数据安全,在登录获取信息时利用密码、口令、电子钥匙,甚至电子签名或指纹识别等加强安全措施。计算机高级人员为了达到非法目的而通过木马、后门对系统进行蓄意的破坏或篡改。使得财务信息系统数据处在非常危险的情况中,威胁单位财务数据的安全。

(三) 高校财务信息系统的应用对风险控制产生的影响

1.网络环境下数据安全存在隐患

财务信息平台的应用使其从系统从运行直至报废每一个环节都可能受到网络安全的威胁,财务数据一旦出现在网络中,都有被窃取的风险。对于财务人员而言,信息系统实现了业务的集中化管理,也让整个单位的财务数据变得可视化,可以通过查询系统或者分析系统全面掌握各项财务收支活动。这种网络的开放性与财务数据共享化管理提升了财务管理质量和服务质量,但也为财务数据安全的管理带来了风险。由于高校校内网络分散,网络节点众多、财务数据查询人数庞大,网络安全形势不容乐观,管理难度非常大。一旦犯罪分子利用计算机病毒攻击系统或者翻越防火墙非法获取财务信息系统中的数据或者篡改数据,会产生不可估量的严重后果。所以,我们在财务信息系统应用过程中,必须加强系统的安全管理,保障财务数据安全。

2.预算精细化使经费预算控制空前强化

高校通过财务信息系统对预算进行了刚性化管理,预算系统中预算支出指标、支出经济分类、预算项目的执行部门,包括预算执行进度都作出了严格控制,预算一经批复、下达各院系统中,非经必要的审批程序,原则上不允许变动。对于政府采购类的款项,预算项目,经济分类,合同信息都需要一一对应,预算控制空前强化。新实施的《中华人民共和国预算法》要求预算单位按功能分类和支出分类同时编制预算,预算编制更加细化、规范,这对预算编制人员,预算资金使用部门都提出了更高的要求。

3.信息平台一体化使岗位不相容原则相对弱化

不相容岗位相互分离是高校内部控制的重要原则。财务信息系统上线后，由于人机结合，操作系统的高度集中性，传统的分人分岗财务处理流程都汇总都计算机中统一执行，岗位控制简化成为电子口令授权，不相容岗位职权分离这一原则面临着挑战。只要取得相关的口令、密码和相关业务授权，利用财务信息系统的一体化，财务工作人员可以独自完成电子凭证的审核，生成并审核记账凭证，甚至是付款业务，这大大增加了财务支付风险。随着国库集中支付系统的上线，财务付款中现金和支票的使用量非常少，以往支付业务中以现金、支票为控制目标也逐渐失去意义。在财务信息一体化的环境下，数据具有集中性和共享性，在网络环境下，财务信息传播迅速。如果一个小的失误没有被及时发现，通常会蔓延至多个系统和部门，影响其他系统数据的正确性，造成大面积失误。

三、高校财务管理信息化建设规划目标

（一）信息技术目标

如今，高校财务信息化建设工作正由初级的"会计电算化"向"财务信息化"管理模式转变，从原先最简单的电子记账、提供会计报表向运用现代信息技术进行财务管理的高级阶段转变，最终达到"业务处理高度智能、信息高度共享、监管预警实时主动、财务工作精细管理"的目标。[①]

1.统一门户

数字化校园的建设是当下高校建设的重点，财务管理系统应与数字化校园集成，实现统一的信息服务平台，提供多种高可用性、高安全性和高可管理性的应用服务。校园门户服务不仅能够完成门户本身的所有功能，还能根据数字化校园建设的需求，提供各种服务的接入，省去多系统、多用户的麻烦，任何功能只需一个用户名就能完成所有的业务处理。

2.数据共享

高校各管理部门使用相同的管理系统，使部门系统间信息数据可流转，不再相互无关联，强化业务的协同性，提高数据共享性，达到高效管理经济信息资源的目的。

---

① 徐云丽，王家顺.高校固定资产与财务信息化管理实践研究[J].经济师，2016（11）：100-101.

3.应用集中

高校各种应用设计一体化,有效共享财务、人事、科研、后勤、教务、设备资产等信息资源,让所有应用集中成为一个整体,提高资源利用率,降低系统运行成本,提高高校管理水平。

4.体系安全

系统内嵌安全模块与相关安全产品相结合,防御外部入侵和内部违法违规操作,有效地保护网络资源和数据信息安全不受侵害,避免信息安全遭受的损失,确保经过传输和交换的数据安全。

(二)信息管理目标及重点

1.高校财务管理信息化建设的目标

1)优化师生财务服务体验

高校现行财务管理体系下,经常会出现财务人员因业务量过大、重复不必要的劳动过多、系统延迟出错等原因导致服务出现问题,以及师生员工因为不参与、不了解财务流程而报销问题票据、做出不合理预算、领导签字不全、附件缺漏或是手续不全,最后审核不通过,师生员工需要多次来回往返财务处浪费时间精力,甚至对财务处产生负面情绪。其实这些问题都能通过财务信息化建设得到缓解,对现行财务流程进行信息化再造和设计,能够提高财务人员工作效率和服务水平,优化广大师生员工的体验。师生员工参与了解了财务流程,也能提供更准确的财务信息数据,加深对财务人员工作的理解,提高满意度。例如,现在试行的网上预约报账,对师生的财务服务体验产生很大的正面影响。

2)实现财务信息资源共享

由于高校的财务信息都是靠财务人员录入系统的,非财务处师生员工只提供原始资料,基本不参与甚至不了解财务信息的筛选和获取,导致基层财务人员几乎把时间都花在财务信息的获取上,无暇参与财务管理、分析决策;许多师生员工对财务知识一知半解,认为所有财务流程都只是财务处的事,这些都会对财务信息数据产生不良影响。因此,对现行单向的财务流程进行改造,采用引进网上报账系统、扫描上传凭证、推广电子发票等方式,加大对师生员工的宣传教育,让他们都能成为财务信息数据的提供者,同时可以提高财务信息数据传递分享的效率。

高校财务系统内部之间信息只能有限共享,而且无法自动同步,只能人工触发,甚至需要重复录入,存在数据滞后、资源人力浪费、人工操作失误等风险。在财务处内部研究建设一个完善的财务信息管理系统,使各子系统之间相互关联、控制严格、安全稳定、沟通流畅,能更好地推动高校财务信息化水平的提升、提高财务处的管理决策效率。

高校发展需要收集与财务处相关的各部门之间及时准确的数据来进行科学合理的决策,然而目前高校各部门系统之间信息孤岛现象依然存在,不利于财务信息化的建设。研究构建一个对接财务与相关部门如教学、科研、人事的信息管理系统,打破信息孤岛,能大幅度提高学校管理水平。财务信息化既能够帮助财务内部系统集成,也能达成财务系统和财务外部相关部门系统之间的对接,信息数据得以实时传递。财务外部相关部门可以通过局域网登录财务综合信息系统,实时获取授权的财务信息,不需要再被动等待财务处提供滞后信息;财务处也可以从其他相关部门系统中提取财务管理所需的原始数据,不需要等待相关部门提交信息,避免人工传递信息的不便与风险。财务信息资源的共享转变了信息使用者和处理者的信息来源途径,改善了工作效率,对学校的财务管理水平和总体竞争力提高有很大帮助。

3)切实加强财务管理水平

高校传统的自上而下地下达指示、自下而上地汇报任务,以及分散独立、衔接不良的内外部管理系统已经无法保证财务信息的标准规范、及时传递、准确反馈。建设一套协同统一、系统集成的财务信息化体系,能够在事后控制的基础上做到事前和事中控制,加强监督,并且能对共享的财务信息数据进行分类报告、循环反馈、分析改进,方便管理层进行各种预测和决策。

随着高校的不断发展、信息技术的日益进步、政府政策规定的新要求、教育体制改革的逐步推进,要求高校继续完善财务信息化建设,再造财务管理流程。学校的整体运作,各个部门的正常工作都缺不了财务信息数据的支持。在财务信息化建设过程中,依靠系统之间的对接,其他相关部门负责原始数据的提供,财务处再对原始数据进行处理,最终向信息来源部门和其他部门输出有用的财务数据。财务信息化是一种全新的财务管理工具,帮助实现财务信息资源共享,提升财务管理效率,进而优化师生财务服务体验，乃至协助管理层分析决策，切实加强高校整体财务管理水平。

2.高校财务信息化建设的总体思路

1）业务流程信息化

业务流程信息化，展开来就是预算、核算、数据分析三大核心业务流程实现信息化，是全面实现财务信息化建设的基础。要想达成财务信息数据资源的最大化和最佳利用，就必须对财务业务流程进行全方面的信息化改造。另外，要实现财务管理工作的内部控制和安全保障，业务流程改造还必须做到统一规范的标准；也就是以现有的财务业务流程为基础，对其中冗余复杂、技术落后的部分全方位升级改造，同时与财务处相关的其他部门系统之间进行对接，有效共享信息资源，加快信息传递效率、减少信息传递成本和出错率，全方位提升学校财务业务流程的信息化水平。

2）财务系统集成化

财务系统集成化主要包括三个部分：①财务管理信息化建设的基础，即财务管理信息化规范的制定、财务信息共享的实现、财务综合门户的建设。②财务系统与财务相关部门系统之间的集成，主要由人事处、教务处、学生处、科技处等部门的业务系统间的融会贯通组成。③财务综合集成系统，主要分为网上预约报销系统、科研经费集中管理系统和当前最需要通过流程再造设计进行升级的预算管理系统等。

3）分析决策智能化

分析决策智能化主要由财务信息直观化和辅助决策分析两部分组成。财务信息直观化采用大数据技术把各种混杂散乱的财务信息数据重新整合分析，提供给教职工和管理层指标、图表等直观信息，更好地协助财务管理与分析决策。辅助决策分析是指财务信息系统要增加辅助决策支持的板块，信息部门和财务处要合作开发财务智能化分析系统，实现多部门、多系统联通耦合，能够方便管理层不受时间空间限制地掌握财务动态，辅助管理层进行决策分析。

3.实现预算业务流程信息化

对于高校的预算管控流程进行变革，首先从报销人最头疼的领导签字难的问题来考虑，开发电子审批系统。在具体流程改造过程中，财务处依据学校各项目经费具体的审批流程，订制审批系统的总体框架和各模块；

并依据学校内部控制制度将内部控制风险点责任人的审批权限嵌套在审批流程中；推广方案实践应用中，财务处和信息化办公室一起，加强对电子审批系统的线上宣传和线下培训；同时，在每一个教学单位或者行政部门配置培训一至二名财务助理，方便教职工及时了解和学习电子审批系统。如果能做到以上几点，基本能保证电子审批系统运作效果良好，报销人省去了大量的跑腿工作，领导也省去很多"被签字"的麻烦。只要能连入网络，理论上领导就可以随时随地进行线上审批。同时，财务处牵头与时俱进的改革也转变了教职工以往对财务人员的刻板印象，财务人员也能够有更多的时间和精力去提升自我。

具体方法如下：一笔经济业务相关的所有票据和附件由报销人或是报账员扫描上传至网上预约报账系统，对应一张单独的预约单，上注相符的附件张数和发票金额。完成后生成一个单独的 PDF 文件，仅用作电子审批和后续查询，财务核算做账还是以纸质凭证为准。该文件应进行特殊处理以禁止更改。该 PDF 文件将通过网上预约报账系统对接 OA 办公系统发送至该笔经济业务支出经费对应的项目主管。项目主管可在自己方便的时间和地点登录 OA 办公系统查看需要审批的报销单据，根据 PDF 中扫描上传的电子凭证选择是否同意。出于安全保障，每位领导应单独配置对应的 U 盾或需要手机验证码等方式才能进入 OA 办公系统中的电子审批模块；为了方便领导和报销人，提高审批效率，如果是需要多位领导按顺序会签的业务，后位领导可以进行预审批，如果前位领导之后审核通过则后位的预审批自动通过，反之预审批失效，这样可以避免领导们轮流出差，领导签不了字或是签了字但下一位领导又不在的尴尬。总结一下就是结合凭证电子影像化同步上传网上预约报账系统，网上预约报账系统对接 OA 办公系统，开发运行财务报销网上审批系统（见图 6-1）。

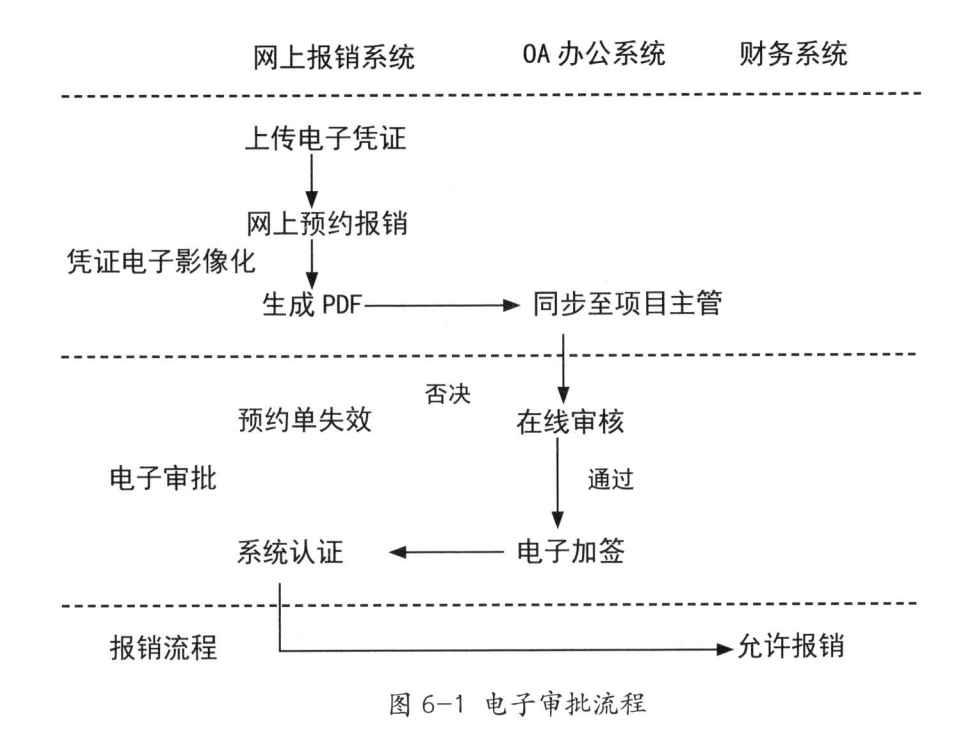

第六章 优化高校财务管理信息化建设

```
网上报销系统        OA办公系统        财务系统
----------------------------------------------------
              上传电子凭证
                  ↓
              网上预约报销
凭证电子影像化
              生成PDF ──────→ 同步至项目主管
                                    ↓
----------------------------------------------------
                    否决
        预约单失效 ←────── 在线审核
电子审批                      ↓ 通过
        系统认证 ←────── 电子加签
----------------------------------------------------
        报销流程 ─────────────────→ 允许报销
```

图 6-1 电子审批流程

4.实现核算业务流程信息化

核算业务流程的信息化需要用机器取代人工，依靠智能技术解放财务人员的手工操作。因为高校现行的核算业务流程处理普通比较费事，在当今大数据时代的背景下明显落后，所以需要通过信息化的流程改造，达到智能核算管理的目的。同时，要注意加强财务系统内部和核算系统相关的其他系统之间的集成，并且要注意加强与财务处外部相关部门管理系统的联合。比如，与科研产业部在科研管理系统的对接，和教务处在学生管理系统的对接,等等,通过信息化建设形成具有学校自身特色的管理信息平台。

5.实现数据分析流程信息化

在财务信息资源共享的基础上，实现数据分析流程信息化，包括财务系统内部的信息共享和财务信息系统与财务处外部相关部门信息系统之间的信息共享。

学校决策部门、业务部门能够及时获取、使用信息资源。特别是多校区的学校，各校区财务管理信息系统之间既相对独立又可以协同处理会计业务、实现信息资源共享。师生可以登录信息门户和财务综合平台享受在线财务服务，包括工资明细查询、学生收费查询、报销进程查询等。

6.实现财务系统内部的联合

高校可以在工资酬金系统、学生收费系统与奖助学金发放系统和财务核算系统之间做到付款信息和师生信息的同步，但其他方面财务系统内部和人事系统及教务系统之间并不能做到数据及时传递，存在信息孤岛，需要进一步加强集成联合（如图6-2）。

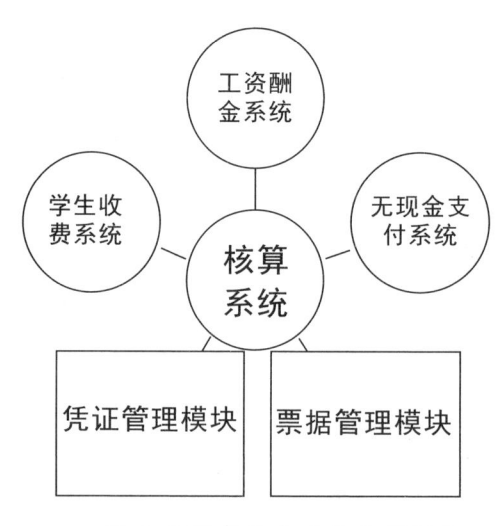

图6-2 财务信息系统内部耦合

将工资酬金系统和核算系统联合。虽然高校财务处有独立的工资酬金系统，负责工资管理，但工资酬金系统与账务核算系统并没对接，工资发放和劳务费支付的业务做账都需要财务人员切换到核算系统人工完成。未来可在工资酬金系统中添加连接核算系统的接口，将每月的工资发放和劳务费支付账目汇总在核算系统中自动生成凭证。

将学生收费系统和核算系统联合。和工资酬金系统一样，财务人员也需要把学生收费系统中每天的收支切换到核算系统中手工做账。未来可在学生收费系统中添加连接核算系统的接口，将当天学生费用收支汇总数在核算系统中自动生成凭证。

开发利用核算系统的凭证管理版块，做到会计档案的电子化管理。再结合凭证电子影像化，做到凭证无纸化的查询与调阅。开发利用核算系统的票据管理版块，对票据、收款之类的信息进行辅助管理。可以统一对教职工申请开票和外借票据进行控制和限制。还可以对各种票据管理信息进行统计，从而能够按时催缴未到款项和提醒未认领款项。

7.实现财务系统与相关部门系统的全面融合

以预算流程为例，现行的有三个信息系统：网上报销系统、财务系统和科研系统。各系统功能见图6-3所示。

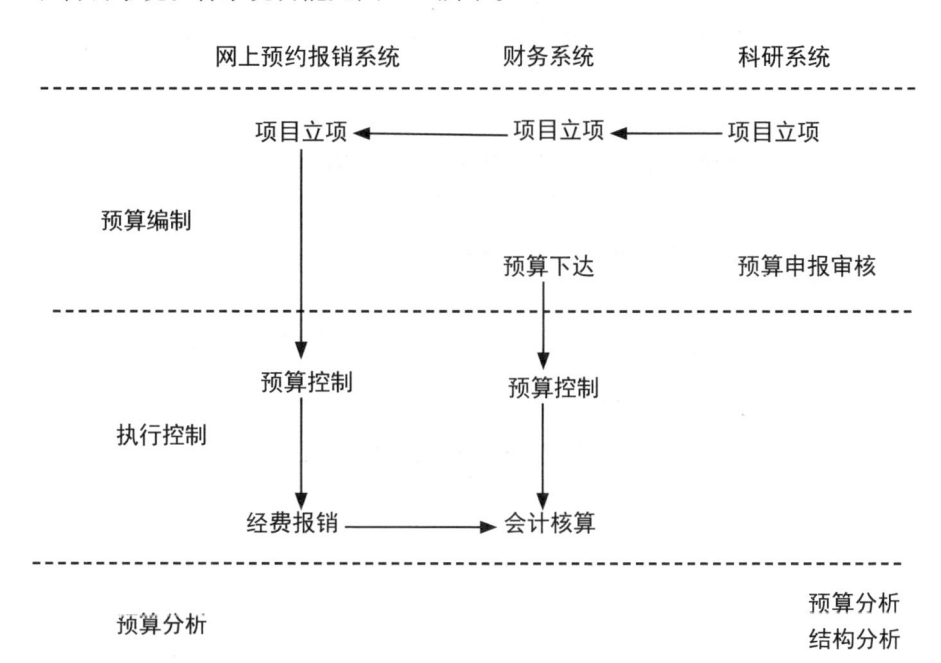

图 6-3 预算信息化现状

预算信息化集成实现了预算管理过程中的申报、网上报销、预算控制的信息化管理，但也存在明显的局限：①财务系统承担了较多的预算管理职能，横向的系统之间数据交互存在孤岛，没有完全形成通路；②科研系统仅支持科研产业部预算申报的流程审批，不支持预算数据的同步和传递；③预算涉及多方面数据，用户需要多系统切换操作，影响预算管理效率。

如果保持现状，虽然能基本实现科研预算审批、预算数据录入和更改及预算控制的功能，但信息化程度还是不够高。财务系统内部没有独立的预算管理系统，而且负责预算管理流程的系统之间都是各自独立的，没有直接的信息交流通道；财务系统和科研产业部的系统之间也没有衔接，信息无法实时传递、自动同步，信息交流通过人工完成，而且涉及数据的二次录入，容易发生错误和舞弊的风险。

为实现项目申报数据自动传递，审批结果及时共享，预算数据实时同步，进而打破信息孤岛，提升管理效率，财务系统内部之间、财务系统与科研产业部的科研管理系统对接刻不容缓。

建立预算管理全过程一体化的信息系统，未来应将原有科研系统、财务系统、网上报销系统统一整合到预算系统中，用户不需要频繁切换系统进行数据查看与操作，具体见图6-4所示。

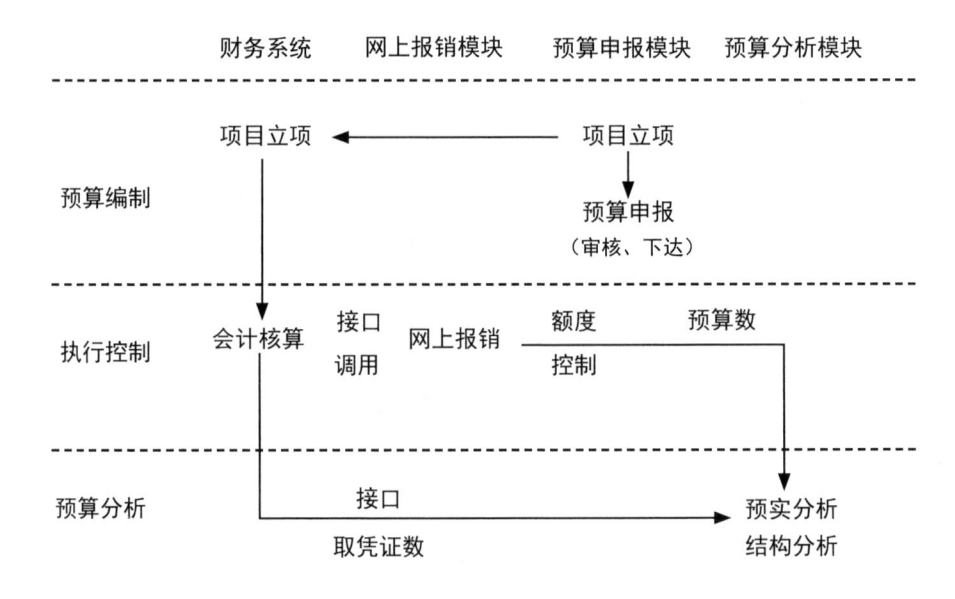

图6-4 预算信息化集成

系统集成后，预算编制、执行控制以及预算分析各模块功能具体如下：

预算编制模块：主要功能是立项、申报、审核和下达。原预算申报均在科研系统中提交流程审批，但不支持申报数据分析等处理。在新的集成方案中，在预算系统中统一建立项目库，归口项目立项的维护与审批。项目包括年初校内预算、日常的纵向科研和横向科研，均在预算系统中立项，然后将项目基础信息调用接口写入到财务系统。

预算分析模块：通过预算与财务两大系统进行分析数据交互，对于分析层用户，不再需要到多个系统中查找预算数据，也不再需要通过手工统计制作大量预算分析报表。决策层可以在预算系统中直接看到预算执行情况。对于操作使用层用户，可以及时了解自身经费的明细使用情况，按照预算分类控制的要求使用预算。

由此可见，通过财务系统内部核算系统与网上预约报账系统的进一步对接，加入预算申报和预算申报模块与科研产业部的科研管理系统加强集成，建设一步到位的预算管理信息系统，是高校财务信息化建设的一大重点。

四、优化高校财务信息化建设的策略

高校财务信息化建设是一项复杂的工程，无论是在技术层面还是在传统的财务管理模式方面都是发生了较大的改变，高校财务的信息化建设要紧紧围绕高校的政策和方针、改革和发展，突出重点、统筹规划，以全面提高高校管理水平、综合实力和整体竞争力为目的。

（一）提高高校财务信息化管理水平的对策

1. 健全高效的财务信息沟通机制

当前，高校在财务管理信息化管理方面虽取得了一定的进步，但是财务信息沟通还未被高校管理者当做一项重要的工程进行开展，未引起足够的重视，信息沟通方式和渠道上未进行改善和创新。所以，要提高高校财务信息沟通水平，首先要创新财务信息服务模式。在信息化时代，各种信息技术的应用遍及各个方向，高校财务管理也应运用信息技术及时更新服务模式，如现今非常流行的短视频平台、微信平台、云平台，让专人负责微信公众号的运行，各种财务政策的发布、咨询、信息查询的方式都可通过微信公众号进行，不仅高效及时，还能方便广大师生。其次，完善财务信息反馈的及时性。师生在进行网上报销单的投递时，使用仪器对单据进行扫描，扫描完毕后打印出相应的单据信息反馈给投递者。对网上报销系统进行更深层次的开发，使报销出现问题或发生信息的改变时，可以在系统中给负责人反馈相应的信息，负责人可以通过网上系统对相应的单据进行查询确认，无需反复到财务处进行核对，同时对财务处的工作效率有较大的提高。最后，财务部门的信息化系统应进行对接，使财务信息在不同的系统上都显示准确的信息，而不是只有财务核算系统才有正确的数据。

通过建立健全高效的信息沟通机制才能使财务信息实时有效地传递给广大师生，才能一定程度上消除信息不对称现象。

2.构建基于全面精细化的智能预算管理体系

随着《中华人民共和国预算法》的颁布及规范高校收支行为，强化预算约束，努力推进高校各项事业的健康发展，高校预算的编制越来越要求精细化。现代信息技术如此发达，高校的预算管理应利用信息化手段进行有机结合，实现预算编制、预算下达、预算控制、预算分析、预算监督等进行全面的控制，发挥信息技术的有效作用。以全面精细化的预算管理结合信息技术手段，建立智能化的信息网络平台，构建一体化的预算管理体系，通过开发个性化的预算管理软件针对高校的具体情况，按照收支分类及精细化的要求，进行学校部门预算、科研预算、国库资金计划等网上申报，降低数据的差错率，有效控制经费支出。高校各部门通过网络进行预算编报、预算审批、预算监督，从而可以提高预算编制的效率，加快预算编制进程。发挥计算机的优势，使预算编制高效、高准确度，全面控制预算执行过程，提高预算管理的运行效率，构建高效廉洁、公开透明、全面精细化的智能预算管理体系。根据上述分析，对于预算管理整个流程，基于原有流程的基础上根据流程再造理论提出图6-5所示的新流程设想，各部门处理流程均基于数据库和网络进行。预算管理系统提供预算编制、控制、调整、执行与绩效分析等功能，通过财务系统定额对经费管理进行实时控制、计划拨款、对执行情况查询分析，并可通过财务系统控制预算执行，使预算编制、下拨、执行与预算结果得到高度的协调统一，同时增加了预算管理的可控性和透明度，从而使校领导的战略思想得以细化落实，并最终带来效益的提高。

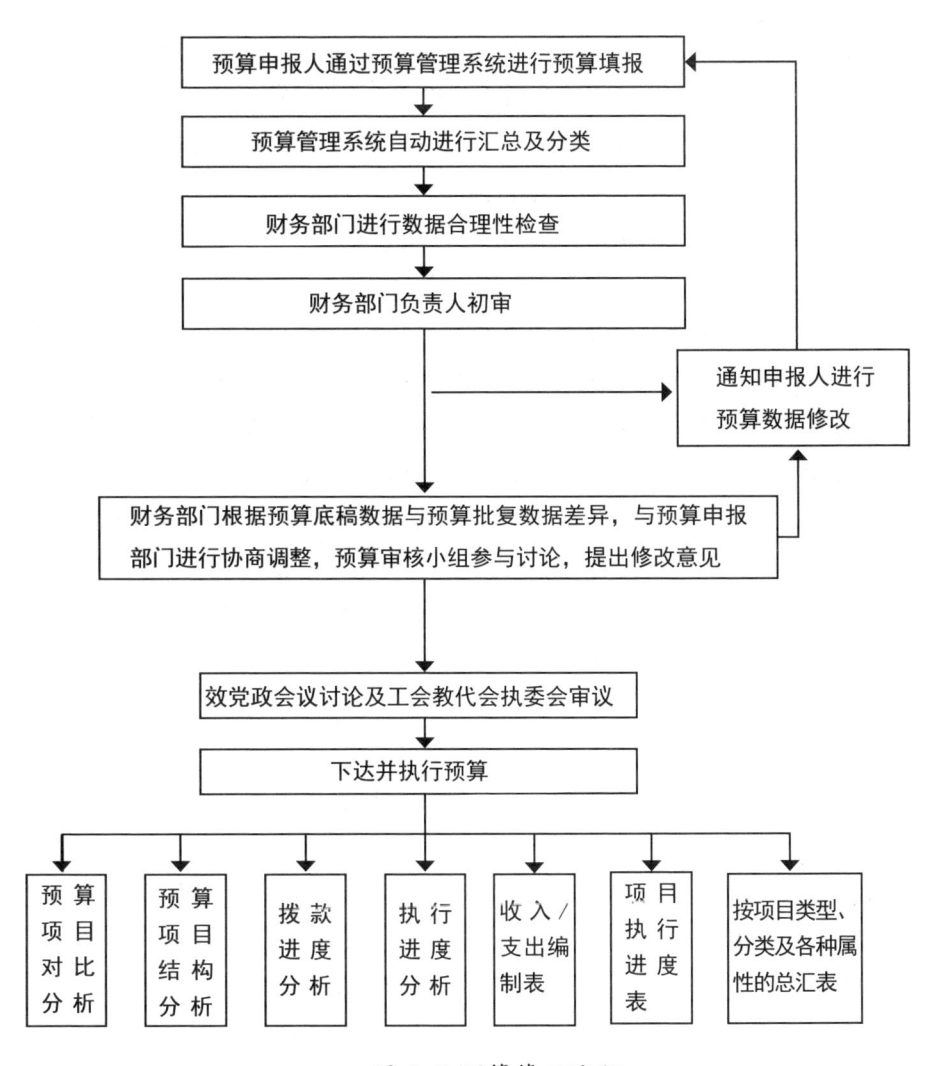

```
预算申报人通过预算管理系统进行预算填报
            ↓
    预算管理系统自动进行汇总及分类
            ↓
    财务部门进行数据合理性检查
            ↓
       财务部门负责人初审
            ↓
              →  通知申报人进行预算数据修改
            ↓
财务部门根据预算底稿数据与预算批复数据差异，与预算申报
部门进行协商调整，预算审核小组参与讨论，提出修改意见
            ↓
  效党政会议讨论及工会教代会执委会审议
            ↓
          下达并执行预算
```

| 预算项目对比分析 | 预算项目结构分析 | 拨款进度分析 | 执行进度分析 | 收入/支出编制表 | 项目执行进度表 | 按项目类型、分类及各种属性的总汇表 |

图 6-5 预算管理流程

3.建立网络与银行实时互联的资金管理模式

目前，高校的资金管理模式普遍发生了改变，传统的现金和支票等方式逐渐被网上银行等替代，在这几年的发展中，网上银行结算方式又被更先进的"银校互联模式"给替代，这是一种把财务核算系统与银行的资金结算系统实现实时对接的先进技术，把传统的现金结算转变为无现金的报账模式，对于财务管理模式的改革具有非常重要的意义。银校互联模式更加高效、安全和便捷，减少人工录入工作，提高支付正确率和支付结算效率，

有效提高资金流动安全性。这种资金管理模式将加速资金周转,规范财务管理,降低人力成本,减少工作压力,提高工作效率。

但是,在国库资金越来越大的情况下,实现国库集中支付系统与部门预算、财务核算系统相对接,是目前高校努力在推进的一大工作。国库集中支付系统应结合信息化的技术手段,将支付系统、核算系统、预算系统、决算系统结合到内部控制体系中,实行网络互联,使支付、核算与预决算一体化,无需人工将信息重复录入到财政支付系统,使国库预算指标直接与支付系统对接,有效解决财政支付手续烦琐、资金支付时间长等问题,大大提高了工作效率。另外,实现银行账户的自动对账,从而使账务对账简化成为全自动工作,可以直接把银行对账单导入系统,让系统自行进行账单的匹配和核对,可以完全取消人工对账工作,这大大提高对账效率和准确率。通过把基于因特网的网上支付技术引入高校收费领域,实现以手机、计算机等终端智能设备进行缴费的目的,资金数据实时传递,这大大减轻了学校收费的工作量,也保证了资金的安全,省去财务处与银行交换数据的麻烦。

4. 完善面向财务信息化的内部控制制度

高校财务实现信息化管理,能为高校工作者带来资源共享等便利,但因为与传统的内部控制固有因素存在冲突,约束财务管理信息化的建立,所以为积极推进高校财务管理信息化建设的进程,必须完善面向财务信息化的内部控制制度。高校财务管理是学校正常运行的资金保障,涉及资金的收支,所以在监督资金的运转就显得尤为重要。高校财务管理不仅要在部门内部建立内部控制支付,还应在实现信息化管理后的岗位中设置职责分离、相互制约的岗位,[1]这样才能使内部控制得以奏效,及时避免一些违规操作。对于资金量大的关键财务信息,要做到分级多级审核,且要即时审核。财务管理的信息化建设势必会对传统的业务流程造成改变,应当根据流程的变化来建立适应信息化的内部控制制度,加强控制关键业务,如进行内部审计、岗位责任的重新划分。面向财务信息化的内部控制制度应当遵循系统设计岗与使用岗分离、系统维护岗和系统使用岗分离、凭证录

---

[1] 蔡雪辉. 内部控制视角下高校财务管理探究 [J]. 南京审计学院学报,2013(03):26.

入岗和凭证复核岗分离、不相容岗位分离、互相监督等基本原则，做到内部控制相互控制、相互监督的效果。另外，还应及时解决内部控制中发现的各种问题，对内部控制进行实时监督，以保障财务信息运行的安全性和可靠性。还应对不同部门间的信息制定相同的编制规则，使信息编码方式统一，使不同部门间的数据能够共享提取，以便于监督工作顺利开展。

5.组建互联互通的财务决策支持系统

随着高校不断发展和壮大，资金量越来越大，高校财务部门和校内其他职能部门间需要交换的数据信息越来越多，传统的数据统计方式不仅烦琐、工作量大，而且准确率不高。为了提高信息交互的速度和质量，需要建立财务管理信息交互平台，所有的应用模块都统一集中在财务管理信息平台中。在目前已实现的应用基础上，再开发新的功能应用模块，如银行实时代收费、校园信息共享、信息查询、财务反馈短信推送、项目结题网上办理等，不用再进行人工信息交流，节约时间，提高工作效率，提高信息利用率。

同时，通过建立互联互通的网络办公平台，使统一身份认证与校园网门户无缝集成，与校内其他的相关部门建立基于数字化校园应用的系统管理平台，通过校园门户信息网和财务管理平台实现对接，实现各类业务的网上操作，包括部门预算、科研预算、校内校外劳务费申报、设备采购等网上办公，实现财务、教学、资产、后勤等信息实时交互，具有高可靠性和安全性，达到教育资源共享，有效降低高校运转成本，提高高校经济管理水平。财务信息化管理的另外一个重要方面，就是多种手段对教职工提供即时、准确的信息服务，包括网上查询、短信提醒、移动终端、电子邮件及电话语音等，极大提高了高校工作人员的工作效率，信息利用率也得到进一步提升，在高校领导进行决策时提供一定的依据，实现信息共享，避免高校财务管理中信息孤岛现象。财务决策支持系统以最具科学性、完整性、客观性、时效性的管理模式为高校管理者提供理性的数据，避免了人作为有思想的主体的主观性，使得高校管理决策也更具合理性。

6.强化高校财务信息系统的安全建设

高校财务管理已经从早期单纯的电算化发展到现在的互联网管理，财务管理信息系统也不再是简单的计算机操作，而是融入大量管理的思想。

由于高校内部财务软件操作人员众多、数据流动性大、对网络依赖性强，所以高校的网络安全性直接影响着高校的财务系统，那就要求强化财务信息系统的安全建设，加强技术防范。这是高校正常开展财务工作的前提和保障，应从系统安全设置、系统备份及操作安全性三方面来进行开展。首先在系统安全设置方面，高校要加大对财务信息系统的资金支持，形成高校财务软件升级改造的后台保障，有了硬件支持，系统才能从根源上杜绝因系统本身漏洞产生的失误。在硬件设施完善的情况下，让系统维护人员对系统进行全程关注，及时更新系统补丁，升级杀毒软件，设置双层访问控制机制，通过防火墙和网闸划分校园网、财务专网、过渡网和银行专网等网段，在跨网络联通基础上，保证了财务专网的信息安全。其次，在数据备份方面，因高校财务信息化进程的加快，高校财务信息将普遍实现数据共享，万一发生数据的丢失或泄密，那么后果将是不可预计的。所以，在备份过程中不仅仅是本地备份、定期备份、手工备份、硬盘备份，还要加入异地备份、定期与不定期备份结合、自动备份、光盘备份等方式进行数据的保存与归档，并对已备份的数据不定期进行检查，以保证数据完整性。最后，在操作安全方面，应当为财务人员和维护人员设置不同的权限，还应加强财务人员的网络安全意识，开展常规系统维护与升级的培训，提高财务人员的综合素质，掌握基本的网络安全知识。在日常工作中，及时对计算机进行病毒查杀，升级病毒防护软件，做好防病毒工作。此外，建立科学完善的财务内部控制制度，可以有效减少因财务人员自身素质及病毒等原因造成的财务风险。

（二）高校财务信息化建设的保障措施

1. 人才队伍保障

1）引入人才并建设科学考评体系

在财务管理信息化平台建设中计算机技术的运用十分重要，对计算机技术型人才的需求增加，高校需要引进新型的计算机人才来保障财务管理信息化平台的建设。通过平台将财务人员进行分级分工，分为战略决策层、执行层及管理层三个层级，制定清晰明确的晋升机制。战略决策层由工作时间久、能解决复杂问题、分析能力卓越、格局宏大的人担任；管理层由执行层的小组组长中能力突出者担任；执行层由于其工作内容简单基础，所以由工作经验较浅的工作人员组成。同时，晋升机制要保证科学、全面且公平，给财务工作人员搭建一条与岗位、职称、工资、职务等息息相关的晋升之路，并定期对优秀突出的工作人员进行表扬和奖励，使财务人员拥有更加积极的工作态度使高校的财务管理工作效率得到最大限度提升。

2）加强财务人员的培训学习

新建的财务系统对相关工作人员的综合素质和专业能力的要求，也发生了巨大的变化，要求财务人员具有组织管理能力、分析决策能力、学习与适应能力及前沿的技术思维。高校需要对原有员工进行培训学习以提高其各项能力紧跟信息时代的步伐，对新招聘的人才提高准入标准，使财务人员同时具备核算与信息管理的能力，提升高校财务工作的效率与质量。

2. 提供有力的资金和设施保障

搭建财务管理信息化平台需要庞大的资金支持，高校需要加大对平台建设的资金投入，由于平台的建设不是一蹴而就的，而是一个长期的过程，因而高校还需要设立搭建平台专属的资金库，并且对平台建设过程中资金使用数据的真实性、合理性及规范性进行监督，以免中饱私囊现象的出现，并且系统需要根据实际需求而行变动和升级，也需要定期的维护，所以高校需要提高重视度，并提供有力的资金持，在编制预算时加以考虑以保障该平台的稳定、高效运行。

学校的财务管理信息化平台可以通过与银行加强合作，利用信用额度从银行贷入短期或长期款项，用此资金来投资建设，如此还可以缓解学校的资金困难。

财务管理信息化平台的搭建也可以与银行进行合作获得资金上的支持。雄厚的资金支持可以保障高校财务管理信息化平台的稳步建设与提升。

高校财务管理信息化平台的建立，需要有高性能的软硬件设施，其中系统中涉及的信息如报销相关信息、预算信息等都需要储存在服务器中，因而大容量的服务器是搭建新平台的必要需求，目前低容量、速度慢的服务器是无法满足新平台运行的需求的，因此高校需要购置容量大、速度快的新服务器。

关于软件设施方面，高校要根据信息平台的需求，进行业务流程重组，增设相关的数据对接口，使信息能够在系统中无缝流通，聘用专业的科研人员或者团队，解决新增预算管理系统，解决预算系统与会计核算系统之间的互联互通，新增网上报账系统，新增网上审批系统等技术性问题。根据新平台的实际需求与情况，确保新平台的兼容与互通性，同时要为了日后系统进一步信息化的发展做好准备，比如预留更多的数据接口，因为随着信息化的发展和实际需求的增加，可能会对接更多的部门，做好系统的定期维护与升级优化的工作，进一步满足高校财务管理的工作需求，提高财务管理的效率。

3.强化内部审计监督

高校财务信息系统的优化与风险控制是一个过程，可以通过建立相关的内部控制制度，优化改进财务信息系统，将风险控制嵌入到各个主要业务系统中去，让传统的业务工作控制变为业务系统的一种自动控制。但要想信息系统的风险控制被确切贯彻执行，适应不断变化的新的情况，并达到预期的控制效果，就必须强化内部审计监督，通过日常且持续的监督来保障财务信息系统的优化与风险控制的落实。

首先，加强学校的内部控制制度审计监督，可以通过成立学校审计委员会、风险管理委员会等机构，调查学校的风险控制制度是否健全，信息化环境下学校财务信息平台的内部控制是否完善，并对制度执行情况进行评估、检查，找出控制系统的薄弱环节，完善学校的风险控制系统。

其次，加强对财务信息系统的监督，对财务信息平台的各个子业务系统的每一个业务环节进行审查和评估，保证系统程序的合法合规，保证系统输入数据及运行后输出财务数据的真实性与准确性，防止或减少舞弊行为的发生。同时，也要根据新的环境变化及时优化财务信息系统，设置新的业务流程和控制措施，保障信息系统能够在新的环境下有效运行。

参 考 文 献

[1] 道格拉斯·C 诺思. 经济史中的结构与变迁[M]. 上海：三联书店上海分店，1991.

[2] 王大勇. 对高等学校财务管理体制问题的思考[J]. 河北师范大学学报（教育科学版），1998（04）.

[3] 柯武刚，史漫飞. 制度经济学[M]. 韩朝华，译，北京：商务印书馆，2000.

[4] 白云龙. 关于高校内部财务管理体制的探讨[J]. 唐都学刊，2000（04）.

[5] 约翰·范德格拉夫，等. 学术权力——七国高等教育管理体制比较[M]. 王承绪，等，译. 杭州：浙江教育出版社，2001.

[6] 钱穆. 中国历代政治得失[M]. 北京：三联书店，2001.

[7] 杨明. 论法国高等教育财政的改革[J]. 教育与经济，2001（02）.

[8] 郎益夫，刘希宋. 高等学校治理结构的国际比较与启示[J]. 北方论丛，2002（01）.

[9] 金霞. 高校财务管理制度创新的理性思考[J]. 江苏高教，2003（01）.

[10] 马志. 借鉴美国高校财务管理经验提高我省高校财务管理水平[J]. 湖北教育，2003（02）.

[11] 陈宏辉. 企业利益相关者的利益要求：理论与实证研究[M]. 北京：经济管理出版社，2004.

[12] 卢现祥. 新制度经济学[M]. 武汉：武汉大学出报社，2004.

[13] 沈洪涛. 浅谈高校负债管理[J]. 江西农业大学学报（社会科学版），2004（01）.

[14] 梅红霞. 浅谈高校代管款项的财务管理[J]. 科技创业月刊，2004（09）.

[15] 辛晏. 构建高校全面预算管理体系的设想[J]. 现代教育科学，2005

（07）.

[16] 蔡晗楚.公司治理机制——美国、日本、中国比较研究[D].青岛：中国海洋大学，2006.

[17] 赵建军.我国高等学校财务治理问题研究[D].厦门：厦门大学，2006.

[18] 陶永勇.论高校负债财务风险控制[J].生产力研究，2006（11）.

[19] 李正明.高校多元化筹资渠道及其风险控制研究[J].南京理工大学学报，2007（01）.

[20] 王海帆，袁宁.不完全契约、控制权与公司治理机制的整合[J].西北大学学报（哲学社会科学版），2007（01）.

[21] 陈武元.日本研究型大学经费筹措研究[J].江苏高教，2007（02）.

[22] 桑士俊，吴德胜，吕斐适.公司治理机制与公司治理效率——基于公司治理成本的分析[J].会计研究，2007（06）.

[23] 叶青，黎柠.中国财政监督史研究之八计划经济时期的财政监督制度与思想[J].财政监督，2007（09）.

[24] 杨正云，崔丽平.高校收支两条线管理探析[J].财会通讯（理财版），2007（09）.

[25] 肖霞.IT环境下高校财务信息管理的缺陷与应对[J].当代经济，2007（15）.

[26] 李万强.高等院校财务管理体制优化研究[D].咸阳：西北农林科技大学，2008.

[27] 许孝民，许家瑞，郭鹏，等.高等学校多校区大学管理模式研究[M].广州：中山大学出版社，2008.

[28] 王燕芬.公立高校收入与支出的财务管理策略研究[D].苏州：苏州大学，2008.

[29] 孟庆鹏.中美高等学校财务管理比较[D].西安：长安大学，2008.

[30] 周建，刘小元，于伟.公司治理机制互动的实证研究[J].管理科学，2008（01）.

[31] 林萍.利益相关者理论综述[J].闽江学院学报，2009（01）.

[32] 黄麟.加强高校支出管理提高经费使用效率[J].山西高校社会科学学

报，2008（02）.

[33] 李志平. 中外大学治理结构的比较研究——基于利益相关者理论的视角[J]. 湖南财经高等专科学校学报，2008（01）.

[34] 刘璟. 高校预算管理存在的问题及对策[J]. 东北财经大学报，2008（02）.

[35] 杜恒，徐明松. 我国财政监督发展与演变研究——基于经济转型理论的一个新解说[J]. 财政监督，2008（09）.

[36] 马红光. 路径依赖——从农村劳动力转移看制度变迁的方式[J]. 社会科学辑刊，2008（04）.

[37] 王万海. 论高校内部审计质量控制[J]. 黄山学院学报，2008（05）.

[38] 李国强. 我国高校贷款30年的回顾与反思——基于政策与制度视角[J]. 高等教育研究，2008（06）.

[39] 查道林，马晓霞，朱明. 我国高校教育成本核算方法探讨[J]. 财会月刊，2008（08）.

[40] 孟会琴. 浅谈提高高校内部审计工作效率的途径[J]. 会计之友，2008（09）.

[41] 高晓静. 高校内部审计风险的防范与控制[J]. 管理观察，2008（24）.

[42] 武春江. 对高校建设项目投资控制的思考[J]. 科技资讯，2008（33）.

[43] 安宁. 高校财务管理存在的问题与对策研究[D]. 哈尔滨：哈尔滨理工大学，2009.

[44] 财政部教科文司. 高校财务管理：国际比较与借鉴[J]. 行政事业资产与财务，2009（01）.

[45] 李黎. 浅谈高校内部会计控制制度中存在的问题及完善措施[J]. 福建教育学院学报，2009（03）.

[46] 蔡爱华，林培榕. 构建高校财务信息管理体系推进财务公开[J]. 内蒙古科技与经济，2009（07）.

[47] 郑红春. 基于委托代理理论的公司治理对多元化影响的理论综述[J]. 商场现代化，2009（07）.

[48] 胡洋，戴萌. 基于委托代理理论的公立医院内部激励约束机制研究[J].

中国医院管理，2009（10）．

[49] 郑义.高校财务管理制度的缺陷与对策分析[D].济南：山东师范大学，2010.

[50] 吴惠，刘志新.我国高等教育经费筹措现状及国际比较[J].陕西师范大学学报（哲学社会科学版），2010（01）．

[51] 薛毫祥，曹天妹，常来英.高校财务管理工作思考[J].财会通：（理财版），2007（01）．

[52] 何海栋.高校内部控制及其构建[J].中北大学学报（社会科学版），2005（03）．

[53] 朱炜，朱正果.提高中国大学财务绩效的对策思路——日本大学财务管理的启迪[J].安徽理工大学学报（社会科学版），2010（03）．

[54] 陶明英.浅析高校内部会计控制制度[J].中国商界（上半月），2010（03）．

[55] 李晓春，崔淑卿.化解高校内部审计风险的几点建议[J].会计之友（中旬刊），2010（02）．

[56] 刘海峰，李霁友.高校财务预算管理模式及发展趋势研究[J].生产力研究，2010（05）．

[57] 夏茂林.国际高等教育融资比较与启示[J].外国教育研究，2010（05）．

[58] 杨瑞涛.中美高校财务管理体制比较研究[J].财政监督，2010（16）．

[59] 吴黎旦.公司治理机制下的财务管理制度探究——基于委托代理理论[J].会计之友（中旬刊），2010（03）．

[60] 李海波，刘学华.新编预算会计[M].上海：立信会计出版社，2012.

[61] 财政部《事业单位财务规则讲座》编写组.事业单位财务规则讲座[M].北京：测绘出版社，2011.

[62] 赵娜.中国国有高校资产管理问题及对策研究[D].长春：吉林大学，2011.

[63] 王正惠.英国高等教育经费改革政策解读[J].国家教育行政学院学报，2011（03）．

[64] 邓敏，韩玉启.大学财务管理体制改革研究——以学院制管理模式为研

究视角[J].会计之友，2011（09）.

[65] 唐连印.高校科研经费管理存在的问题及对策探究[J].沈阳师范大学学报（社会科学版），2011（05）.

[66] 赵勤.高校教育成本计量探讨[J].财会通：（理财版），2008（01）.

[67] 陈紫莹.加强高校财务预算管理的全过程控制[J].经济师，2012（03）.

[68] 赵运钗.高等学校基本建设财务控制探析[J].会计之友，2012（32）.

[69] 蔡雪辉.内部控制视角下高校财务管理探究[J].南京审计学院学报，2013（03）.

[70] 黄志军.关于完善高校财务内部控制的探讨[J].会计师，2013（05）.

[71] 张巍.试析加强事业单位会计内部控制的方法[J].才智，2013（33）.

[72] 黄力.高校财务管理应对发展新趋势研究[J].教育财会研究，2014（05）.

[73] 许琛.试析教育财务内部控制的完善措施[J].中国乡镇企业会计，2014（08）.

[74] 侍卫星.杜邦财务分析体系在高校财务分析中的应用[J].财务分析，2014（21）.

[75] 陈文川，黄凯颖.教育经费视角下高校财务管理机制探讨[J].财会通讯，2014（35）.

[76] 尉桂华．新形势下高校财务管理若干问题研究[M].成都：西南交通大学出版社，2015.

[77] 战秀芬.高等学校财务内部控制体系的构建与完善[J].北方经贸，2016（07）.

[78] 张婧.我国高校财务内部控制体系的现存问题及对策研究[J].时代金融，2016（29）.

[79] 徐云丽，王家顺.高校固定资产与财务信息化管理实践研究[J].经济师，2016（11）.

[80] 陈敏.关于加强学校财务内部控制方法的探讨[J].财经界，2016（36）.

[81] 李万强.高等院校财务管理体制研究[D].咸阳：西北农林科技大学，2018.

[82] 李丹.中国高校财务制度研究[D]长春：吉林大学，2019.

[83] 李晨晨.H高校财务内部控制问题研究[D].大庆：东北石油大学，2019.

[84] 唐文泉.S高校经济活动内部控制研究[D].大连：大连海事大学，2020.

[85] 宋玉华.内部控制视角下高校财务管理探究[J].中国产经，2020（04）.

[86] 赵瑞.基于内部控制视域下高校财务管理的分析[J].企业科技与发展，2020（08）.

[87] 巩明.基于内部控制的民办高校财务风险管理研究[J].时代金融，2020（35）.

[88] 孙田鑫.高校财务管理信息化平台建设研究[D].北京：中央民族大学，2021.

[89] 陈婧姝.H高校智能财务管理系统构建研究[D].长沙：中南林业科技大学，2021.

[90] 王茜一.高校财务内部控制问题及对策分析[J].财会学习，2021（02）.

[91] 崔方林.财务管理视域下高校财务内部控制探究[J].当代会计，2021（04）.

[92] 盛誉.基于内部控制视域下高校财务管理分析[J].财会学习，2021（04）.

[93] 刘日晴.新形势下高校财务内部控制问题及对策研究[J].辽宁师专学报（社会科学版），2021（06）.

[94] 胡薇.大数据下的高校财务管理信息化建设[J].投资与创业，2021（19）.

[95] 章莹盈.新政府会计制度背景下高校财务管理信息化建设路径研究[J].中国管理信息化，2021（22）.

[96] 秦晓静.内部控制视角下民办高校财务风险管理的实践分析[J].中国管理信息化，2021（22）.

[97] 刘炎."互联网+"背景下高校财务内部控制方法研究[J].行政事业资产与财务，2021（21）.

[98] 孙宝宁，郭菲."大智移云"时代高校财务转型策略研究[J].会计之友，

2021（23）.

[99] 刘曦.高校固定资产全生命周期管理实施路径研究[J].中国市场，2021（29）.

[100] 吴义专.大数据背景下高校固定资产管理研究[J].科技视界，2021（29）.

[101] 刘雪贞.大数据时代背景下加强高校财务管理的对策[J].财会学习，2021（29）.

[102] 谌业平.《政府会计制度》下管理会计在高校中的应用初探[J].财会学习，2021（30）.

[103] 吴宇钦.内部控制视角下高校财务管理与资产管理结合探析[J].财经界，2021（32）.

[104] 赵恒斌，袁霞，刘方，等.高校财务信息化建设面临风险及应对[J].财会学习，2021（33）.

[105] 刘晓敏.关于高校财务管理信息化建设探讨[J].财经界，2021（35）.

[106] 田颖.高校财务预算核算一体化实践中的衔接要点[J].财会学习，2021（35）.

[107] 王国明.财务信息化管理对高校财务内部控制的影响探析[J].商讯，2021（36）.

[108] 梁红梅.高校财务管理中人工智能的应用探索[J].财会学习，2021（36）.

[109] 郭珊珊.全面预算管理在高校财务管理中的应用[J].财会学习，2021（36）.

[110] 赵梦琪.大数据背景下高校财务管理信息化系统探讨[J].质量与市场，2022（01）.